土木建筑大类专业系列新形态教材

建筑材料与检测

周本能　刘从燕　叶龙飞 ▣ 主　编

清华大学出版社
北京

内 容 简 介

本书共 10 个项目,主要介绍了建筑工程中常用建筑材料的基本组成、技术要求、性能、应用及材料的验收、保管、质量控制和检测等内容,每个项目均有自我测验。本书以性能和应用实践为主线,注重理论与实际的结合,突出实用性。本书注重职业技能的培养,内容具有系统性、全面性、针对性、实用性和专业特色,内容新颖、层次明确、结构有序。本书采用了现行标准和规范,考虑到学生学习能力与基础的差异,本书采用了大量的图表,尽量做到图文并茂,以帮助学生充分理解和掌握所学内容。

本书可作为高职高专教育土木建筑大类相关专业教材,也可作为土建工程技术人员和施工人员学习、培训的参考用书。

图书在版编目 (CIP) 数据

建筑材料与检测/周本能,刘从燕,叶龙飞主编.北京:清华大学出版社,2025.3.

(土木建筑大类专业系列新形态教材).-- ISBN 978-7-302-68673-6

Ⅰ.TU502

中国国家版本馆 CIP 数据核字第 20250VU854 号

责任编辑:鲜岱洲

封面设计:曹 来

责任校对:李 梅

责任印制:沈 露

出版发行:清华大学出版社

    网 址:https://www.tup.com.cn,https://www.wqxuetang.com

    地 址:北京清华大学学研大厦 A 座   邮 编:100084

    社 总 机:010-83470000   邮 购:010-62786544

    投稿与读者服务:010-62776969,c-service@tup.tsinghua.edu.cn

    质量反馈:010-62772015,zhiliang@tup.tsinghua.edu.cn

    课件下载:https://www.tup.com.cn,010-83470410

印 装 者:三河市君旺印务有限公司

经 销:全国新华书店

开 本:185mm×260mm   印 张:14.75   字 数:337 千字

版 次:2025 年 4 月第 1 版   印 次:2025 年 4 月第 1 次印刷

定 价:59.00 元

产品编号:105383-01

前　言

高等职业教育必须强化学生职业能力的培养。本书按照高职高专土木建筑大类专业人才培养目标的要求,以现行规范标准为依据,以能力培养为目标,以教学体系、教学内容的实用性为突破口,以典型工程常用建筑材料进场检测顺序为主线,以"讲清概念,强调应用"为主旨,本着必需、够用的原则编写而成。本书以岗位能力分析为基础,基于职业资格所要求的职业素质和岗位技能构建教材的内容体系,形成特色鲜明的项目化教材,并有利于教学领域的革新。

本书系统地介绍了土建工程中常用建筑材料的理论基础知识;同时,为了突出高等职业教育、教学在实际工程中的实用性,还强调了建筑材料检测、存储保管及选择应用方面的实践技能知识,并将测验、实训等技能训练内容与基础理论知识有机结合,体现了高等职业教育"教、学、做三合一"的特点。

本书主编为江西现代职业技术学院周本能、刘从燕、叶龙飞,他们都是既有丰富教学经验,又有较长建筑施工工作经历的"双师型"教师。江西现代职业技术学院邓云、中国瑞林工程技术股份有限公司尹珩和江西云迈建设工程有限公司戴晓维也参与了本书的编写工作,并对新型材料在工程中的应用提出了许多好的建议。

在本书的编写过程中,虽经反复推敲核证,但限于编者的专业水平和实践经验,书中仍难免有疏漏或不妥之处,恳请广大读者指正。

编　者
2024 年 12 月

目　录

项目 1 建筑材料的基本性能与检测

学习思维导图

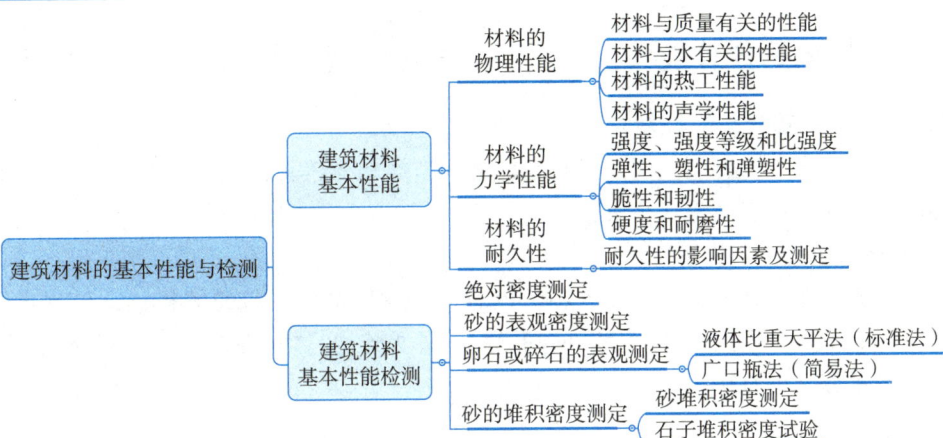

建筑材料的基本性能与检测
- 建筑材料基本性能
  - 材料的物理性能
    - 材料与质量有关的性能
    - 材料与水有关的性能
    - 材料的热工性能
    - 材料的声学性能
  - 材料的力学性能
    - 强度、强度等级和比强度
    - 弹性、塑性和弹塑性
    - 脆性和韧性
    - 硬度和耐磨性
  - 材料的耐久性
    - 耐久性的影响因素及测定
- 建筑材料基本性能检测
  - 绝对密度测定
  - 砂的表观密度测定
  - 卵石或碎石的表观测定
    - 液体比重天平法（标准法）
    - 广口瓶法（简易法）
  - 砂的堆积密度测定
    - 砂堆积密度测定
    - 石子堆积密度试验

知识目标

1. 能够叙述材料物理性能相关参数的含义、影响因素及其工程意义；
2. 可以根据物理参数值推断或评价材料的力学性能和耐久性；
3. 熟知强度、比强度的含义和工程意义；
4. 了解耐久性的含义，熟知评价耐久性的指标；
5. 熟知与各种物理过程相关的材料的性能，如材料与水有关的性能，与热有关的性能等。

技能目标

1. 能够进行材料密度测定；
2. 能够进行砂的表观密度测定；
3. 能够进行砂的堆积密度测定；
4. 能够区分与材料基本性能相关的术语。

任务 1.1　建筑材料基本性能

建筑材料是构成建筑的物质基础，直接关系建筑物的安全性、功能性、使用寿命和经济成本。建筑物对处在不同建筑部位的建筑材料有不同的性能要求，例如，梁、板、柱、基础、承重墙、框架等承重部位所使用的建筑材料，应具有足够的强度和抵抗变形的性能，以保证建筑物具有足够的安全性。又如,屋面、墙体等围护结构要求建筑材料具有保温、隔热、吸声、防水、防渗甚至防冻性能,以满足建筑物在使用功能上的需求。某些工业建筑还要求材料具有耐热、防腐蚀等特殊性能。为保证建筑物经久耐用,建筑设计人员应掌握材料的基本性能,并能合理地选用材料。

建筑材料在正常使用状态下,除了承受一定的外力和自重,还会受到周围各种介质(如水、蒸汽、腐蚀性气体和其他液体等)的作用,以及各种物理作用(如温度差、湿度差、摩擦等)。为保证建筑物的正常使用功能和耐久性,相关人员在工程设计和施工中应正确、合理地使用材料,因此,必须熟悉和掌握材料的基本性能,即材料共同具有的性能。

1.1.1 材料的物理性能

1. 材料与质量有关的性能

材料与质量有关的性能主要是指材料的各种密度和描述其孔隙与孔隙状况的指标,这些指标的表达式中都有质量这个参数。

1) 材料的微观体积构成

(1) 块状材料。如图 1-1(a)所示,从微观角度分析,块状材料的体积包括矿物实体体积、闭口孔隙(不与外界连通)体积和开口孔隙(与外界连通)体积三部分。各部分的结构体积与质量关系如图 1-1(b)所示。

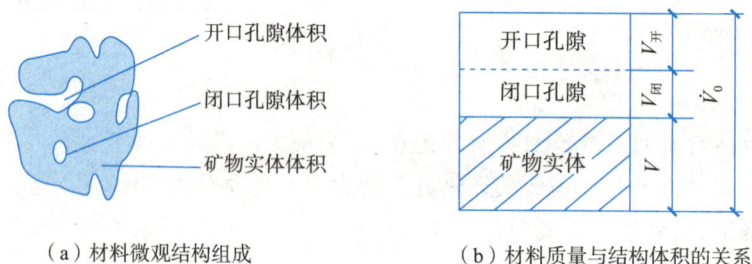

(a) 材料微观结构组成　　(b) 材料质量与结构体积的关系

图 1-1 材料微观结构示意图

(2) 散粒状或粉状材料。如图 1-2 所示,堆积起来的散粒状或粉状材料的微观体积包括颗粒的实体体积、颗粒的开口孔隙体积、颗粒的闭口孔隙体积和颗粒间隙体积四部分。由于颗粒的开口孔隙与颗粒间的缝隙通常是贯通的,因此,散粒状或粉状材料的堆积体积可以理解为由颗粒的总表观体积与颗粒间的总空隙构成。

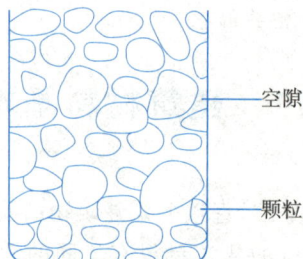

图 1-2 堆积体积

（3）材料在不同构造状态下有不同的体积。

材料在绝对密实状态下的体积 V 是指构成材料的固体物质本身的体积。

材料的表观体积 $V' = V + V_{闭}$。

材料的自然体积 $V_0 = V + V_{开} + V_{闭}$。

材料的堆积体积 $V_0' = V_0 + V_{空}$。

2）反映材料质量与体积关系的参数

（1）密度。材料在绝对密实状态下单位体积的质量称为材料的密度，按式（1-1）计算：

$$\rho = \frac{m}{V} \tag{1-1}$$

式中：ρ——材料的密度，g/cm^3 或 kg/m^3；

m——材料在干燥状态下的质量，g 或 kg；

V——材料在绝对密实状态下的体积，简称为绝对体积或实体积，cm^3 或 m^3。

材料在绝对密实状态下的体积是指构成材料的固体物质本身的体积，或称实体积。测量材料绝对密实状态下体积的简单方法是将材料磨成细粉，以消除材料内部的孔隙，用排水法求得的粉末体积即为材料绝对密实状态下的体积。材料磨得越细，受测材料孔隙排除得越充分，测得的实体体积越接近绝对体积，所得到的密度值越精确。对于某些较为致密但形状不规则的散粒材料，在测定其密度时，可以不必磨成细粉，而直接用排水法测其绝对体积的近似值（因没有排除颗粒内部的封闭孔隙体积），这时所求得的密度为视密度。

（2）表观密度。对于某些较密实的、外形不规则的散粒状材料（如混凝土用砂、石子等），因孔隙很少，可不必磨细，直接以排水法测得体积，此体积称为绝对密实体积的近似值。用绝对密实体积的近似值计算的密度称为表观密度，按式（1-2）计算：

$$\rho' = \frac{m}{V'} \tag{1-2}$$

式中：ρ'——材料的表观密度，g/cm^3 或 kg/m^3；

m——材料的质量，g 或 kg；

V'——材料在自然状态下不含开口孔隙的体积，cm^3 或 m^3。

根据材料的含水状态不同，表观密度分为干表观密度和湿表观密度。材料的表观密度一般指材料在干燥状态下单位体积的质量，称为干表观密度。当材料含水时，其表观密度称为湿表观密度。由于材料含水状态的不同，如绝干（烘干至恒重）、风干（气干）、含水（未饱和）、吸水饱和等，可分别称为干表观密度、气干表观密度、湿表观密度、饱和表观密度等。

（3）体积密度。材料在自然状态下，单位体积的质量，按式（1-3）计算：

$$\rho_0 = \frac{m}{V_0} \tag{1-3}$$

式中：ρ_0——材料的体积密度，g/cm^3 或 kg/m^3；

m——材料在干燥状态下的质量，g 或 kg；

V_0——材料在自然状态下的体积，cm^3 或 m^3。

材料在自然状态下的体积,是指包括实体和内部孔隙的外观几何形状的体积。对于规则的材料,可直接测量其体积;对于不规则的材料,为防止液体由空隙进入材料内部而影响测量值,应在表面封蜡,再用排水法测量其体积。

(4)堆积密度。散粒材料或粉末状材料在堆积状态下(含颗粒间空隙体积)单位体积的质量,称为材料的堆积密度,按式(1-4)计算:

$$\rho_0' = \frac{m}{V_0'} \tag{1-4}$$

式中:ρ_0'——材料的堆积密度,g/cm^3 或 kg/m^3;

$\quad m$——材料在干燥状态下的质量,g 或 kg;

$\quad V_0'$——材料的堆积体积(矿质实体体积+闭口孔隙体积+开口孔隙体积+颗粒间隙体积),cm^3 或 m^3。

测定材料的堆积密度时,材料的质量可以是任意含水状态,未注明材料含水率时,通常是指在干燥状态下的质量。堆积密度的大小与材料装填于容器中的条件或材料的堆积状态有关,在自然堆积状态下称为松散堆积密度,当紧密堆积时称为紧密堆积密度。工程上通常所说的堆积密度是指松散堆积密度。常用建筑材料的密度、表观密度、体积密度和堆积密度值见表1-1。

表 1-1　常用建筑材料的密度、表观密度、体积密度和堆积密度值

名　　称	密度/(g/cm³)	表观密度/(g/cm³)	体积密度/(kg/m³)	堆积密度/(kg/m³)
水泥	2.8~3.1	—	—	1000~1700
钢材	7.85	—	7850	—
普通混凝土	—	—	1950~2500	—
砂	2.5~2.8	2.5~2.8	—	1450~1650
碎石或卵石	2.6~2.9	2.6~2.9	—	1400~1650
木材	1.55	—	400~800	—
石灰岩	2.60	—	1800~2600	—
普通黏土砖	2.5~2.8	—	1600~1800	—

3)表征材料结构密实性的参数

(1)密实度 D。密实度是材料固体部分的体积(矿质实体体积)占材料总体积(矿质实体体积+闭合孔隙体积+开口孔隙体积)的百分率,以 D 表示:

$$D = \frac{V}{V_0} \times 100\% = \frac{\rho_0}{\rho} \times 100\% \tag{1-5}$$

式中:V——材料在绝对密实状态下的体积,简称为绝对体积或实体积,cm^3 或 m^3;

$\quad V_0$——材料在自然状态下的体积,cm^3 或 m^3。

密实度 D 反映材料的密实程度,D 值越大,材料越密实。对于绝对密实材料,密实度

$D=1$ 或 100%；对于大多数建筑材料，因为材料中孔隙的存在，故密实度 $D<1$ 或 100%。材料的很多性能（如强度、耐久性等）均与密实度有关，材料越密实，其强度越高，耐久性越好。

（2）孔隙率 P。孔隙率是指材料中孔隙体积（闭合孔体积＋开口孔体积）占材料总体积（矿质实体体积＋闭口孔隙体积＋开口孔隙体积）的百分率，以 P 表示。密实度与孔隙率的关系为 $P+D=1$。

$$P=\frac{V_0-V}{V_0}\times100\%=\left(1-\frac{\rho_0}{\rho}\right)\times100\% \tag{1-6}$$

材料内部孔隙的构造分为开孔与封闭孔两种。按其尺寸大小又可分为粗孔和细孔。材料的许多性能（如强度、吸湿性、吸水性、抗渗性、抗冻性、导热性、吸声性等）都与孔隙率和孔隙构造有关。一般而言，同一种材料的孔隙率越小、连通孔隙越少，其强度越高、吸水性越小、抗渗性和抗冻性越好、导热性越大。

4）表征材料堆积紧密程度的参数

（1）空隙率 P'。空隙率是指散粒或粉状材料颗粒之间的空隙体积占其堆积体积的百分率，以 P' 表示，按式（1-7）计算：

$$P'=\frac{V_0'-V_0}{V_0'}\times100\%=\left(1-\frac{\rho_0'}{\rho_0}\right)\times100\% \tag{1-7}$$

式中：V_0——材料在自然状态下的体积，cm^3 或 m^3；

V_0'——材料的堆积体积，cm^3 或 m^3。

空隙率的大小反映了散粒材料的颗粒间互相填充的紧密程度。空隙率可作为控制混凝土骨料级配与计算砂率的依据。在配制混凝土、砂浆等材料时，砂、石的空隙率是控制混凝土中骨料级配与计算混凝土砂率的重要依据。为了节约水泥等胶凝材料，改善材料的性能，宜选用空隙率 P' 较小的砂石。

（2）填充率 D'。填充率是指散粒材料堆积体积内被固体颗粒所填充的程度，用 D' 表示：

$$D'=\frac{V_0}{V_0'}\times100\%=\frac{\rho_0'}{\rho_0}\times100\% \tag{1-8}$$

【例题】 已知某种建筑材料试样的孔隙率为 24%，此试样在自然状态下的体积为 $40cm^3$，质量为 $85.50g$，吸水饱和后的质量为 $89.77g$，烘干后的质量为 $82.30g$。试求该材料的密度、表观密度、开口孔隙率、闭口孔隙率、含水率。

解：密度$=\dfrac{\text{干质量}}{\text{密实状态下的体积}}=\dfrac{82.30}{40\times(1-0.24)}\approx2.71(g/cm^3)$

表观密度$=\dfrac{\text{干质量}}{\text{表观体积}}=\dfrac{82.30}{40\times(1-0.187)}\approx2.53(g/cm^3)$

开口孔隙率$=\dfrac{\text{开口孔隙体积}}{\text{自然状态下的体积}}\times100\%=\dfrac{(89.77-82.30)\div1}{40}\times100\%\approx18.70\%$

闭口孔隙率＝孔隙率－开口孔隙率$=(0.24-0.187)\times100\%=5.30\%$

$$含水率=\frac{水的质量}{干重}=\frac{85.50-82.30}{82.30}\times100\%\approx3.90\%$$

2. 材料与水有关的性能

1）亲水性与憎水性

当水与建筑材料在空气中接触时，会出现两种不同的现象。如图 1-3 所示，表面能被水润湿，即水能在其表面铺展开的材料称为亲水性材料；表面不能被水润湿，即水不能在其表面铺展开的材料称为憎水性材料。

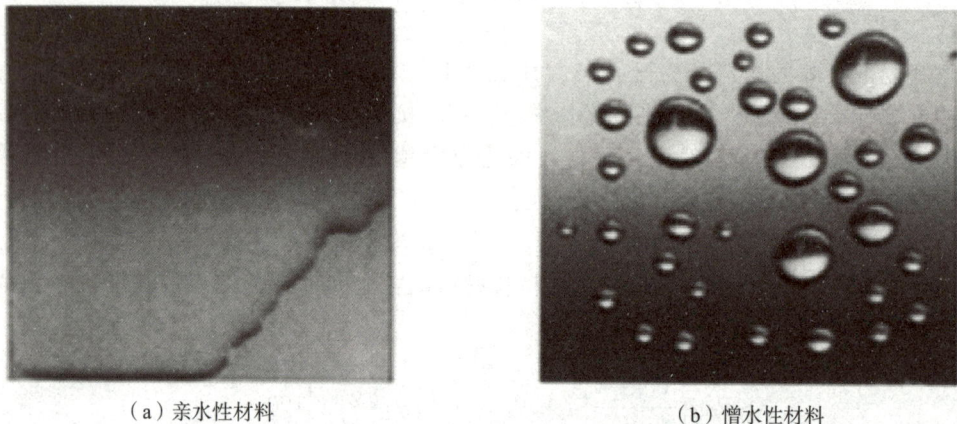

（a）亲水性材料

（b）憎水性材料

图 1-3 水在不同材料表面作用的情形

根据材料与水接触时，其是否能被水润湿，可将材料分为亲水性与憎水性两大类。材料被水润湿的程度可用润湿角 θ 表示，见图 1-4。润湿角是在材料、水和空气的交点处，沿水滴表面作切线，切线（γ_L）和水与材料接触面（γ_{SL}）所形成的夹角。一般认为，润湿角 $0°\leqslant\theta\leqslant90°$。图 1-4(a)的材料为亲水性材料，润湿角 $0°\leqslant\theta\leqslant90°$。图 1-4(b)的材料为憎水性材料，润湿角 $90°\leqslant\theta\leqslant180°$。憎水性材料具有较好的防水、防潮性，常用作防水材料，也可用于对亲水性材料进行表面处理，以降低吸水率，提高抗渗性。大多数建筑材料属于亲水性材料，如混凝土、砖、石、木材、钢材等；大部分有机材料属于憎水性材料，如沥青、塑料、石蜡和有机硅等。但需指出的是，孔隙率较小、孔隙构造为封闭孔的亲水性材料也具有较好的防水、防潮性，如水泥砂浆、水泥混凝土等。

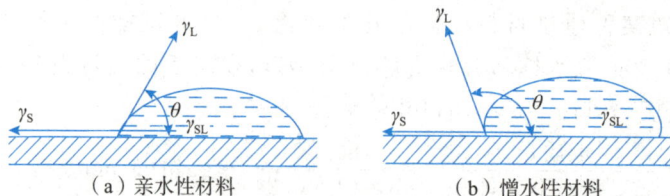

（a）亲水性材料　　　　　　　　　（b）憎水性材料

图 1-4 材料的润湿角示意图

2）吸湿性与吸水性

（1）吸湿性。材料在空气中吸收水分的性质称为吸湿性，用含水率 W' 表示，即材料所含水的质量与材料干质量的百分比，按式(1-9)计算：

$$W' = \frac{m_w - m}{m} \times 100\% \tag{1-9}$$

式中：m_w——材料含水时的质量，g 或 kg；

　　　m——材料干燥时的质量，kg。

材料吸湿或干燥至与空气湿度相平衡时的含水率称为平衡含水率。建筑材料在正常使用状态下均处于平衡含水状态。

材料的含水率随空气湿度的不同而改变。在不同湿度的空气中，材料既能从空气中吸收水分，又可向空气中扩散水分，最后与空气湿度达到平衡，此时的含水率称为平衡含水率。木材的吸湿性受空气湿度变化的影响特别明显。例如，木门窗如长期处在空气湿度较小的环境中，为了与周围湿度平衡，木材便向外散发水分，于是门窗因体积收缩而干裂。

（2）吸水性。材料在水中吸收水分的性质称为吸水性，用质量吸水率 W_m 或体积吸水率 W_v 表示。质量吸水率是指材料所吸水的质量占材料干质量的百分率，体积吸水率是指材料所吸水的体积占干燥材料自然体积的百分率，可分别用以下两式计算：

$$W_m = \frac{m_{sw} - m}{m} \times 100\% \tag{1-10}$$

$$W_v = \frac{m_{sw} - m}{V_0} \times \frac{1}{\rho_w} \times 100\% \tag{1-11}$$

式中：m_{sw}——材料吸水饱和时的质量，g 或 kg；

　　　V_0——干燥材料自然状态的体积，cm³ 或 m³；

　　　ρ_w——水的密度，g/cm³ 或 kg/m³，在常温下取 1.0g/cm³；

　　　m——材料干燥状态下的质量，g 或 kg。

质量吸水率和体积吸水率的关系为

$$W_v = W_m \times \frac{\rho_0}{\rho_w} = W_m \times \rho_0 \tag{1-12}$$

式中：ρ_0——材料干燥状态下的表观密度，g/cm³ 或 kg/m³。

材料吸水率主要与材料的孔隙率以及孔隙构造有关。孔隙率越大，细小开口孔越多，吸水率也越大；因水分不能进入闭口孔隙，而粗大的开口孔隙又不易留存水分，故闭口孔隙吸水率较小。应指出，含水率会随环境发生变化，而其吸水率是一个定值，材料的吸水率可以说是该材料的最大含水率，二者不能混淆。

3）耐水性、抗渗性和抗冻性

（1）耐水性。耐水性是指材料长期处于水饱和状态而不被破坏，强度也不显著降低的性质，用软化系数表示。软化系数是指材料在吸水饱和状态下的抗压强度与其在干燥状态下的抗压强度的比值，用 K_p 表示，用式（1-13）计算：

$$K_p = \frac{f_{sw}}{f_d} \tag{1-13}$$

式中：f_{sw}——材料在吸水饱和状态下的抗压强度，MPa；

　　　f_d——材料在干燥状态下的抗压强度，MPa。

K_p 值可以表明材料浸水饱和后强度下降的程度，K_p 一般在 0～1.0 之间。K_p 越小，表明材料吸水后强度下降越大，即耐水性越差。不同材料的 K_p 值相差较大，如黏土 $K_p=0$，而金属 $K_p=1$。工程中将 $K_p \geqslant 0.85$ 的材料称为耐水材料。经常位于水中或受潮严重的重要结构所用材料，K_p 不宜小于 0.85；受潮较轻或次要结构所用材料，K_p 可以稍有降低，但不宜小于 0.75。

（2）抗渗性。如图 1-5 所示，材料在压力水作用下透过水量的多少遵守达西定律。即在一定时间 t 内，透过材料试件的水量 W 与试件的渗水面积 A 及水头 h 成正比，与试件厚度 d 成反比。抗渗性用渗透系数 K 表示，计算公式如下：

$$K = \frac{Wd}{Ath} \tag{1-14}$$

式中：K——渗透系数，cm/h；

W——试件渗水量，cm^3；

d——试件厚度，cm；

A——渗水面积，cm^2；

t——渗水时间，h；

h——水头（水压力），cm。

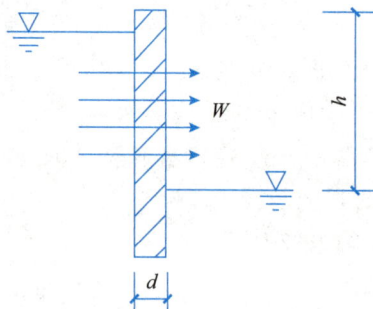

图 1-5　材料透水示意图

渗透系数 K 越大，则材料的抗渗性越差。对于混凝土材料，其抗渗性通常用抗渗等级来表示。抗渗等级是以 28d 龄期的标准试件，按标准试验方法进行试验时所能承受的最大水压力确定的。地下建筑防水工程通常使用防水混凝土，要求其应具有较高的密实性、憎水性和抗渗性，抗渗等级大于或等于 P6，即最小抗渗压力为 0.6 MPa。《地下工程防水技术规范》（GB 50108—2008）规定，对于Ⅳ、Ⅴ级围岩（土层及软弱围岩）防水混凝土，设计抗渗等级应符合表 1-2 的规定。

表 1-2　防水混凝土设计抗渗等级

工程埋置深度/m	设计抗渗等级
<10	P6
10～20	P8
20～30	P10
30～40	P12

（3）抗冻性。材料在水饱和状态下，能够经受多次冻融循环而不破坏，也不严重降低强度的性能称为抗冻性。材料的抗冻性用抗冻等级表示。抗冻等级是材料在吸水饱和状态下，经冻融循环作用，强度损失和质量损失均不超过规定值时所能承受的最大冻融循环次数。用符号 Fn 表示，其中 n 为最大冻融循环次数，如 F25、F50、F100、F150 等。

材料在冻融循环作用下产生破坏，是由于材料内部毛细孔隙及大孔隙中的水结冰时的体积膨胀（约 9%）造成的。膨胀对材料孔壁产生巨大的压力，由此产生的拉应力超过材料的抗拉极限时，材料内部会产生微裂缝，强度下降。此外，在冻结和融化过程中，材料内外的温差所引起的温度应力也会导致微裂缝的产生，或加速微裂缝的扩展。抗冻性是评定材料耐久性的重要指标之一。

所以，对于受大气和水作用的材料，抗冻性往往决定了它的耐久性，抗冻等级越高，材料越耐久。实际工程中，应根据工程种类、结构部位、使用条件、气候条件等因素选择不同抗冻等级的材料。

3. 材料的热工性能

1）导热性

材料传导热量的性能称为材料的导热性，用热导率（也称导热系数）λ 表示。

$$\lambda = \frac{Qa}{(T_1 - T_2)AZ} \tag{1-15}$$

式中：λ——热导率，W/(m·K)；

　　Q——传递的热量，J；

　　a——材料的厚度，m；

　　$T_1 - T_2$——材料两侧的温差，K；

　　A——材料传热面的面积，m²；

　　Z——传热的时间，s 或 h。

热导率的物理意义：面积为 1m²、厚度为 1m 的材料，当两侧温差为 1K 时，经 1s 所传递的热量。材料传导热量的示意图如图 1-6 所示。热导率越小，表示材料的绝热性能越好。热导率是房屋的墙体和屋面热工计算，以及确定热表面或冷藏库绝热层厚度的重要参数。

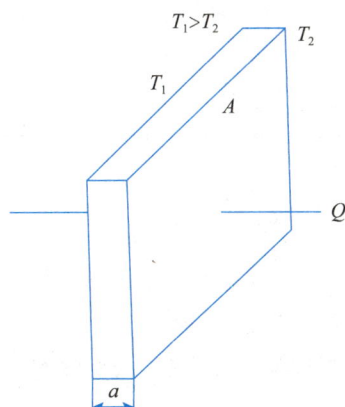

图 1-6　材料传导热量的示意图

建筑材料的热导率差别很大,在 $0.035W/(m \cdot K)$(泡沫塑料)至 $3.500W/(m \cdot K)$(大理石)之间。通常将 $\lambda \leqslant 0.230W/(m \cdot K)$ 的材料称为绝热材料。

材料的热导率取决于材料的化学组成、结构、构造、孔隙率与孔隙特征、含水状况及导热时的温度。一般来讲,金属材料、无机材料、晶体材料的热导率分别大于非金属材料、有机材料和非晶体材料。

2)热容量

材料受热时吸收热量,冷却时放出热量的性能称为热容量。热容量的大小用比热容(也称为热容量系数)表示,比热容在数值上等于温度升高或者降低 1K 时,1g 材料吸收或者放出的能量,按式(1-16)计算:

$$c = \frac{Q}{(T_2 - T_1)m} \qquad (1-16)$$

式中:c——材料的比热容,$J/(m \cdot K)$;

$\quad Q$——材料吸收(或放出)的热量,J;

$\quad m$——材料的质量,g;

$\quad T_2 - T_1$——材料受热(或冷却)前后的温度差,K。

比热容 c 与质量 m 的乘积称为热容量。材料的热容量大,则材料在吸收或放出较多的热量时,其自身的温度变化不大,即有利于保证室内温度相对稳定。在设计围护结构(墙体、屋面等)时,应充分考虑材料的热容量。将轻质材料作为围护材料使用时,应注意其热容量较小的特点。几种常用建筑材料的热导率和比热容见表1-3。

表1-3　几种常用材料的热导率和比热容

材料	热导率/ $[W \cdot (m \cdot K)^{-1}]$	比热容/ $[J \cdot (m \cdot K)^{-1}]$	材料	热导率/ $[W \cdot (m \cdot K)^{-1}]$	比热容/ $[J \cdot (m \cdot K)^{-1}]$
钢材	58.00	0.48×10^3	泡沫塑料	0.03	1.30×10^3
花岗岩	3.49	0.92×10^3	水	0.60	4.19×10^3
普通混凝土	1.28	0.88×10^3	冰	2.20	2.05×10^3
普通烧结砖	0.81	0.84×10^3	密闭空气	0.025	1.00×10^3
松木	横纹 0.17 顺纹 0.35	2.51×10^3	—	—	—

3)材料的耐燃性与耐火性

(1)耐燃性。耐燃性是指在发生火灾时,材料可否燃烧以及燃烧的难易程度。按耐燃性的不同,可将材料分为非燃烧材料、难燃烧材料和燃烧材料三类。

非燃烧材料是在空气中受高温作用时不起火、不微燃、不碳化的材料。

难燃烧材料是在空气中受高温作用时难起火、难微燃、难碳化,当火源移走后,燃烧会立即停止的材料。

燃烧材料是在空气中受高温作用时会自行起火或微燃,当火源移走后,仍能继续燃烧或微燃的材料,如木材等大部分有机材料。不同耐火等级的建筑物所用构件的燃烧性能和耐火极限见表1-4。

表 1-4 建筑物构件(部分)的燃烧性能和耐火极限

构件名称		耐 火 等 级			
		一 级	二 级	三 级	四 级
墙	防火墙	不燃烧体 3.00	不燃烧体 3.00	不燃烧体 3.00	不燃烧体 3.00
	承重墙	不燃烧体 3.00	不燃烧体 2.50	不燃烧体 2.00	不燃烧体 0.50
	非承重墙	不燃烧体 2.00	不燃烧体 1.00	不燃烧体 0.50	燃烧体
	楼梯间的墙、电梯井的墙	不燃烧体 2.00	不燃烧体 2.00	不燃烧体 1.50	难燃烧体 0.50
	疏散走道两侧的隔墙	不燃烧体 1.00	不燃烧体 1.00	不燃烧体 0.50	难燃烧体 0.25
	房间隔墙	不燃烧体 0.75	不燃烧体 0.50	难燃烧体 0.50	难燃烧体 0.25
柱		不燃烧体 3.00	不燃烧体 2.50	不燃烧体 2.00	难燃烧体 0.50
梁		不燃烧体 2.00	不燃烧体 1.50	不燃烧体 1.00	难燃烧体 0.50
楼板		不燃烧体 1.50	不燃烧体 1.00	不燃烧体 0.50	燃烧体
屋顶承重构件		不燃烧体 1.50	不燃烧体 1.00	燃烧体	燃烧体

(2)耐火性。材料抵抗高温或火的作用,保持其原有性能的能力称为材料的耐火性。金属材料、玻璃等虽属于非燃烧材料,但在高温或火的作用下,在短时间内就会变形、熔融,因此不属于耐火材料。建筑材料或构件的耐火性用耐火极限表示,耐火极限是按规定方法,从材料受到火的作用开始,到材料失去支持能力、完整性被破坏或失去隔火作用的时间,以 h 计。例如,无保护层的钢柱,其耐火极限仅有 0.25h。

4. 材料的声学性能

1)吸声性

当声音传至构件材料表面时,声能一部分被反射,一部分穿透材料,还有一部分由于构件材料的振动或声音在其中传播时与周围介质产生摩擦,由声能转化成热能,声能被损耗,即常说的声音被材料吸收。被吸收声能(E)和传递给材料的全部声能(E_0)之比,是评定材料吸声性能好坏的主要指标,用吸声系数(α)表示。

$$\alpha = \frac{E}{E_0} \tag{1-17}$$

式中:α——材料的吸声系数;

E_0——传递给材料的全部入射声能;

E——被材料吸收的声能。

材料的吸声性能除与材料本身的厚度、结构以及材料的表面特征有关外,还和声波的入射方向及频率有关。相同材料接收到高、中、低不同频率的声音时,表现出不同的吸声系数。通常取125Hz、250Hz、500Hz、1000Hz、2000Hz、4000Hz六个频率的吸声系数表示材料的吸声频率特征。上述六个频率平均吸声系数大于0.2的材料，称为吸声材料。材料的吸声系数越高，吸声效果越好。

建筑工程中常用的多孔吸声材料有水泥膨胀珍珠岩板、矿渣棉、玻璃棉、超细玻璃棉、沥青矿渣棉毡、泡沫玻璃、泡沫塑料、软木板、木丝板、穿孔纤维板、工业毛毡、地毯、帷幕等。

2) 隔声性

隔声性是指材料减弱或隔断声波传播的性能。声波在建筑结构根的传播主要通过空气和固体来实现，因此隔声分为隔空气声和隔固体声。前者主要根据声学中的"质量定律"，即材料密度越大，越不容易受声波作用而产生振动，所以，密度大的材料隔声效果更好；后者则是隔断其声波在结构中的传播途径，在结构中(如梁、框架与楼板、隔墙以及它们的交接处等)设置弹性材料或空气隔离层等，可有效阻止或减弱固体声波的传播。隔声和吸声是两个不同的概念，吸声效果好的多孔材料，隔声效果不一定好。

隔声能力的大小用透射系数(τ)表示。透射系数是指透过材料的声能(E_τ)与入射声能(E_0)之比，用式(1-18)表示：

$$\tau = \frac{E_\tau}{E_0} \tag{1-18}$$

式中：τ——材料的透射系数；

E_0——传递给材料的全部入射声能；

E_τ——透过材料的声能。

材料吸声效果的好坏与材料的表观密度、厚度、孔隙特征等有直接关系。吸声效果好的材料不一定可以用作隔声材料，要视声波的传播途径采取相应的措施。

1.1.2 材料的力学性能

1. 强度、强度等级和比强度

1) 强度

强度是材料在应力(荷载)作用下抵抗破坏的最大能力。根据外力作用方式的不同，材料强度分为抗压强度、抗拉强度、抗剪强度、抗弯强度等。工程上，材料的强度值大多是在特定条件下，采用标准试件静力破坏试验法测定。即将预先制作的标准试件放置在材料试验机上，施加外力(荷载)直至破坏，根据试件尺寸和破坏时的荷载值计算出材料的强度。各种状态下的受力特点和计算方法见表1-5。

表1-5 静力强度的分类和计算公式

强度/MPa	受力示意图	计算公式	备 注
抗压强度 f_c		$f_c = \dfrac{F}{A}$	F——破坏荷载(N) A——受荷面积(mm^2)

强度/MPa	受力示意图	计算公式	备　注
抗拉强度 f_t		$f_t = \dfrac{F}{A}$	
抗剪强度 f_v		$f_v = \dfrac{F}{A}$	F——破坏荷载（N） A——受荷面积（mm²） l——跨度（mm） b——断面宽度（mm） h——断面高度（mm）
抗弯强度 f_m		$f_m = \dfrac{3Fl}{2bh^2}$	

材料的强度与其组成、构造有关,如孔隙率越大,强度越低。此外,材料的强度还与其测试条件有很大的关系。当加荷速度较快时,由于变形速度落后于荷载的增长,故测得的强度值偏高;而加荷速度较慢时,强度值偏低。当受压试件与加压板间无润滑作用时(即未涂石蜡等润滑物),加压板对试件的两个端部的横向约束限制了试件的侧向膨胀,因此测得的强度值偏高;试件越小,横向约束作用越大,且含有缺陷的概率越小,故测得的强度值偏高;受压试件的立方体试件测得值高于棱柱体试件测得值。

2) 强度等级

为了掌握材料的力学性能,便于分类管理、合理选用材料、正确进行设计、控制工程施工质量,常将材料按其强度的大小划分成不同的等级,称为强度等级,它是衡量材料力学性能的主要技术指标。脆性材料如混凝土、砂浆、砖和石等,主要用于承受压力,其强度等级用抗压强度来划分;韧性材料如建筑钢材,主要用于承受拉力,其强度等级用抗拉时的屈服强度来划分。

3) 比强度

比强度是指按单位质量计算的材料强度,其值等于材料的强度与其表观密度之比(f_c/ρ')。比强度是衡量材料轻质高强的主要指标,比强度大表明材料轻质高强,优质的材料必须具有较高的比强度。通常,在高层建筑结构、大跨度结构、软土地基结构中,宜选用比强度较大的建筑材料。

2. 弹性、塑性和弹塑性

1) 弹性

材料在外力作用下产生变形,当去掉外力后,完全恢复到原来状态的性能称为材料的弹性,材料的这种能完全恢复的变形称为弹性变形。明显具备这种特征的材料称为弹性材料,如图 1-7(a)所示。

2）塑性

材料在外力作用下产生变形，去掉外力后，材料仍保持变形后的形状和尺寸的性能，称为材料的塑性，材料的这种不能恢复的变形称为塑性变形（或称不可恢复的变形），如图 1-7（b）所示。具有较高塑性变形的材料称为塑性材料。

3）弹塑性

实际上，纯弹性与纯塑性的材料都是不存在的。不同的材料在力的作用下会表现出不同的变形特征。例如，低碳钢在受力不大时，仅产生弹性变形，此时，应力与应变的比值为一个常数；随着外力增大至超过弹性极限之后，则出现另一种变形——塑性变形。又如混凝土，在它开始受力时，弹性变形和塑性变形便同时发生，除去外力后，弹性变形可以恢复（消失）而塑性变形不能消失，这种变形称为弹塑性变形，其应力应变如图 1-7（c）所示，具有这种变形特征的材料叫作弹塑性材料。

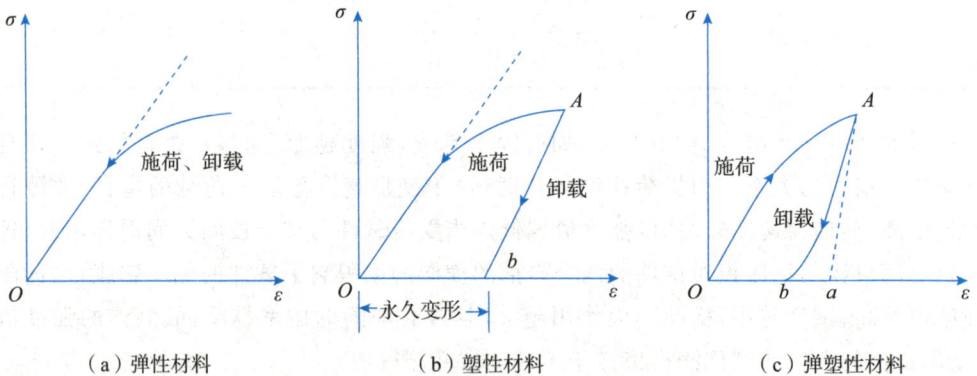

图 1-7 材料的变形曲线

3. 脆性和韧性

1）脆性

脆性是材料在荷载作用下，在破坏前没有明显预兆（即塑性变形）发生突发性破坏的性能。脆性材料的特点是塑性变形很小，且抗压强度比抗拉强度高 5～50 倍。破坏时无任何征兆，有突发性，主要适合承受静压力荷载。建筑材料中大部分无机非金属材料均为脆性材料，如天然岩石、陶瓷、玻璃、砖、生铁、普通混凝土等。

2）韧性

韧性是材料在冲击、振动荷载作用下，能承受很大的变形而不发生突发性破坏的性能，又称为冲击韧性。韧性材料的特点是变形大，特别是塑性变形大，抗拉强度接近或高于抗压强度。木材、建筑钢材、沥青、橡胶等属于韧性材料。

4. 硬度和耐磨性

1）硬度

硬度是材料抵抗其他硬物刻划或压入其表面的性能。不同材料的硬度测定方法不同。天然矿物的硬度用刻划法确定，并按滑石、石膏、方解石、萤石、磷灰石、正长石、石英、黄玉、刚玉、金刚石的顺序，划分为 10 个硬度等级；木材、钢材等材料的硬度是用硬球或硬尖物体如圆锥或角锥压入测定的;混凝土、砖、建筑砂浆、金属等材料表面的硬度使用回弹法测定。一般来说,硬度较大的材料耐磨性较强,不易进行再加工。

2)耐磨性

耐磨性是指材料表面抵抗磨损的性能,通常用磨损率 K_0 表示:

$$K_0 = \frac{m_1 - m_2}{A} \times 100\% \tag{1-19}$$

式中:K_0——磨损率;

m_1——试件磨损前的质量,g;

m_2——试件磨损后的质量,g;

A——试件受磨的表面积,cm^2。

1.1.3 材料的耐久性

耐久性是指材料长期抵抗各种内外破坏因素的作用,保持其原有性质的性能。材料的耐久性是一项综合性能,一般包括抗渗性、抗冻性、耐腐蚀性、抗老化性、抗碳化、耐热性、耐磨性、耐旋光性等。材料的性质和用途不同,对耐久性的要求也不同。如结构材料主要要求强度不能显著降低,而装饰材料则主要要求颜色、光泽等不发生显著的变化等。

1. 耐久性的影响因素

1)内部因素

内部因素是造成材料耐久性下降的根本原因。内部因素主要包括材料的组成、结构与性质。当材料的组成成分易溶于水或其他液体,或易与其他物质发生化学反应时,则材料的耐水性、耐化学腐蚀性等较差;无机非金属脆性材料在温度剧变时易产生开裂,即耐急冷、急热性差;当材料的孔隙率较大时,则材料的耐久性较差;有机材料的抗老化性较差;当材料的强度较高时,其耐久性也较好。

2)外部因素

外部因素是影响耐久性的主要因素,主要包括以下作用。

(1)化学作用包括各种酸、碱、盐及其水溶液,各种腐蚀性气体,对材料具有化学腐蚀作用和氧化作用;

(2)物理作用包括光、热、电、温度差、湿度差、干湿循环、冻融循环、溶解等,可使材料的结构发生变化,如内部产生微裂纹或孔隙率增加;

(3)机械作用包括冲击、疲劳荷载,各种气体、液体及固体引起的磨损等;

(4)生物作用包括菌类、昆虫等,可使材料产生腐朽、虫蛀等。

2. 耐久性的测定

对材料耐久性最可靠的判断是在使用条件下进行长期观测,但这需要很长的时间。通常是根据使用条件与要求,在试验室进行快速试验,根据试验结果判定材料的耐久性,其项目主要有干湿循环、冻融循环、碳化、化学介质浸渍、加湿与紫外线干燥循环等。

任务 1.2　建筑材料基本性能检测

1.2.1　绝对密度测定

1. 试验目的

通过测定材料密度,计算材料的孔隙率和密实度。材料的很多性质都与孔隙率大小及孔隙特征有关。

2. 主要仪器设备

主要仪器设备包括李氏瓶(图 1-8)、筛子(孔径 0.25mm)、量筒、烘箱、干燥器、物理天平、温度计、漏斗和小勺等。

3. 试样制备

(1) 将试样碾磨后,用 0.25mm 的筛进行筛分,全部通过孔筛后,放到(105±5)℃的烘箱中,烘至恒重。

(2) 将烘干的粉料放入干燥器中冷却至室温备用。

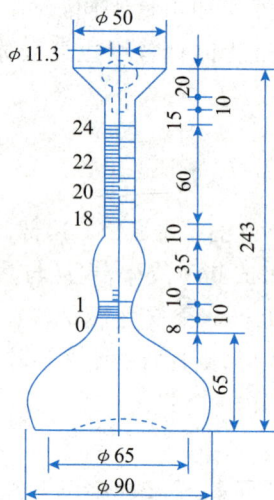

图 1-8　李氏瓶

4. 试验方法及步骤

(1) 在李氏瓶中注入与试样不发生反应的液体至突颈下部,记下刻度值(V_0)。

(2) 用天平称取 60~90g 试样(m_1),精确至 0.01g,直至液面上升至 20mL 刻度附近为止。

(3) 用瓶内的液体将粘附在瓶颈和瓶壁的试样洗入瓶内,转动李氏瓶,使液体中气泡排出,记下液面刻度(V_1)。

(4) 称取未注入瓶内剩余试样的质量(m_2)。计算装入瓶中试样的质量 m。

(5) 将注入试样后的李氏瓶中液面读数 V_1 减去注前液面读数 V_0,得出试样的绝对体积 V。

5．结果计算

（1）按下式计算出密度 ρ（精确至 $0.01\mathrm{g/cm^3}$）。

$$\rho=\frac{m}{V} \tag{1-20}$$

式中：m——装入瓶中试样的质量，g；

V——装入瓶中试样的体积，$\mathrm{cm^3}$。

（2）密度测试应以两个试样平行进行，以其计算结果的算术平均值作为最后结果。如两次结果之差大于 $0.02\mathrm{g/cm^3}$，试验需重做。

1.2.2　砂的表观密度测定

1．试验目的

通过表观密度、堆积密度的测定，计算出材料孔隙率及空隙率，从而了解材料的构造特征。测定砂的表观密度，为配合比设计提供数据。

2．主要仪器设备

主要仪器设备包括带有吊篮的液体天平（称量 1000g，感量 1g）、容量瓶（500mL）、烘箱、干燥器、料勺、温度计等。

3．试验步骤

（1）称取经缩分并烘干的试样 $300\mathrm{g}(m_0)$，装入盛有半瓶冷开水的容量瓶中，摇动容量瓶，使试样充分搅动以排除气泡。塞紧瓶塞，静置 24h。

（2）打开瓶塞，用滴管添水使水面与瓶颈 500mL 刻线平齐。塞紧瓶塞，擦干瓶外水分，称其质量 $m_1(\mathrm{g})$。

（3）倒出瓶中的水和试样，清洗瓶内外，再装入与上项水温相差不超过 2℃的冷开水至瓶颈 500mL 刻度线。塞紧瓶塞，擦干瓶外水分，称其质量 $m_2(\mathrm{g})$。

4．结果计算

（1）按下式计算砂的表观密度 ρ_0（精确至 $10\mathrm{kg/m^3}$）：

$$\rho_0=\left(\frac{m_0}{m_0+m_2-m_1}\times-\alpha_t\right)\times1000 \tag{1-21}$$

式中：ρ_0——砂的表观密度，$\mathrm{kg/m^3}$；

m_0——试样的烘干质量，g；

m_1——吊篮在水中的质量，g；

m_2——吊篮及试样在水中的质量，g；

α_t——考虑称量时水温对表观密度影响的修正系数，见表1-6。

表 1-6　不同水温下碎石或卵石表观密度影响的修正系数

水温/℃	15	16	17	18	19	20	21	22	23	24	25
α_t	0.002	0.003	0.003	0.004	0.004	0.005	0.005	0.006	0.006	0.007	0.008

（2）砂的表观密度以两次试验结果的算术平均值作为测定值，如两次结果之差大于 0.02g/cm³ 时，应重新取样进行试验。

1.2.3 卵石或碎石的表观测定

石子的表观密度测定方法有液体比重天平法（标准法）和广口瓶法（简易法）。

1. 液体比重天平法（标准法）

1）主要仪器设备

主要仪器设备包括带有吊篮的液体天平（称量 5000g，感量 1g）、试验筛（孔径为 4.75mm）、烘箱、毛巾、刷子等。吊篮直径和高度均为 150mm。

2）试验步骤

（1）将石子试样筛去公称粒径 5mm 以下的颗粒，用四分法缩分至不少于表 1-7 规定的量，然后洗净后分成两份备用。

表 1-7　不同粒径石子的试样量

石子最大粒径/mm	10	16	20	25	31.5	40	63	80
表观密度每份试样量/kg	2	2	2	3	3	4	6	6

（2）将一份石子试样装入吊篮中，并浸入盛水的容器中，水面至少高出试样 50mm。

（3）浸水 24h 后，将其移至称量用的盛水容器中，并用上下升降吊篮的方法排除气泡，试样不得露出水面，吊篮每秒升降一次，升降高度为 30～50mm。

（4）调节容器中水位高度（由溢流孔控制）并测定水温后，用天平称取吊篮及试样的质量（m_2）。

（5）将试样放入（105±5）℃的烘箱中烘至恒重，取出后放在带盖的容器中冷却至室温，再称重（m_0）。

（6）称取吊篮在同样的温度和水位的水中的质量（m_1）。

3）结果计算

（1）按下式计算液体比重天平法中石子的表观密度 ρ（精确至 10kg/m³）：

$$\rho = \left(\frac{m_0}{m_0 + m_1 - m_2} - \alpha_t \right) \times 1000 \tag{1-22}$$

式中：ρ——石子的表观密度，kg/m³；

　　　m_0——试样的烘干质量，g；

　　　m_1——吊篮在水中的质量，g；

　　　m_2——吊篮及试样在水中的质量，g；

　　　α_t——不同粒径石子的试样量，见表 1-7。

（2）以两次试验结果的算术平均值作为测定值，两次结果之差应小于 20kg/m³，否则应重新取样进行试验。

2. 广口瓶法（简易法）

1）试验目的

本方法适用于测定碎石或卵石的表观密度，不宜用于测定最大公称粒径超过 40mm 的碎石或卵石的表观密度。

2）主要仪器设备

主要仪器设备包括广口瓶、天平、方孔筛、鼓风烘箱、浅盘、温度计、毛巾等。

3）试样制备

按规定取样，用四分法缩分至不少于表 1-7 规定的数量，经烘干或风干后筛除粒径小于 5mm 的颗粒，洗刷干净后，分为大致相等的两份备用。

4）试验步骤

（1）将试样浸水 24h 后装入广口瓶中，注入清水，摇晃广口瓶以排除气泡。

（2）向瓶内加水至凸出瓶口边缘，然后用玻璃片迅速滑行，滑行中应紧贴瓶口水面。擦干瓶外水分，称取试样、水、广口瓶及玻璃片的总质量 m_1，精确至 1g。

（3）将广口瓶中试样倒入浅盘，然后在（105±5）℃的烘箱中烘干至恒重，冷却至室温后称其质量 m_0，精确至 1g。

（4）将广口瓶洗净，重新注入饮用水，并用玻璃片紧贴瓶口水面，擦干瓶外水分，称取水、广口瓶及玻璃片总质量 m_2，精确至 1g。

注意：试验时，各项称量可以在 15～25℃ 的范围内进行，但从试样浸水开始至试验结束，其温度变化不得超过 2℃。

5）试验结果的计算与评定

（1）广口瓶法中，石子的表观密度按式（1-23）计算（精确至 10kg/m³）：

$$\rho = \left(\frac{m_0}{m_0 + m_1 - m_2} - \alpha_t \right) \times 1000 \tag{1-23}$$

式中：ρ——石子的表观密度，kg/m³；

　　　m_0——试样的烘干质量，g；

　　　m_1——试样、水、广口瓶及玻璃片的总质量，g；

　　　m_2——水、广口瓶及玻璃片的总质量，g；

　　　α_t——不同粒径石子的试样量，见表 1-7。

（2）表观密度取两次试验结果的算术平均值，精确至 10kg/m³；如两次试验结果之差大于 20 kg/m³，应重新试验。对材质不均匀的试样，如两次试验结果之差大于 20 kg/m³，可取四次试验结果的算术平均值。

1.2.4　砂堆积密度的测定

1. 试验目的

通过表观密度、堆积密度的测定，计算出材料孔隙率及空隙率，从而了解材料的构造特征。测定砂的表观密度，为配合比设计提供数据。

2. 主要仪器设备

主要仪器设备包括标准容器(金属圆柱形,容积为 1L)、标准漏斗、台秤、铝制料勺、烘箱和直尺等。

3. 试样制备

用四分法缩取砂样约 3L,试样放入浅盘中,将浅盘放入温度为(105±5)℃的烘箱中烘至恒重,取出冷却至室温,筛除粒径大于 4.75mm 的颗粒,分为大致相等的两份备用。

4. 试验方法及步骤

(1) 称取标准容器的质量(m_1),精确至 1g;将标准容器置于下料漏斗下面,使下料漏斗对正中心。

(2) 取一份试样,用铝制料勺将试样装入下料漏斗,打开活动门,使试样徐徐落入标准容器,直至试样装满,并超出标准容器筒口。

(3) 用直尺将多余的试样沿筒口中心线向两个相反方向刮平,称其质量(m_2),精确至 1g。

5. 结果计算

试样的堆积密度 ρ_0' 按式(1-24)计算(精确至 10 kg/m³):

$$\rho_0'=\frac{m_2-m_1}{V_0'}\times 1000 \tag{1-24}$$

自我测验

一、填空题

1. 当材料的体积密度与密度相同时,说明该材料_____。

2. 材料的耐水性用_____表示。

3. 对于开口微孔材料,当其孔隙率增大时,材料的密度_____。

4. 材料的抗冻性以材料在吸水饱和状态下所能抵抗的_____来表示。

5. 对于开口微孔材料,当其孔隙率增大时,材料的吸水性_____。

6. 评价材料是否轻质高强的指标为_____。

7. 材料的亲水性与憎水性用_____表示。

8. 当材料的孔隙率一定时,孔隙尺寸愈小,保温性能愈_____。

9. 材料的吸湿性用_____表示。

10. 202g 含水率为 1%的湿砂,其中含水为_____g。

二、名词解释

1. 密度　　2. 堆积密度　　3. 孔隙率　　4. 密实度　　5. 空隙率　　6. 抗渗性

7. 强度　　8. 比强度

三、判断题

1. 对于任何一种材料,其密度都大于其体积密度。　　　　　　　　　　　(　　　)

2. 材料的含水率越高,其表观密度越大。　　　　　　　　　　　　　　(　　　)

3. 材料的孔隙率越大,吸水率越高。　　　　　　　　　　　　　　　　　(　　)

4. 材料的吸湿性用含水率表示。　　　　　　　　　　　　　　　　　　　(　　)

5. 孔隙率大的材料,其耐水性不一定不好。　　　　　　　　　　　　　　　(　　)

6. 软化系数越大,说明材料的抗渗性越好。　　　　　　　　　　　　　　　(　　)

7. 对于保温材料,若厚度增加,可提高其保温效果,墙体材料的导热系数降低。 (　　)

8. 材料的比强度值越小,说明该材料越轻质高强。　　　　　　　　　　　　(　　)

四、单选题

1. 对于某材料来说,无论环境怎样变化,其(　　)都是定值。

　　A. 强度　　　　　　B. 密度　　　　　　C. 导热系数　　　　　D. 平衡含水率

2. 降低同一种材料的密实度,则其抗冻性(　　)。

　　A. 提高　　　　　　B. 不变　　　　　　C. 降低　　　　　　D. 不一定降低

3. 100g 含水率 4% 的砂,其中干砂的质量为(　　)g。

　　A. 94.15　　　　　B. 95.25　　　　　C. 96.15　　　　　D. 97.35

4. 材料抗渗性的指标为(　　)。

　　A. 软化系数　　　B. 渗透系数　　　C. 孔隙率　　　　　D. 吸水率

5. 用于吸声的材料,要求其具有(　　)孔隙的多孔结构材料,吸声效果最好。

　　A. 大孔　　　　　　　　　　　　B. 内部连通且表面封死

　　C. 封闭小孔　　　　　　　　　　D. 开放连通

五、计算题

1. 某石灰岩的密度为 2.68g/cm^3,孔隙率为 1.5%,现将石灰岩破碎成碎石,碎石的堆积密度为 1520kg/m^3,求此碎石的表观密度和空隙率。

2. 材料的密度为 2.68g/cm^3,表观密度为 2.34g/cm^3,720g 绝干的该材料浸水饱和后擦干表面并测得质量为 740g。求该材料的孔隙率、质量吸水率、体积吸水率、开口孔隙率、闭口孔隙率。假定开口孔全可充满水。

3. 一块普通标准黏土砖,烘干后质量为 2500g,吸水饱和湿质量为 2900g,其密度为 2.7g/cm^3,求该砖的表观密度、孔隙率、质量吸水率和体积吸水率。

项目2 气硬性胶凝材料的性能与检测

学习思维导图

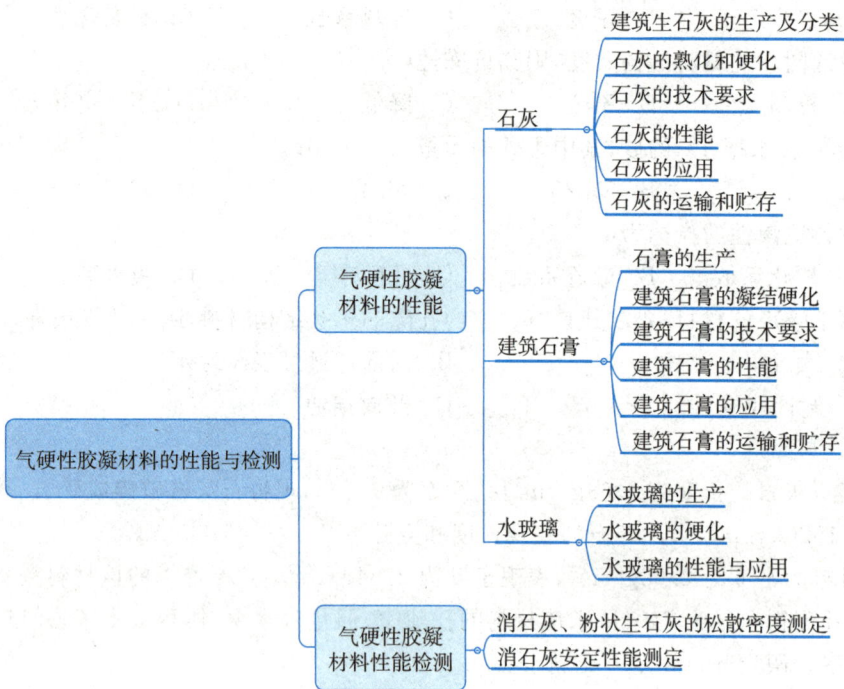

气硬性胶凝材料的性能与检测
- 气硬性胶凝材料的性能
  - 石灰
    - 建筑生石灰的生产及分类
    - 石灰的熟化和硬化
    - 石灰的技术要求
    - 石灰的性能
    - 石灰的应用
    - 石灰的运输和贮存
  - 建筑石膏
    - 石膏的生产
    - 建筑石膏的凝结硬化
    - 建筑石膏的技术要求
    - 建筑石膏的性能
    - 建筑石膏的应用
    - 建筑石膏的运输和贮存
  - 水玻璃
    - 水玻璃的生产
    - 水玻璃的硬化
    - 水玻璃的性能与应用
- 气硬性胶凝材料性能检测
  - 消石灰、粉状生石灰的松散密度测定
  - 消石灰安定性能测定

知识目标

1. 了解建筑石灰的生产过程及分类；
2. 理解石灰水化、凝结、硬化机理，石灰技术指标的含义及其工程应用；
3. 了解建筑石膏的生产过程及分类；
4. 理解石膏凝结、硬化机理，石膏技术指标的含义及其工程应用；
5. 了解水玻璃模数与其黏结性能的关系以及水玻璃在建筑工程中的应用；
6. 熟知气硬性胶凝材料的性能检测试验步骤。

技能目标

1. 具有识别石灰、石膏性能的能力；
2. 能够进行生石灰、消石灰性能测定试验；
3. 了解各种气硬性胶凝材料在工程中的应用范围。

任务 2.1　气硬性胶凝材料的性能

2.1.1　石灰

石灰是人类在建筑工程中使用最早的胶凝材料之一。由于石灰具有原材料分布广、生产工艺简单、成本低廉等特点,因此在建筑中应用广泛。

1. 建筑生石灰的生产及分类

1) 生石灰的生产

以碳酸钙为主要成分的石灰石、白垩等,在1000℃左右的温度下煅烧所得到的产品称为生石灰。生石灰除了主要成分氧化钙(CaO),还含有少量氧化镁(MgO)及杂质。化学反应式如下:

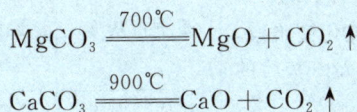

$$MgCO_3 \xrightarrow{700℃} MgO + CO_2 \uparrow$$

$$CaCO_3 \xrightarrow{900℃} CaO + CO_2 \uparrow$$

上述反应温度为达到化学平衡时的温度。在实际生产中,为了加快石灰石的分解,使$CaCO_3$能迅速、充分分解为CaO,必须提高煅烧温度,一般为1000~1100℃。

按照《建筑生石灰》(JC/T 479—2013)的规定,生石灰是由石灰石焙烧而成的、以氧化钙为主要成分的块状、粒状或粉状产物。在原料尺寸适中、粒径搭配合理,并控制在正常的煅烧温度和煅烧时间的情况下,可制得优质的生石灰,又称为正火石灰。但在实际生产过程中,当上述影响煅烧质量的某种因素控制不当时,会导致生产的生石灰中含有欠火石灰和过火石灰成分。正火石灰、欠火石灰和过火石灰的性能比较见表2-1。

表 2-1　正火石灰、欠火石灰、过火石灰的性能比较

特　征	正 火 石 灰	欠 火 石 灰	过 火 石 灰
颜色	洁白或略带灰色	发青	呈黑色
密度	密度较小	密度较大	密度大
硬度	颗粒硬度较小, 内有孔隙	颗粒硬度较大,内部有 未烧透的硬核	颗粒硬度较大,表面有裂缝 或呈玻璃体状
化学成分	CaO	CaO 和 $Ca(OH)_2$	CaO
水化特征	水化速度快,较完全	水化速度较快,未水化残渣较多	水化速度很慢

如煅烧温度过低、煅烧时间过短,或石灰石块体太大等原因,使生石灰中存在未完全分解的石灰石,这种石灰称为欠火石灰。欠火石灰产浆量小,质量较差,利用率较低。

如煅烧温度过高、煅烧时间过长,使石灰块体体积密度增大,颜色变深,即为过火石灰。过火石灰与水反应的速度大大降低,在硬化后才与游离水分发生熟化反应,产生较大体积膨胀,使硬化后的石灰表面局部产生鼓包、崩裂等现象,工程中称为爆灰。爆灰是建筑工程

质量通病之一。

杂质含量少、煅烧情况良好的生石灰,颜色洁白或微黄,呈多孔结构,体积密度较低(800~1000kg/m³),质量最好,这种生石灰称为正火石灰。

2)生石灰的分类

(1)按照生石灰的加工情况分为建筑生石灰和建筑生石灰粉。

(2)按照生石灰的化学成分分为钙质石灰和镁质石灰两类,根据化学成分的含量每类分成不同等级,见表2-2。

表2-2 建筑生石灰的分类

类 别	定 义	名 称	代 号	备 注
钙质石灰	主要由氧化钙或氢氧化钙组成,不添加任何水硬性或火山灰质的材料	钙质石灰90	CL90	CL 表示钙质石灰;90(或85、75)为(CaO+MgO)百分含量
		钙质石灰85	CL85	
		钙质石灰75	CL75	
镁质石灰	主要由氧化钙、氢氧化镁(MgO>5%)或氢氧化钙和氢氧化镁组成,不添加任何水硬性或火山灰质的材料	镁质石灰85	ML85	ML 表示镁质石灰;85(或80)为(CaO+MgO)百分含量
		镁质石灰80	ML80	

3)生石灰的标记

生石灰的标记由产品名称、加工情况和产品依据标准编号组成。生石灰块在代号后面加Q,生石灰粉在代号后加QP。

示例:符合JC/T 479—2013的钙质生石灰粉90标记为CL 90-QP JC/T 479—2013。

说明:CL——钙质石灰;

90——(CaO+MgO)百分含量;

QP——粉状;

JC/T 479—2013——产品依据标准。

2. 石灰的熟化和硬化

1)石灰的熟化

生石灰加水形成熟石灰的过程称为熟化或消化。生石灰除可以磨成细粉直接在工程中使用外,一般均需熟化后使用。在熟化过程中会发生以下化学反应:

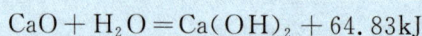

$$CaO + H_2O = Ca(OH)_2 + 64.83kJ$$
$$MgO + H_2O = Mg(OH)_2$$

(1)熟化方式。熟化方式主要分为淋灰和化灰两种。淋灰一般在石灰厂进行,将块状生石灰堆成垛,先加入石灰熟化总用水量的70%的水,熟化1~2d后,将剩余30%的水加入继续熟化而成。由于加水量小,熟化后为粉状,也称为消石灰粉。化灰在施工现场进行,将块状生石灰放入化灰池中,用大量水浸泡,使水面超过石灰表面熟化而成。由于加入大量水分,形成的熟石灰为膏状,简称为灰膏。

(2)熟化过程的特点。生石灰中氧化钙(CaO)与水反应是一个放热反应,放出的热量为64.83kJ/mol。由于生石灰疏松多孔,与水反应后形成的氢氧化钙[Ca(OH)₂]体积比生石灰增大 1.5～3.5 倍。

（3）注意事项。熟化后的熟石灰在使用前必须陈伏 15d 以上（见图 2-1），以消除过火石灰因熟化慢、体积膨胀引起的隆起和开裂（即爆灰现象）。此外，在陈伏时，必须在化灰池表面保留一层水，使熟石灰与空气隔绝，防止石灰因与空气中的二氧化碳发生化学反应（碳化）而降低活性。

图 2-1　陈伏

2）石灰的硬化

使用时石灰浆体会在空气中逐渐硬化，主要有以下两个过程。

（1）结晶作用。随着游离水的蒸发，氢氧化钙晶体逐渐从饱和溶液中析出。

（2）碳化作用。氢氧化钙在潮湿条件下，与空气中的二氧化碳发生化学反应，形成碳酸钙晶体，化学反应式如下：

$$Ca(OH)_2 + CO_2 + nH_2O = CaCO_3 + (n+1)H_2O$$

碳化作用是从熟石灰表面开始缓慢进行的，生成的碳酸钙晶体相互交叉连生或与氢氧化钙共生，形成网络状结构，使石灰具有一定的强度。表面形成的碳酸钙结构致密，会阻碍二氧化碳进一步进入，且空气中二氧化碳的浓度很低，在相当长的时间内，仍然是表层为 $CaCO_3$、内部为 $Ca(OH)_2$，因此石灰的硬化是一个相当缓慢的过程。

3. 石灰的技术要求

1）建筑石灰的技术要求

用于建筑工程的石灰应符合下列技术要求。

（1）有效氧化钙和氧化镁含量。石灰中产生黏结性的有效成分是活性氧化钙和氧化镁。

（2）生石灰产浆量是指单位质量（1kg）的石灰经消化或所产生石灰浆体的体积（L）。

（3）未消化残渣含量是指生石灰消化后，未能消化而存留在 5mm 圆孔筛上残留质量占试样质量的百分率。其含量越多，石灰质量越差。

（4）二氧化碳（CO_2）含量。控制生石灰粉中 CO_2 含量指标，是为了检验石灰在煅烧时"欠火"造成产品中未分解完成的碳酸盐的含量。

（5）细度。细度与石灰的质量有密切联系，过量的筛余物会影响石灰的黏结性。

2）建筑石灰的技术标准

（1）建筑石灰按现行标准《建筑生石灰》（JC/T 479—2013）、《建筑消石灰》（JC/T 481—2013）的规定，按其氧化镁含量划分为钙质石灰和镁质石灰两类，见表 2-2。建筑生石灰的化学成分应符合表 2-3 的规定，建筑生石灰的物理性质应符合表 2-4 的规定。

表 2-3 建筑生石灰的化学成分 单位：%

名　称	氧化钙＋氧化镁（CaO＋MgO）	氧化镁（MgO）	二氧化碳（CO_2）	三氧化硫（SO_3）
CL90 - Q CL90 - QP	≥90	≤5	≤4	≤2
CL85 - Q CL85 - QP	≥85	≤5	≤7	≤2
CL75 - Q CL75 - QP	≥75	≤5	≤12	≤2
ML85 - Q ML85 - QP	≥85	>5	≤7	≤2
ML80 - Q ML80 - QP	≥80	>5	≤7	≤2

表 2-4 建筑生石灰的物理性质

名　称	产浆量 dm³/10kg	细　度	
		0.2mm 筛余量/%	90μm 筛余量/%
CL90 - Q CL90 - QP	≥26 —	— ≤2	— ≤7
CL85 - Q CL85 - QP	≥26 —	— ≤2	— ≤7
CL75 - Q CL75 - QP	≥26 —	— ≤2	— ≤7
ML85 - Q ML85 - QP		— ≤2	— ≤7
ML80 - Q ML80 - QP	— —	— ≤7	— ≤2

（2）消石灰技术标准。建筑消石灰按扣除游离水和结合水后（MgO＋CaO）的百分数进行分类，见表 2-5。建筑消石灰的化学成分和物理性质分别见表 2-6 和表 2-7。

表 2-5 建筑消石灰分类

类　别	名　称	代　号
钙质消石灰	钙质消石灰 90	HCL90
	钙质消石灰 85	HCL85
	钙质消石灰 75	HCL75
镁质消石灰	镁质消石灰 85	HML85
	镁质消石灰 80	HML80

表 2-6　建筑消石灰的化学成分　　　　　　　单位:%

名　称	氧化钙＋氧化镁(CaO＋MgO)	氧化镁(MgO)	三氧化硫(SO₃)
HCL90	≥90		
HCL85	≥85	≤5	≤2
HCL75	≥75		
HML85	≥85	>5	≤2
HML80	≥80		

注明:表中数值以试样扣除游离水和化学结合水后的干基为基准。

表 2-7　建筑消石灰的物理性质

名　称	游离水/%	细　度		安定性
		0.2mm 筛余量/%	90μm 筛余量/%	
HCL90				
HCL85				
HCL75	≤2	≤2	≤7	合格
HML85				
HML80				

4. 石灰的性能

1)保水性好

保水性是指固体材料与水混合时,能够保持水分不易泌出的能力。由于石灰膏中的 $Ca(OH)_2$ 粒子极小,比表面积很大,颗粒表面能吸附一层较厚的水膜,所以石灰膏具有良好的可塑性和保水性,可以掺入水泥砂浆中,提高砂浆的保水能力,便于施工。

2)吸湿性强,耐水性差

生石灰在存放过程中,会吸收空气中的水分而熟化。如存放时间过长,还会发生碳化而使石灰的活性降低。硬化后的石灰,如果长期处于潮湿环境或水中,$Ca(OH)_2$ 就会逐渐溶解导致结构被破坏。

3)凝结硬化慢,强度低

石灰浆体的凝结硬化所需时间较长。体积比为 1∶3 的石灰砂浆,其 28d 抗压强度为 0.2～0.5MPa。

4)硬化后体积收缩较大

在石灰浆体的硬化过程中,大量水分蒸发,使内部网状毛细管失水收缩,导致表面开裂。因此,工程中通常需要在石灰膏中加入砂、纸筋、麻丝或其他纤维材料,以防止或减少开裂。

5)放热量大,耐腐蚀性好

生石灰的熟化是放热反应,熟化时会放出大量的热。熟石灰中的 $Ca(OH)_2$ 是一种中强碱,具有较强的腐蚀性。

5. 石灰的应用

建筑工程中使用的石灰品种主要有块状生石灰、磨细生石灰、消石灰粉和熟石灰膏,除块状生石灰外,其他品种均可直接在工程中使用。

1)配制建筑砂浆

石灰可配制石灰砂浆、混合砂浆等,用于砌筑、抹灰等工程。

2)配制三合土和灰土

三合土是采用生石灰粉(或消石灰粉)、黏土、细砂等原材料,按体积比为1:2:3的比例,加水拌合均匀夯实而成;石灰、黏土或粉煤灰、碎砖或砂等原材料可以配制石灰粉煤灰土、碎砖三合土等。灰土用生石灰粉和黏土按1:(2~4)的体积比,加水拌合夯实而成。三合土和灰土主要用于建筑物的基础、路面或地面的垫层。

3)生产硅酸盐制品

以石灰为原料,可生产硅酸盐制品(以石灰和硅质材料为原料,加水拌合,经成型、蒸养或蒸压处理等工序而制成的建筑材料),如蒸压灰砂砖、碳化砖、加气混凝土等。

4)磨制生石灰粉

采用块状生石灰磨细制成的磨制生石灰粉,可不经熟化直接应用于工程中,具有熟化速度快、体积膨胀均匀、生产效率高、硬化速度快以及消除欠火石灰和过火石灰的危害等优点。

6. 石灰的运输和贮存

生石灰在运输时不准与易燃、易爆和液体物品混装,同时要采取防水措施。生石灰、消石灰粉应分类、分等级贮存在干燥的仓库内,且不宜长期贮存。块状生石灰通常进场后立即熟化,将保管期变为陈伏期。

2.1.2 建筑石膏

石膏是一种理想的高效节能材料,随着高层建筑的发展,其在建筑工程中的应用正逐年增加,成为当前重点发展的新型建筑材料之一。应用较多的石膏品种有建筑石膏和高强石膏。

1. 石膏的生产

石膏的生产原料主要是天然二水石膏($CaSO_4 \cdot 2H_2O$),也可采用化工石膏。天然二水石膏又称为生石膏。化工石膏是指含有($CaSO_4 \cdot 2H_2O$)的化学工业副产品废渣或废液,经提炼处理后制得的建筑石膏,如磷石膏、氟石膏、硼石膏、钛石膏等。

石膏的生产工艺为煅烧工艺。将生石膏在不同的压力和温度下加热,可得到晶体结构和性质各异的石膏胶凝材料。

1)低温煅烧石膏

(1)建筑石膏。当加热温度为107~170℃时,二水石膏部分结晶水脱出转化为β型半水石膏($\beta - CaSO_4 \cdot 0.5H_2O$),又称为熟石膏或建筑石膏。反应式为

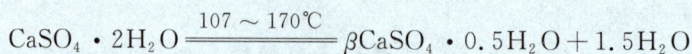

$$CaSO_4 \cdot 2H_2O \xrightarrow{107 \sim 170℃} \beta CaSO_4 \cdot 0.5H_2O + 1.5H_2O$$

当加热温度在170~200℃时,半水石膏继续脱水,成为可溶性硬石膏($CaSO_4 Ⅲ$)。这种石膏凝结快,但强度低。当温度升高到200~250℃时,石膏中残留很少的水,凝结硬化非常缓慢。

（2）模型石膏。与建筑石膏化学成分相同，模型石膏也是 β 型半水石膏，但其杂质较少，细度较高。可制作成各种模型和雕塑。

（3）高强石膏。当在压力为 0.13MPa、温度为 124℃ 的压蒸条件下蒸馏脱水，则生成 α 型半水石膏，即高强石膏。高强石膏与建筑石膏相比，其晶体比较粗大，比表面积小，达到一定稠度时需水量较小，因此硬化后具有较高的强度（15～25MPa）。反应式为

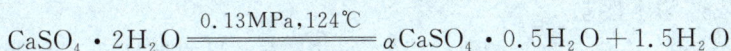

$$CaSO_4 \cdot 2H_2O \xrightarrow{0.13MPa,124℃} \alpha CaSO_4 \cdot 0.5H_2O + 1.5H_2O$$

2）高温煅烧石膏

当加热温度高于 400℃ 时，石膏完全失去水分，成为不溶性硬石膏（$CaSO_4 \mathrm{II}$），失去凝结硬化能力，称为死烧石膏；当煅烧温度在 800℃ 以上时，部分石膏分解出氧化钙，磨细后的产品称为高温煅烧石膏。氧化钙在硬化过程中起碱性激发剂的作用，硬化后具有较高的强度、抗水性和耐磨性，称为地板石膏。

2. 建筑石膏的凝结硬化

将建筑石膏与适量水拌合成浆体，建筑石膏很快溶解于水，并与水发生化学反应，形成二水石膏。

$$CaSO_4 \cdot 0.5H_2O + 1.5H_2O = CaSO_4 \cdot 2H_2O$$

由于形成的二水石膏的溶解度比 β 型半水石膏小得多，仅为 β 型半水石膏溶解度的 1/5，所以溶液很快会成为过饱和状态，二水石膏晶体会不断从饱和溶液中析出。这时，溶液中二水石膏浓度降低，使半水石膏继续溶解水化，直至半水石膏完全水化为止。随着浆体中自由水分的逐渐减少，浆体会逐渐变稠而失去可塑性，这一过程称为凝结。随着二水石膏晶体的大量生成，晶体之间互相交叉连生，形成多孔的空间网络状结构，使浆体逐渐变硬，强度逐渐提高，这一过程称为硬化。由于石膏的水化过程很快，故石膏的凝结硬化过程非常快。

3. 建筑石膏的技术要求

建筑石膏有强度、细度和凝结时间方面的技术要求，按其 2h 强度可分为 3.0、2.0、1.6 三个等级，具体技术要求见表 2-8。

表 2-8　建筑石膏的技术要求

等级	细度（0.2mm 方孔筛余量）/%	初凝凝结时间/min	终凝凝结时间/min	2h 抗折强度/MPa	2h 抗压强度/MPa
3.0				≥3.0	≥5.0
2.0	≤10	≥3	≤30	≥2.0	≥4.0
1.6				≥1.6	≥3.0

4. 建筑石膏的性能

1）凝结硬化快

建筑石膏的凝结硬化快，在常温下加水拌合，30min 内即达终凝；在室内自然条件下，达到完全硬化仅需 1 周。因此，在实际工程中，往往需要掺入适量的缓凝剂。若要加快石

膏的硬化,可以采用对制品进行加热的方法,或掺促凝剂(氟化钠、硫酸钠等)。

2)孔隙率较大,强度较低

由于建筑石膏与水反应形成二水石膏的理论需水量为 18.6%,在生产中,为了使浆体达到一定的稠度以满足施工的要求,通常实际加水量为石膏质量的 60%~80%。硬化后多余水分蒸发,在内部留下大量孔隙,因此石膏的强度较低。

3)吸湿性强,耐水性差

石膏硬化后,开口孔和毛细孔的数量较多,使其具有较强的吸湿性,可以调节室内空气的湿度。硬化后的二水硫酸钙微溶于水,吸水饱和后石膏晶体的黏结力降低,强度明显下降,故软化系数较小,一般为 0.30~0.45。长期浸水会因二水石膏晶体溶解而溃散破坏。

4)防火性能好

硬化后的石膏制品大约含有 20%的结晶水,当遇火时,石膏制品中一部分结晶水脱出并吸收大量的热,而蒸发出的水分在石膏制品表面形成水蒸气层,能够阻止火势蔓延。

5)硬化后体积产生微膨胀

建筑石膏硬化后体积产生微膨胀,膨胀值约为 1%。这是石膏胶凝材料的突出特性之一。石膏在硬化后不会产生收缩裂纹,硬化后表面光滑饱满,干燥时不开裂。

6)具有良好的可加工性和装饰性

建筑石膏制品在加工使用时,可以采用很多加工方式,如锯、刨、钉、钻、螺栓连接等。较纯净的石膏,其颜色洁白、材质细密,采用模具浇注成型后,可形成各种图案。

7)硬化体绝热性良好

建筑石膏制品的孔隙率大,体积密度小,因此热导率小,一般在 0.121~0.205W/(m·K),故具有良好的绝热性。

5. 建筑石膏的应用

1)生产粉刷石膏

粉刷石膏是由建筑石膏或者由建筑石膏和不溶性硬石膏混合,掺入外加剂、细骨料等制成的胶凝材料。粉刷石膏的黏结力强、不开裂、不起鼓、表面光洁、防火、保温、施工方便,常用于办公室、住宅的室内粉刷。

2)建筑石膏制品

建筑石膏制品品种较多,主要制品有板材石膏制品和装饰石膏制品两大类。

3)水泥生产中,用作水泥的缓凝剂

为了延缓水泥的凝结,生产水泥时,需要加入天然二水石膏或无水石膏作为水泥的缓凝剂。

4)其他应用

用于油漆打底用的泥子的原料。

6. 建筑石膏的运输和贮存

建筑石膏一般采用袋装,用防潮、不易破损的纸袋或其他复合袋包装。包装上应清楚标明产品标记、生产厂名、生产批号、出厂日期、质量等级、商标和防潮标志等。

在运输和贮存时,建筑石膏不得受潮和混入杂物。不同等级的建筑石膏应分别贮运,不得混杂。自生产之日起,贮存期为 3 个月(通常建筑石膏在贮存 3 个月后强度将降低30%左右)。贮存期超过 3 个月的建筑石膏,应重新进行检验,以确定其等级。

2.1.3　水玻璃

水玻璃俗称泡花碱,为无定型硅酸钾或硅酸钠的水溶液,是以石英砂和纯碱为原材料,在玻璃熔炉中熔融,冷却后溶解于水而制成的气硬性无机胶凝材料。

1. 水玻璃的生产

常用的水玻璃为钠水玻璃($Na_2O \cdot nSiO_2$),是一种无色、青绿或灰黄色黏稠液体。水玻璃的生产方法有湿法和干法两种。湿法是将石英砂和氢氧化钠水溶液置于蒸压锅内,施加 $0.2 \sim 0.3$ MPa 的压力,用蒸汽加热溶解而制成水玻璃溶液;干法是将石英砂和纯碱按比例混合磨细,在 $1300 \sim 1400℃$ 温度的熔炉中熔融冷却后形成固态水玻璃,然后在 $0.3 \sim 0.8$ MPa 的蒸压箱内加热溶解成为液态水玻璃。化学反应式为

$$Na_2CO_3 + nSiO_2 = Na_2O \cdot nSiO_2 + CO_2$$

水玻璃的化学通式为 $Na_2O \cdot nSiO_2$,式中 n 为水玻璃模数,一般在 $1.5 \sim 3.5$ 之间。水玻璃的模数 n 值越大,则水玻璃黏度越大,黏结力越大,也越难溶于水。水玻璃可与水按任意比例混合成不同浓度的溶液。同一模数的液体水玻璃,浓度越大,黏结力越大。建筑工程中常用水玻璃的模数为 $2.6 \sim 2.8$,密度为 $1.36 \sim 1.50$g/cm^3。

2. 水玻璃的硬化

液态水玻璃在使用后,与二氧化碳发生化学反应生成二氧化硅凝胶($nSiO_2 \cdot mH_2O$)。其反应式为

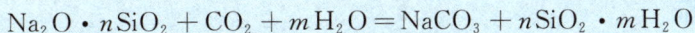

$$Na_2O \cdot nSiO_2 + CO_2 + mH_2O = NaCO_3 + nSiO_2 \cdot mH_2O$$

二氧化硅凝胶干燥脱水,析出固态二氧化硅(SiO_2)而使水玻璃硬化。由于这一过程非常缓慢,通常需要加入固化剂氟硅酸钠(Na_2SiF_6),以加快硅胶的析出,促进水玻璃的硬化。

氟硅酸钠的掺入量一般为水玻璃质量的 $12\% \sim 15\%$。用量过少,硬化速度较慢,强度较低,未硬化的水玻璃易溶于水,导致耐水性降低;用量过多,会引起凝结过快,造成施工困难,且抗渗性下降,强度降低。

3. 水玻璃的性能与应用

水玻璃不燃烧,有较高的耐热性;具有良好的胶结能力,硬化后形成的硅酸凝胶能堵塞材料毛细孔,从而提高其抗渗性;水玻璃具有高度的耐酸性能,可抵抗绝大多数无机酸(氢氟酸除外)和有机酸的作用。由于水玻璃具有上述性能,故在建筑中有下列用途。

1) 用作涂料涂刷于建筑材料表面

水玻璃可以涂刷在天然石材、烧结砖、水泥混凝土和硅酸盐制品表面或浸渍多孔材料,它能够渗入材料的孔或缝隙中,从而提高其密实度、强度和耐久性。但不能涂刷在石膏制品表面,因为硅酸钠会与石膏中的硫酸钙发生化学反应形成硫酸钠,在制品孔隙中结晶而产生较大的体积膨胀,使石膏制品开裂破坏。

2) 配制耐酸材料

水玻璃与耐酸粉料、粗细骨料一起,可配制耐酸胶泥、耐酸砂浆和耐酸混凝土,广泛用

于防腐工程中。

3）用作耐热材料、耐火材料的胶凝材料

水玻璃的耐高温性能良好，能长期承受一定的高温作用而不降低强度，可与耐热骨料一起配制成耐热砂浆和耐热混凝土。

4）加固土壤和地基

将水玻璃与氯化钙溶液交替灌入地基土壤内，反应式为

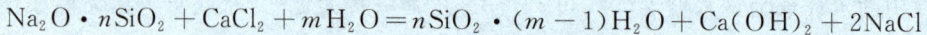

$$Na_2O \cdot nSiO_2 + CaCl_2 + mH_2O = nSiO_2 \cdot (m-1)H_2O + Ca(OH)_2 + 2NaCl$$

反应形成的硅胶起胶结作用，能够包裹土粒，并填充其孔隙，而氢氧化钙又与加入的氯化钙起化学反应生成氧氯化钙，也起到胶结和填充孔隙的作用。这不仅能够提高地基的承载能力，而且可以增强其不透水的能力。

任务 2.2 气硬性胶凝材料性能检测

2.2.1 消石灰、粉状生石灰的松散密度测定

1. 试验原理

测定材料在自然堆积状态下，单位体积的物料质量。

2. 仪器设备

体积不小于 1L 的容量筒；称量精确到 1.0g 的天平；刮刀。

3. 试验步骤

（1）称量容量筒（M_0），精确到 1.0g，将其置于工作台上，用样品装满容量筒直至溢出；

（2）用刮刀刮平，除去多余样品，刮平过程应避免容量筒震动和样品溢出。刮平后，擦净容量筒外壁，用天平称重容量筒（M_1），精确到 1.0g。

4. 结果计算

按式（2-1）计算松散密度：

$$D_1 = \frac{M_1 - M_0}{V_1} \tag{2-1}$$

式中：D_1——松散密度，g/cm³；

M_0——空容量筒质量，g；

M_1——容量筒与样品质量之和，g；

V_1——容量筒的容积，cm³。

2.2.2 消石灰安定性测定

1. 试验原理

消石灰存在未完全消化的氧化物，使用时可能发生体积变化。用干燥箱处理样品，以是

否产生溃散、暴突和裂缝等现象评定消石灰的安定性。

2. 仪器设备

（1）称量 200g，分度值 0.2g 的天平；

（2）250mL 的量筒；

（3）牛角勺；

（4）300mL 的蒸发皿；

（5）外径不小于 125mm，耐热温度大于 150℃的耐热板；

（6）最高温度 200℃的烘箱。

3. 试验步骤

称取试样 100g，倒入 300mL 蒸发皿内，加入常温清水约 120mL，在 3min 内拌合稠浆。将其一次性浇注于两块耐热板上，其饼块直径为 50～70mm，中心高 8～10mm。成饼后，在室温下放置 5min，然后放入温度为 100～105℃的烘箱中，烘干 4h 取出。

4. 结果评定

烘干后用肉眼检查，饼块无溃散、裂纹、鼓包称为体积安定性合格；若出现三种现象之一，表示体积安定性不合格。

自我测验

一、填空题

1. 与建筑石灰相比，建筑石膏凝结硬化后体积_____。

2. 水玻璃硬化后的主要化学成分是_____。

3. 石灰的陈伏处理主要是为了消除_____的危害。

4. 石灰的熟化是指_____和_____发生作用生成熟石灰的过程。

5. 生石灰的化学成分为_____，熟石灰的化学成分为_____。

6. 在石灰应用中常掺入纸筋、麻刀或砂子，是为了避免硬化后产生的_____。

二、名词解释

1. 气硬性胶凝材料　　2. 过火石灰　　3. 欠火石灰

三、判断题

1. 气硬性胶凝材料既能在空气中硬化，又能在水中硬化。　　　　　（　　）

2. 生石灰使用前的陈伏处理是为了消除欠火石灰。　　　　　　　（　　）

3. 生石灰硬化时体积产生收缩。　　　　　　　　　　　　　　（　　）

4. 建筑石膏制品防火性能良好，可以在高温条件下长期使用。　　　（　　）

5. 水玻璃硬化后耐水性好，故可以涂刷在石膏制品的表面，以提高石膏制品的耐久性。

（　　）

四、单选题

1. 石灰在应用时不能单独应用，因为（　　）。

　A. 熟化时体积膨胀产生破坏　　　　B. 硬化时体积收缩产生破坏

　C. 存在过火石灰的危害　　　　　　D. 存在欠火石灰的危害

2. 石灰是在( )中硬化的。

    A. 干燥空气   B. 水蒸气

    C. 水   D. 与空气隔绝的环境

3. 石膏制品的特性中正确的为( )

    A. 凝结硬化慢   B. 耐火性差

    C. 耐水性差   D. 强度高

4. 石灰熟化过程中的陈伏是为了( )。

    A. 利于结晶   B. 蒸发多余水分

    C. 消除过火石灰的危害   D. 降低发热量

5. 水玻璃在空气中硬化很慢,通常一定要加入促硬剂才能正常硬化,通常用的促硬剂是( )。

    A. NaF   B. $NaSO_4$

    C. $NaSiF_6$ D. NaCl

五、问答题

1. 石灰具有哪些性能及用途?

2. 使用石灰膏时,为什么要陈伏后才能使用?

3. 简述建筑石膏的特性及应用。

4. 简述水玻璃的特性及用途。

项目 3 砂石骨料的性能与检测

学习思维导图

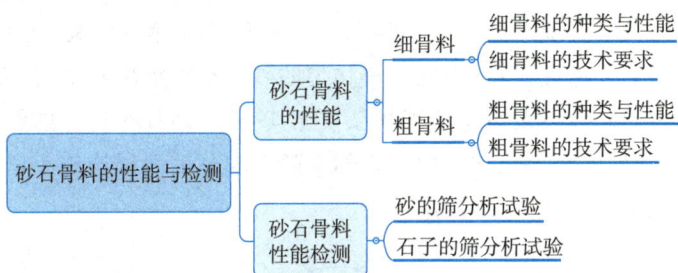

砂石骨料的性能与检测
- 砂石骨料的性能
  - 细骨料
    - 细骨料的种类与性能
    - 细骨料的技术要求
  - 粗骨料
    - 粗骨料的种类与性能
    - 粗骨料的技术要求
- 砂石骨料性能检测
  - 砂的筛分析试验
  - 石子的筛分析试验

知识目标

1. 了解细骨料的种类与性能；
2. 熟知砂的技术性能特点；
3. 了解粗骨料的种类与性能；
4. 熟知卵石和碎石的技术性能特点。

技能目标

1. 能根据工程特点选择对应的细骨料、粗骨料；
2. 能够进行砂的筛分析试验；
3. 能够进行石子的筛分析试验。

任务 3.1　砂石骨料性能

3.1.1　细骨料

1. 细骨料的种类与性能

普通混凝土中的细骨料通常为砂。通常将粒径为 0.16～4.75mm 的砂称为细骨料。砂按产源分为天然砂、机制砂和混合砂三类。

天然砂是指自然生成的、经人工开采和筛分的、粒径小于 4.75mm 的岩石颗粒，包括河砂、湖砂、山砂、淡化海砂，但不包括软质、风化的岩石颗粒。

机制砂是指经除土处理，由机械破碎、筛分制成的、粒径小于 4.75mm 的岩石、矿山尾矿或工业废渣颗粒，但不包括软质、风化的颗粒，俗称人工砂。

混合砂的技术要求、试验方法、检验规则、标志、贮存和运输等应按机制砂执行。

根据国家标准《建设用砂》(GB/T 14684—2022),砂按技术要求分Ⅰ类、Ⅱ类和Ⅲ类。Ⅰ类宜用于强度等级大于C60的混凝土;Ⅱ类宜用于强度等级C30~C60以及抗冻、抗渗或有其他要求的混凝土;Ⅲ类宜用于强度等级小于C30的混凝土和建筑砂浆。

2. 细骨料的技术要求

1) 砂的颗粒级配、粗细程度以及颗粒级配和粗细程度的确定

(1) 颗粒级配。砂的颗粒级配是指不同粒径的砂互相搭配的比例情况。图 3-1(a)中只有一种相同粒径的砂,砂的空隙率很大,自然在混凝土中填充砂子的水泥浆用量就多;如果用两种粒径的砂搭配,空隙就减少了,如图 3-1(b)所示;而用三种粒径的砂组配,空隙会更少,如图 3-1(c)所示。由此可见,颗粒大小均匀的砂会造成级配不良,当砂中含有较多粗颗粒,并以适量的中粗颗粒以及少量的细颗粒填充其空隙,即具有良好的颗粒级配,这样才是比较理想的砂。良好的颗粒级配能使骨料的空隙率和总表面积均较小,以保证减少水泥浆的用量,提高混凝土的密实度、强度等性能。

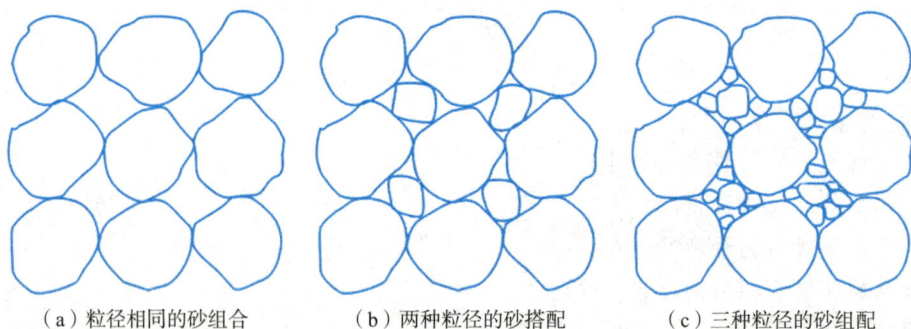

(a) 粒径相同的砂组合　　　(b) 两种粒径的砂搭配　　　(c) 三种粒径的砂组配

图 3-1　砂的颗粒级配

(2) 粗细程度。砂的粗细程度是指不同粒径的砂混合在一起的总体粗细程度,通常用细度模数表示。其值并不等于平均粒径,但能较准确反映砂的粗细程度。细度模数 M_x 越大,表示砂越粗,单位质量总表面积(或比表面积)越小;M_x 越小,则砂比表面积越大。砂根据细度模数大小分为粗砂、中砂、细砂和特细砂。

(3) 颗粒级配和粗细程度的确定。砂的颗粒级配和粗细程度用筛分析的方法来确定。细度模数表示粗细程度,用级配区表示砂的级配。根据《建设用砂》(GB/T 14684—2022),筛分析试验是将预先通过 9.50mm 孔径的干砂,称取 500g 置于一套孔径分别为 4.75mm、2.36mm、1.18mm、0.60mm、0.30mm、0.15mm 的标准方孔筛上依次过筛,称量各筛上的筛余量 m_i(g),计算各筛上的分计筛余率 a_i(%)(各筛上的筛余量占砂样总质量的百分率),再计算累计筛余率 A_i(%)(各筛与比该筛粗的所有筛的分计筛余百分率之和)。a_i 和 A_i 的计算关系见表 3-1。

细度模数根据式(3-1)计算(精确至 0.01):

$$M_x = \frac{(A_2 + A_3 + A_4 + A_5 + A_6) - 5A_1}{100 - A_1} \tag{3-1}$$

式中:M_x——细度模数;

　　A_1、A_2、A_3、A_4、A_5、A_6——分别为 4.75mm、2.36mm、1.18mm、0.60mm、0.30mm、

　　　　　　　　　　　　0.15 mm 筛的累计筛余百分率。

表 3-1　分计筛余与累计筛余计算关系

筛孔尺寸/mm	筛余量 m_i/g	分计筛余 a_i/%	累计筛余 A_i/%
4.75	m_1	a_1	$A_1 = a_1$
2.36	m_2	a_2	$A_2 = A_1 + a_2$
1.18	m_3	a_3	$A_3 = A_2 + a_3$
0.60	m_4	a_4	$A_4 = A_3 + a_4$
0.30	m_5	a_5	$A_5 = A_4 + a_5$
0.15	m_6	a_6	$A_6 = A_5 + a_6$
底盘	m_7		

　　砂根据细度模数 M_x 大小分为以下几类:$M_x > 3.7$,特粗砂;$3.1 \leqslant M_x \leqslant 3.7$,粗砂;$2.3 \leqslant M_x \leqslant 3.0$,中砂;$1.6 \leqslant M_x \leqslant 2.2$,细砂;$0.7 \leqslant M_x \leqslant 1.5$,特细砂。在不影响质量的情况下,普通混凝土应选用粗砂或中砂,以节约水泥。

　　细度模数的数值主要决定于0.15mm孔径的筛到2.36mm孔径的筛5个累计筛余量,由于在累计筛余的总和中,粗颗粒分计筛余的"权"比细颗粒大(如 a_2 的权为5,而 a_6 的权仅为1),所以 M_x 的值很大程度取决于粗颗粒的含量。此外,细度模数的数值与小于0.15mm的颗粒含量无关。可见,细度模数在一定程度上反映了砂颗粒的平均粗细程度,但不能反映砂粒径的分布情况,不同粒径分布的砂可能有相同的细度模数。

　　根据计算和试验结果,《建设用砂》(GB/T 14684—2022)规定,将砂的合理级配以0.6mm级的累计筛余率为准,划分为三个级配区,分别称为 1 区、2 区、3 区,见表 3-2。任

表 3-2　累积筛余(GB/T 14684—2022)

砂的分类	天 然 砂			机制砂、混合砂		
级配区	1 区	2 区	3 区	1 区	2 区	3 区
方孔筛尺寸/mm	天然砂累计筛余/%			机制砂、混合砂累计筛余/%		
4.75	10~0	10~0	10~0	10~0	10~0	10~0
2.36	35~5	25~0	15~0	35~5	25~0	15~0
1.18	65~35	50~10	25~0	65~35	50~10	25~0
0.60	85~71	70~41	40~16	85~71	70~41	40~16
0.30	95~80	92~70	85~55	95~80	92~70	85~55
0.15	100~90	100~90	100~90	97~85	94~80	94~75

何一种砂,只要其累计筛余率 $A_1 \sim A_6$ 分布在某同一级配区的相应累计筛余率的范围内,即为级配合理,符合级配要求。具体评定时,除 4.75mm 及 0.6mm 级外,其他级的累计筛余率允许稍有超出,但超出总量不得大于 5%。由表 3-2 中数值可见,在三个级配区内,只有 0.6mm 级的累计筛余率是不重叠的,故称其为控制粒级,控制粒级使任何一个砂样只能处于某一级配区内,避免出现同属两个级配区的现象。砂的级配类别应符合表 3-3 的规定。

表 3-3　级配类别

类别	I	II	III
级配区	2 区	1 区、2 区、3 区	

评定砂的颗粒级配也可以采用作图法,以累计筛余率为纵坐标,筛孔尺寸为横坐标,画出砂的三个级配区的级配曲线(图 3-2)。

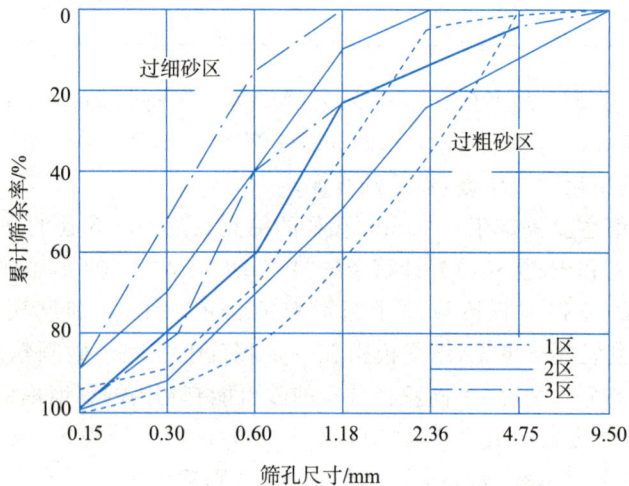

图 3-2　砂的 1、2、3 级配区的级配曲线

砂的筛分曲线应处于任何一个级配区内。1 区砂较粗,以配置富混凝土和低流动性混凝土为宜;2 区砂为中砂,粗细适宜,配置混凝土宜优先选用 2 区砂;3 区砂颗粒偏细,配置的混凝土水泥用量较多,所配置混凝土黏聚性较大,保水性好,但硬化后干缩较大,表面易产生裂缝,使用时宜适当降低含砂率;1 区右下方的砂过粗,不宜用于配置混凝土。

2) 天然砂含泥量、泥块含量和石粉含量

含泥量:天然砂中粒径小于 $75\mu m$ 的颗粒含量。含泥量过高的危害是增大了骨料的总表面积,增加了水泥浆的用量,加剧了混凝土的收缩;包裹砂石表面,妨碍了水泥石与骨料间的黏结,降低了混凝土的强度和耐久性。

泥块含量:砂中原粒径大于 1.18mm,经水浸洗、手捏后小于 $600\mu m$ 的颗粒含量。泥块含量过高的危害是在混凝土中形成薄弱部位,降低了混凝土的强度和耐久性。

石粉含量:机制砂中粒径小于 $75\mu m$ 的颗粒含量。石粉含量过高的危害是增大了混凝土拌合物的需水量,影响和易性,降低了混凝土强度。

天然砂的含泥量和泥块含量应符合表3-4的规定。

表 3-4 天然砂的含泥量和泥块含量

类　别	Ⅰ	Ⅱ	Ⅲ
含泥量(按质量计)/%	≤1.0	≤3.0	≤5.0
泥块含量(按质量计)/%	0	≤1.0	≤2.0

亚甲蓝(MB)值是用于判定机制砂中粒径小于 $75\mu m$ 颗粒的吸附性能的指标。机制砂 MB 值≤1.4 或用快速法试验合格时,石粉含量和泥块含量应符合表3-5的规定;机制砂 MB 值>1.4 或用快速法试验不合格时,石粉含量和泥块含量应符合表3-6的规定。

表 3-5 石粉含量和泥块含量(MB 值≤1.4 或用快速法试验合格)

类　别	Ⅰ	Ⅱ	Ⅲ
MB 值	≤0.5	≤1.0	≤1.4 或合格
石粉含量(按质量计)/ %*		≤10.0	
泥块含量(按质量计)/ %	0	≤1.0	≤2.0

注:* 此指标根据使用地区和用途,经试验验证,可由供需双方协商确定。

表 3-6 石粉含量和泥块含量(MB 值>1.4 或用快速法试验不合格)

类　别	Ⅰ	Ⅱ	Ⅲ
石粉含量(按质量计)/%	≤1.0	≤3.0	≤5.0
泥块含量(按质量计)/%	0	≤1.0	≤2.0

3)有害物质

砂中如含有云母、轻物质、有机物、硫化物及硫酸盐、氯化物、贝壳,其限量应符合表3-7的规定。用矿山尾矿、工业废渣生产的机制砂中的有害物质,除应符合表3-7的规定外,还应符合我国环保和安全相关标准和规范,不应对人体、生物、环境以及混凝土、砂浆性能产生有害影响。砂的放射性应符合国家标准的规定。

以上物质的危害如下。

(1)云母与水泥石间的黏结力极差,会降低混凝土的强度和耐久性。

(2)轻物质质量轻、颗粒软弱,与水泥石间的黏结力差,会妨碍骨料与水泥石间的黏结,从而降低混凝土的强度。

(3)有机物会延缓水泥的水化,降低混凝土的强度,尤其是混凝土的早期强度。

(4)硫化物及硫酸盐与水泥石中的水化铝酸钙反应生成钙矾石晶体,造成体积膨胀,引起混凝土安定性不良。

(5)氯化物会引起钢筋混凝土中的钢筋锈蚀,从而导致混凝土体积膨胀,造成开裂。

(6)贝壳会阻碍水泥和骨料的结合,降低混凝土强度。

表 3-7　有害物质限量

类　别	Ⅰ	Ⅱ	Ⅲ
云母(按质量计)/%	≤1.0	≤2.0	
轻物质(按质量计)/%①	≤1.0		
有机物	合格		
硫化物及硫酸盐(按 SO₃ 质量计)/%	≤0.5		
氯化物(以氯离子质量计)/%	≤0.01	≤0.02	≤0.06
贝壳(按质量计)/%②	≤3.0	≤5.0	≤8.0

注:① 轻物质指砂中表观密度小于 2000kg/m³ 的物质。
② 该指标仅适用于海砂,其他砂种不作要求。

4) 坚固性

砂的坚固性是指砂在自然风化和其他外界物理、化学因素作用下抵抗破裂的能力。

天然砂采用硫酸钠溶液法进行检验。砂样经 5 次循环后,砂样的质量损失应符合表 3-8 的规定。机制砂除了要满足硫酸钠溶液法检验规定外,其压碎指标还应满足表 3-9 的规定。

表 3-8　天然砂的坚固性指标

类　别	Ⅰ	Ⅱ	Ⅲ
质量损失率/%	≤8		≤10

表 3-9　机制砂的压碎指标

类　别	Ⅰ	Ⅱ	Ⅲ
单级最大压碎指标 / %	≤20	≤25	≤30

5) 砂的表观密度、堆积密度和空隙率

砂的表观密度大,说明砂粒结构的密实程度大。砂的堆积密度反映砂堆积起来后空隙率的大小。另外,砂的空隙率大小还与砂的颗粒形状及级配有关。一般带有棱角的砂,空隙率较大。国家标准《建设用砂》(GB/T 14684—2022)规定:砂的表观密度不小于 2500kg/m³;松散堆积密度不小于 1400kg/m³;空隙率不大于 44%。

6) 碱集料反应

碱集料反应是指水泥、外加剂等混凝土组成物及环境中的碱(如 Na₂O、K₂O 等)与集料中碱活性矿物(如活性 SiO₂)在潮湿环境下缓慢发生反应,并发生导致混凝土开裂破坏的膨胀反应。

经碱集料反应试验后,试件应无裂缝、酥裂、胶体外溢等现象,并在规定的试验龄期膨胀率应小于 0.10%。

7) 砂的含水状态

机制砂饱和面干试样的状态如图 3-3 所示,天然砂饱和面干试样的状态如图 3-4 所示。

|（a）试样过湿状态|（b）试样饱和面干状态|（c）试样过干状态|

图 3-3 机制砂饱和面干试样的状态

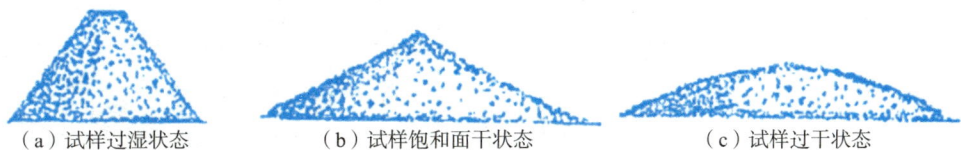

|（a）试样过湿状态|（b）试样饱和面干状态|（c）试样过干状态|

图 3-4 天然砂饱和面干试样的状态

3.1.2 粗骨料

1. 粗骨料的种类与性能

普通混凝土常用的粗骨料有卵石（图 3-5）和碎石（图 3-6）。卵石是由天然岩石经自然风化、水流搬运和分选、堆积形成的粒径大于 4.75mm 的岩石颗粒，按其产源可分为河卵石、海卵石、山卵石等。碎石是由天然岩石、卵石或矿山废石经机械破碎、筛分制成的粒径大于 4.75mm 的岩石颗粒。天然卵石表面光滑，棱角少，空隙率及表面积小，拌制的混凝土和易性好，但与水泥的胶结能力较差；碎石表面粗糙，有棱角，与水泥浆黏结牢固，拌制的混凝土强度较高。使用时，应根据工程要求及就地取材的原则选用。

《建设用卵石、碎石》（GB/T 14685—2022）将碎石、卵石按技术要求分为Ⅰ类、Ⅱ类和Ⅲ类。Ⅰ类用于强度等级大于 C60 的混凝土；Ⅱ类用于强度等级为 C30～C60 及抗冻、抗渗或有其他要求的混凝土；Ⅲ类适用于强度等级小于 C30 的混凝土。

图 3-5 卵石

图 3-6 碎石

2. 粗骨料的技术要求

按国家标准《建设用卵石、碎石》（GB/T 14685—2022）的规定，粗骨料的技术要求如下。

1）粗骨料的颗粒级配和最大粒径

粗骨料的级配原理与细骨料基本相同，良好的级配应当空隙率小，以减少水泥用量，并保证混凝土的和易性、密实度和强度；总表面积小，以减少水泥浆用量，保证混凝土的经济性。与砂类似,粗骨料的颗粒级配也是用筛分析试验确定的,所采用的标准筛孔径为2.36mm、4.75mm、9.50mm、16.0mm、19.0mm、26.5mm、31.5mm、37.5mm、53.0mm、63.0mm、75.0mm、90.0mm 共 12 个。根据累计筛余百分率,卵石和碎石的颗粒级配应符合表 3-10 的规定。

表 3-10　建设用卵石、碎石的颗粒级配(GB/T 14685—2022)

公称粒级/mm		累计筛余/%											
		方孔筛孔径/mm											
		2.36	4.75	9.50	16.0	19.0	26.5	31.5	37.5	53.0	63.0	75.0	90.0
连续粒级	5~16	95~100	85~100	30~60	0~10	0	—	—	—	—	—	—	—
	5~20	95~100	90~100	40~80	—	0~10	0	—	—	—	—	—	—
	5~25	95~100	90~100	—	30~70	—	0~5	0	—	—	—	—	—
	5~31.5	95~100	90~100	70~90	—	15~45	—	0~5	0	—	—	—	—
	5~40	—	95~100	70~90	—	30~65	—	—	0~5	0	—	—	—
单粒粒级	5~10	95~100	80~100	0~15	0	—	—	—	—	—	—	—	—
	10~16	—	95~100	80~100	0~15	0	—	—	—	—	—	—	—
	10~20	—	95~100	85~100	—	0~15	0	—	—	—	—	—	—
	16~25	—	—	95~100	55~70	25~40	0~10	0	—	—	—	—	—
	16~31.5	—	95~100	—	85~100	—	—	0~10	0	—	—	—	—
	20~40	—	—	95~100	—	80~100	—	—	0~10	0	—	—	—
	25~31.5	—	—	95~100	—	—	80~100	0~10	0	—	—	—	—
	40~80	—	—	—	—	95~100	—	—	70~100	—	30~60	0~10	0

注:"—"表示该孔径累计筛余不做要求;"0"表示该孔径累计筛余为 0。

粗骨料的颗粒级配按供应情况分为连续粒级和单粒粒级,按实际使用情况分为连续级配和间断级配。

连续粒级是石子的粒径从大到小连续分级,每一级都占适当的比例。连续级配的粗骨料配制的混凝土和易性良好,不易发生分层、离析现象,是建筑工程中最常用的级配方法。

单粒粒级粗骨料同样也可以配置出密实高强的混凝土,而且较连续粒级粗骨料方法的混凝土水泥用量更少,但仅适合塑性混凝土,而且必须加强振捣。

间断级配是石子粒级不连续,人为剔去某些中间粒级的颗粒而形成的级配方式。间断级配的最大优点是空隙率低,可以制成密实高强的混凝土,而且水泥用量少。但是由于间断级配中石子颗粒粒径相差较大,容易使混凝土拌合物分层离析,施工难度增大;同时,因剔除某些中间颗粒,造成石子资源不能充分利用,故在工程中应用较少。间断级配较适宜配制稠硬性拌合物,并须采用强力振捣。

最大粒径是指粗骨料公称粒级的上限。如粗骨料的公称粒级为 5~40mm,其上限粒径 40mm 即为最大粒径。粗骨料的最大粒径越大,则其总表面积越小,如果级配良好,所需的水泥浆量也就越少。所以,在条件允许的情况下,应尽量选择较大粒径的粗骨料,以节约水泥。《混凝土结构工程施工质量验收规范》(GB 50204—2015)规定:混凝土用的粗骨料,其最大粒径不得超过结构截面最小尺寸的 1/4,同时不得超过钢筋最小净距的 3/4。对于混凝土实心板,粗骨料的最大粒径不宜超过板厚的 1/3,且不得超过 40mm。

2)含泥量和泥块含量

粗骨料中的含泥量是指粒径小于 75 μm 的颗粒含量,泥块含量是指原粒径大于 4.75 mm,经水浸洗、手捏后小于 2.36mm 的颗粒含量。卵石、碎石的含泥量和泥块含量应符合表 3-11 的规定。

表 3-11 卵石、碎石的含泥量和泥块含量

类 别	Ⅰ类	Ⅱ类	Ⅲ类
卵石含泥量(质量分数)/ %	≤0.5	≤1.0	≤1.5
碎石泥粉含量(质量分数)/ %	≤0.5	≤1.5	≤2.0
泥块含量(质量分数)/ %	≤0.1	≤0.2	≤0.7

3)针、片状颗粒含量

卵石和碎石颗粒的长度大于该颗粒所属相应粒级的平均粒径 2.4 倍者为针状颗粒;厚度小于平均粒径 0.4 倍者为片状颗粒(平均粒径指该粒级上、下限粒径的平均值)。针、片状颗粒易折断,且会增大骨料空隙率,使混凝土拌合物的和易性变差,强度降低。其含量应符合表 3-12 的规定。

表 3-12 针、片状颗粒含量

类 别	Ⅰ类	Ⅱ类	Ⅲ类
针、片状颗粒总含量(按质量计)/ %	≤5	≤8	≤15

4)有害物质

卵石和碎石中不应混有草根、树叶、树枝、塑料、煤块和炉渣等杂物,其有害物质含量应符合表 3-13 的规定。

表 3-13 卵石和碎石中有害物质含量

类 别	Ⅰ类	Ⅱ类	Ⅲ类
有机物	合格	合格	合格
硫化物及硫酸盐(按 SO$_3$ 质量计)/%	≤0.5	≤1.0	≤1.0

5)坚固性

坚固性是指卵石、碎石在自然风化和其他外界物理力学因素作用下抵抗破裂的能力。采用硫酸钠溶液浸泡法进行检验,卵石和碎石经 5 次循环后,其质量损失应符合表 3-14 的规定。

表 3-14 卵石和碎石的坚固性指标

类 别	Ⅰ类	Ⅱ类	Ⅲ类
质量损失率/%	≤5	≤8	≤12

6）强度

粗骨料在混凝土中要形成坚硬的骨架,故其强度要满足一定的要求。粗骨料的强度有岩石立方体抗压强度和压碎指标两种。

岩石立方体抗压强度是将骨料母体岩石制成标准试件(边长为50mm的立方体或直径与高均为50mm的圆柱体),在浸水饱和状态下测得的抗压强度值。《建设用卵石、碎石》(GB/T 14685—2022)规定:岩浆岩的抗压强度不小于80MPa,变质岩的抗压强度不小于60MPa,沉积岩的抗压强度不小于45MPa。

压碎指标的测定是将质量为G_1、气干状态下9.50～19.0mm的石子装入标准圆筒内,按1kN/s的速度均匀加荷至200kN并稳荷5s,然后卸荷,再用孔径为2.36mm的筛筛除被压碎的细粒,称取留在筛上的试样质量G_2。压碎指标Q_c按式(3-2)计算:

$$Q_c = \frac{G_1 - G_2}{G_2} \times 100\%$$

(3-2)

压碎指标值越小,表示骨料抵抗受压碎裂的能力越强。粗骨料的压碎指标应符合表3-15的规定。

表3-15 卵石和碎石的压碎指标

类　别	I	II	III
碎石的压碎指标/%	≤10	≤20	≤30
卵石的压碎指标/%	≤12	≤14	≤16

7）表观密度、连续级配松散堆积空隙率

卵石、碎石的表观密度不应小于2600kg/m³;连续级配松散堆积空隙率I类不应大于43%,II类不应大于45%,III类不应大于47%。

8）碱集料反应

经碱集料反应试验后,由卵石、碎石制备的试件应无裂纹、酥裂、胶体外溢等现象,在规定的试验龄期的膨胀率应小于0.1%。

9）吸水率

卵石、碎石的吸水率应符合表3-16的规定。

表3-16 卵石、碎石的吸水率

类别	I	II	III
吸水率/%	≤1.0	≤2.0	≤2.5

任务 3.2　砂石骨料性能检测

3.2.1　砂的筛分析试验

国家标准《建设用砂》(GB/T 14684—2022)规定了砂的取样方法和取样数量。

1. 砂的取样方法

（1）在料堆上取样时，取样部位应均匀分布。取样前，先将取样部位表层铲除，然后从不同部位随机抽取大致等量的砂8份，组成一组样品。

（2）从皮带运输机上取样时，应用与皮带等宽的接料器在皮带运输机机头出料处全断面定时随机抽取大致等量的砂4份，组成一组样品。

（3）在火车、汽车、货船上取样时，从不同部位和深度随机抽取大致等量的砂8份，组成一组样品。

2. 砂的取样数量

单项试验的最少取样数量应符合标准规定。进行多项试验时，如能保证试样经一项试验后不致影响另一项试验的结果，可用同一试样进行多项不同的试验。

3. 主要仪器设备

电热鼓风干燥箱（能使温度控制在105±5℃）；方孔筛（规格为0.15mm、0.3mm、0.6mm、1.18mm、2.36mm、4.75mm及9.50mm的筛各1只，并附有筛底和筛盖）；天平（称量1000g，感量1g）；摇筛机、搪瓷盘、毛刷等。

4. 试样制备

按规定取样，筛除大于9.50 mm的颗粒（算出其筛余百分率），并将试样缩分至约1100g，放入电热鼓风干燥箱内于（105±5）℃下烘干至恒量，待冷却至室温后，分为大致相等的两份备用。

注：恒量是指试样在烘干3h以上的情况下，其前后质量差不大于该项试验所要求的称量精度。

5. 试验步骤

（1）称取试样500g，精确至1g。将试样倒入按孔径从上到下组合的套筛（附筛底）上，然后进行筛分。

（2）将套筛置于摇筛机上，摇10min；取下套筛，再按筛孔大小顺序逐个用手筛，筛至每分钟通过量小于试样总量的0.1％为止。通过的试样倒入下一号筛中，并和下一号筛中的试样一起过筛，以这样顺序进行，直至各号筛全部筛完为止。

（3）称出各号筛的筛余量，精确至1g，试样在各号筛上的筛余量不得超过按式（3-3）计算出的质量。

$$G=\frac{A \cdot d^{\frac{1}{2}}}{200} \tag{3-3}$$

式中：G——在一个筛上的筛余量，g；

A——筛面面积，mm^2；

d——筛孔尺寸，mm。

超过时，应按下列方法之一处理。

① 将该粒级试样分成少于按式计算出的量，分别筛分，并以筛余量之和作为该号筛的筛余量。

② 将该粒级及以下各粒级的筛余混合均匀，称出其质量，精确至1g。再用四分法缩分

为大致相等的两份,取其中一份,称出其质量,精确至1g,继续筛分。计算该粒级及以下各粒级的分计筛余量时,应根据缩分比例进行修正。

6. 结果评定

(1)计算分计筛余百分率。某号筛上的筛余质量占试样总质量的百分率,可按式(3-4)计算(精确至0.1%):

$$a_i = \frac{m_i}{M} \times 100\% \tag{3-4}$$

式中:a_i——某号筛的分计筛余百分率,%;

　　　m_i——存留在某号筛上的质量,g;

　　　M——试样的总质量,g。

(2)计算累计筛余百分率。该号筛的分计筛余百分率加上该号筛以上各分计筛余百分率之和,精确至0.1%。筛分后,如每号筛的筛余量与筛底的剩余量之和同原试样质量之差超过1%时,应重新试验。

累计筛余百分率按式(3-5)计算:

$$A_i = \alpha_1 + \alpha_2 + \cdots + \alpha_i \tag{3-5}$$

(3)砂的细度模数按式(3-6)计算(精确至0.01):

$$M_x = \frac{(A_2 + A_3 + A_4 + A_5 + A_6) - 5A_1}{100 - A_1} \tag{3-6}$$

式中:M_x——细度模数;

　　　A_1、A_2、A_3、A_4、A_5、A_6——分别为4.75mm、2.36mm、1.18mm、0.60mm、0.30mm、
　　　　　　　　　　　　　　　　　　　0.15mm 筛的累计筛余百分率。

(4)累计筛余百分率取两次试验结果的算术平均值,精确至1%。细度模数取两次试验结果的算术平均值,精确至0.1;如两次试验的细度模数之差超过0.2时,应重新试验。

(5)根据各号筛的累计筛余百分率,采用修约值比较法评定该试样的颗粒级配。

3.2.2　石子的筛分析试验

1. 主要仪器设备

(1)石子试验筛,依据《建设用砂》(GB/T 14684—2022)和《普通混凝土用砂、石质量及检验方法》(JGJ 52—2006)标准,采用孔径为 2.36mm、4.75mm、9.50mm、16.0mm、19.0mm、26.5mm、31.5mm、37.5mm、53.0mm、63.0mm、90mm 的方孔筛,并附有筛底和筛盖。

(2)电子天平及电子秤,称量随试样质量而定,精确至试样质量的0.1%。

(3)摇筛机和电动振动筛,振幅(0.5±0.1)mm,频率(50±3)Hz。

2. 试验步骤

(1)按试样粒级要求选取不同孔径的石子筛,按孔径从大到小叠合,并附上筛底。

(2)按表3-17规定的试样量,称取经缩分并烘干或风干的石子试样一份,倒入最上层筛中,并加盖,然后进行筛分。

表 3-17 不同粒径石子的试样量

石子最大粒径/mm	10	16	20	25	31.5	40	63	80
筛分时每份试样量/kg	2	4	4	10	10	15	20	30
表观密度每份试样量/kg	2	2	2	3	3	4	6	6

(3) 将套筛置于摇筛机紧固并筛分,摇筛 10min,取下套筛,按孔径大小顺序逐个用手筛,筛至每分钟通过量小于试样总量的 1‰为止。将通过的颗粒倒入下一号筛中,并和下一号筛中的试样一起过筛,如此顺序进行,直至各号筛全部筛完为止。

(4) 称取各筛筛余的质量,精确至试样总质量的 0.1%。

3. 结果计算与评定

(1) 计算石子分计筛余百分率和累计筛余百分率,方法同砂的筛分析。

(2) 根据各筛的累计筛余百分率,按照标准规定的级配范围,评定该石子的颗粒级配是否合格。

(3) 根据公称粒级确定石子的最大粒径。

自我测验

一、填空题

1. 砂的筛分曲线用来分析砂的_____。

2. 压碎指标越小,说明粗骨料抵抗受压破碎能力_____。

3. 砂的粗细程度按细度模数分为_____、_____、_____和_____四级。

4. 砂的细度模数,粗砂_____,中砂_____,细砂_____。

5. 筛分析试验应采用两个试样做平行试验,细度模数之差大于_____时,应重新取样试验。

6. 砂按_____mm 筛孔累计筛余量(以质量的百分率计)分成三个级配区。

二、名词解释

1. 碎石　　 2. 卵石　　 3. 含泥量　　 4. 天然砂　　 5. 坚固性

三、判断题

1. 砂有单粒级配和连续级配。 （　　）

2. JGJ 53－92 为国家标准。 （　　）

3. GB/T 14685－2001 为行业标准。 （　　）

4. 细度模数 3.0～2.3 为中砂。 （　　）

5. 混凝土宜优先选用Ⅱ区砂。 （　　）

6. 当采用Ⅲ区砂时,宜适当增加砂率以保证混凝土强度。 （　　）

7. 对泵送混凝土用砂,宜使用中砂。 （　　）

四、选择题

1. 砂的筛分析试验中所用天平称量 1000g,感量（　　）。

　　A. 1000g 　　　　　B. 2000g 　　　　　C. 1g 　　　　　D. 0.1g

2. 计称砂的细度模数应精确到(　　)。

A. 0.1　　　　　B. 0.01　　　　　C. 0.001　　　　　D. 0.0001

3. 在砂的筛分析试验中,筛分时间为(　　)min 左右。

A. 20　　　　　B. 30　　　　　C. 10　　　　　D. 5

4. 在砂的含泥量试验中,将烘干试样置于容器中,浸泡时间为(　　)。

A. 30min　　　　B. 1h　　　　　C. 2h　　　　　D. 12h

5. 在石子的筛分析试验中,天平或容器应精确至试样量的(　　)%左右。

A. 1　　　　　B. 0.5　　　　　C. 0.1　　　　　D. 10

五、简答题

1. 砂的筛分析试验检测方法的原理是什么?

2. 简述粗骨料的颗粒级配和最大粒径。

3. 简述粗骨料的种类与性能。

4. 简述细骨料的种类与性能。

5. 细骨料有哪些技术要求?

六、计算题

检验某砂的级配,500g 试样的筛分析结果如表 3-18 所示,试求该砂的细度模数,分析该砂的级配和粗细程度。

表 3-18　500g 试样筛分析结果

筛孔尺寸/mm	4.75	2.36	1.18	0.60	0.30	0.15	0.15 以下
筛余量/g	25	70	70	100	120	90	25

项目 4 水泥的性能与检测

学习思维导图

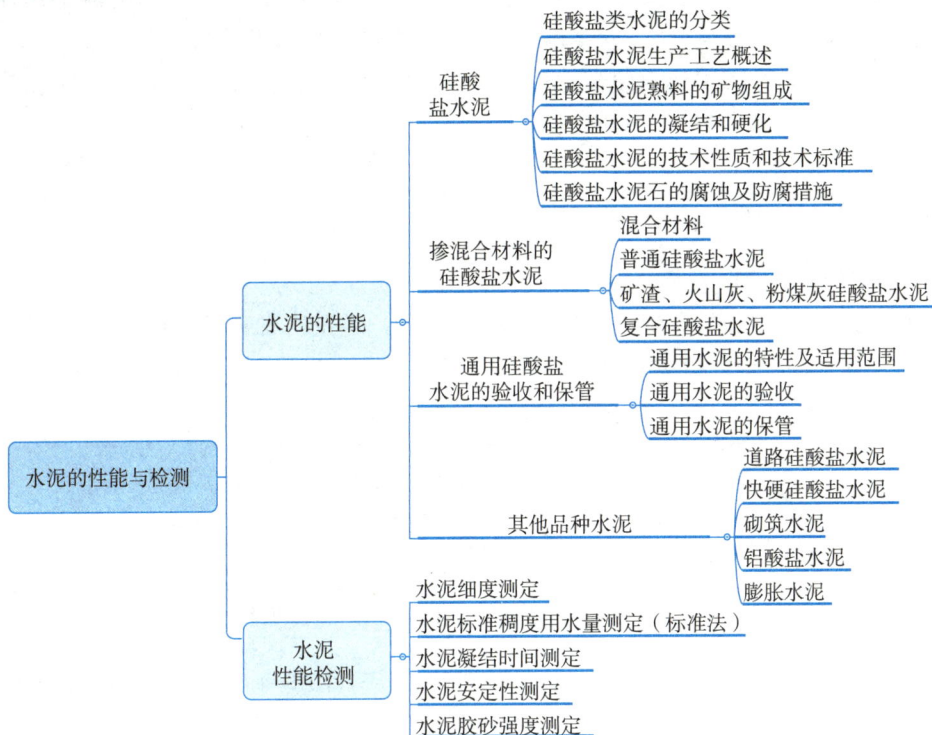

水泥的性能与检测
- 水泥的性能
  - 硅酸盐水泥
    - 硅酸盐类水泥的分类
    - 硅酸盐水泥生产工艺概述
    - 硅酸盐水泥熟料的矿物组成
    - 硅酸盐水泥的凝结和硬化
    - 硅酸盐水泥的技术性质和技术标准
    - 硅酸盐水泥石的腐蚀及防腐措施
  - 掺混合材料的硅酸盐水泥
    - 混合材料
    - 普通硅酸盐水泥
    - 矿渣、火山灰、粉煤灰硅酸盐水泥
    - 复合硅酸盐水泥
  - 通用硅酸盐水泥的验收和保管
    - 通用水泥的特性及适用范围
    - 通用水泥的验收
    - 通用水泥的保管
  - 其他品种水泥
    - 道路硅酸盐水泥
    - 快硬硅酸盐水泥
    - 砌筑水泥
    - 铝酸盐水泥
    - 膨胀水泥
- 水泥性能检测
  - 水泥细度测定
  - 水泥标准稠度用水量测定（标准法）
  - 水泥凝结时间测定
  - 水泥安定性测定
  - 水泥胶砂强度测定

知识目标

1. 了解硅酸盐水泥的分类、生产、凝结硬化过程；
2. 熟知硅酸盐水泥熟料矿物的组成及其特性；
3. 熟知通用水泥的技术性质及应用；
4. 了解其他品种水泥的性能与应用。

技能目标

1. 能够测定水泥细度；
2. 能够测定水泥标准稠度用水量；
3. 能够测定水泥凝结时间；
4. 能够测定水泥安定性；
5. 能够对水泥进行正确的验收与保管。

任务 4.1 水 泥 性 能

水泥是一种粉末状材料,当它与水混合后,在常温下经物理、化学作用,能由可塑性浆体逐渐凝结硬化成坚硬的石浆体。如前所述,能够将散粒状态材料胶结成为整体,且不仅能在空中凝结硬化,还能在水中胶结硬化的材料称为水硬性胶凝材料。水泥属于水硬性胶凝材料,且是最主要的建筑材料之一,广泛应用于工业与民用建筑、道路、水利和国防工程。作为胶凝材料,水泥可与骨料及增强材料制成混凝土、钢筋混凝土、预应力混凝土构件,也可配制砌筑砂浆、防水砂浆、装饰砂浆用于建筑物的砌筑、抹面、装饰等环节。

水泥品种繁多,按其主要水硬性物质不同,可分为硅酸盐水泥、铝酸盐水泥、硫铝酸盐水泥、铁铝酸盐水泥等系列,其中硅酸盐水泥生产量较大,应用最为广泛。

4.1.1 硅酸盐水泥

1. 硅酸盐类水泥的分类

硅酸盐类水泥是以水泥熟料(硅酸钙为主要成分)、适量的石膏及规定的混合材料制成的水硬性胶凝材料。硅酸盐类水泥的分类如表 4-1 所示。

表 4-1 硅酸盐类水泥的分类

硅酸盐类水泥	通用水泥	硅酸盐水泥,普通硅酸盐水泥,矿渣硅酸盐水泥,火山灰硅酸盐水泥,粉煤灰硅酸盐水泥,复合硅酸盐水泥
	专用水泥	砌筑水泥,道路水泥,油井水泥
	特性水泥	快硬硅酸盐水泥,白色硅酸盐水泥,矿渣硅酸盐水泥,中热、低热膨胀水泥,低碱水泥

硅酸盐水泥(即国外通称的波特兰水泥)是通用硅酸盐类水泥品种之一。根据现行国家标准《通用硅酸盐水泥》(GB 175—2023)的规定,硅酸盐水泥分为两种类型,一种是不掺加混合材料,全部用硅酸盐水泥熟料和石膏磨细制成的水硬性胶凝材料,称为Ⅰ型硅酸盐水泥,代号为 P·Ⅰ;另一种是掺加不大于 5% 的粒化高炉矿渣或者石灰石,与硅酸盐水泥熟料和石膏磨细制成的水硬性胶凝材料,称为Ⅱ型硅酸盐水泥,代号为 P·Ⅱ。

2. 硅酸盐水泥生产工艺概述

1) 硅酸盐水泥生产原料

生产硅酸盐水泥的原料主要是石灰质原料和黏土质原料两类。石灰质原料(如石灰石、白垩、石灰质凝灰岩等)主要提供 CaO,黏土质原料(如黏土、黏土质页岩、黄土等)主要提供 SiO_2、Al_2O_3 和 Fe_2O_3,当两种原料化学组成不能满足要求时,还需要加入少量的校正原料(如黄铁矿渣)进行调整。硅酸盐水泥生产原料的化学成分见表 4-2。

表 4-2 硅酸盐水泥生产原料的化学成分

氧化物名称	化学成分	常用缩写	大致含量
氧化钙	CaO	C	62%～67%
氧化硅	SiO_2	S	19%～24%
氧化铝	Al_2O_3	A	4%～7%
氧化铁	Fe_2O_3	F	2%～5%

2）硅酸盐水泥生产过程

首先将几种原材料按适当比例配合在研磨机中磨成粉状生料,然后将制备完成的生料入窑进行煅烧,至 1450℃ 左右生成以硅酸钙为主要成分的硅酸盐熟料,为调节水泥的凝结时间,在烧成的熟料中加入 3% 左右的石膏共同磨细,即为硅酸盐水泥。因此,硅酸盐水泥的生产工艺可概括为"两磨一烧",即生料的磨细、生料的煅烧和熟料的磨细三个步骤,工艺流程如图 4-1 所示。

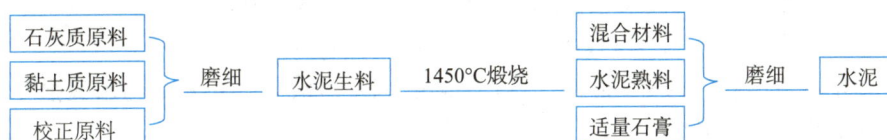

图 4-1 硅酸盐水泥生产工艺流程

3. 硅酸盐水泥熟料的矿物组成

硅酸盐水泥熟料是由 CaO、SiO_2、Al_2O_3、Fe_2O_3 几种原料,按照适当比例磨成细粉,烧至部分熔融,所得以硅酸钙为主要矿物成分的水硬性胶凝材料。其中,硅酸钙含量(质量分数)不小于 66%,氧化钙和氧化硅质量比不小于 2.0。

1）硅酸盐水泥的熟料矿物组成

硅酸盐水泥原料的主要化学成分是氧化钙、氧化硅、氧化铝和氧化铁。经过高温煅烧后,熟料中的主要矿物有四种,分别为硅酸三钙（$3CaO \cdot SiO_2$,简写为 C_3S）、硅酸二钙（$2CaO \cdot SiO_2$,简写为 C_2S）、铝酸三钙（$3CaO \cdot Al_2O_3$,简写为 C_3A）、铁铝酸四钙（$4CaO \cdot Al_2O_3 \cdot Fe_2O_3$,简写为 C_4AF）。硅酸盐水泥熟料四种矿物组成与含量列于表 4-3 中。

表 4-3 硅酸盐水泥熟料的主要矿物名称、化学式、简式和含量

矿物名称	化学式	简式	含量
硅酸三钙	$3CaO \cdot SiO_2$	C_3S	36%～60%
硅酸二钙	$2CaO \cdot SiO_2$	C_2S	15%～38%
铝酸三钙	$3CaO \cdot Al_2O_3$	C_3A	7%～15%
铁铝酸四钙	$4CaO \cdot Al_2O_3 \cdot Fe_2O_3$	C_4AF	10%～18%

2）硅酸盐水泥熟料主要矿物质的性质

硅酸三钙是硅酸盐水泥中最主要的矿物组分,其含量通常在 50% 左右,它对硅酸盐水泥的性能有重要影响。硅酸三钙水化速度较快,水化热高;早期强度高,28d 强度可达一年强度的 70%～80%。

硅酸二钙在硅酸盐水泥中的含量为 15%～38%,也是主要矿物组分。它遇水时与水反应较慢,水化热很低;早期强度较低而后期强度较高,耐化学侵蚀性和干缩性较好。

铝酸三钙在硅酸盐水泥中的含量通常在 15% 以下,它是四种组分中遇水反应速度最快、水化热最高的组分。铝酸三钙的含量决定水泥的凝结速度和释热量。通常为调节水泥凝结速度,需掺加石膏或者硅酸三钙与石膏形成的水化产物,可对提高水泥早期强度起一定的作用,耐化学侵蚀性差,干缩性大。

铁铝酸四钙在硅酸盐水泥中的含量通常为 10%～18%。它遇水反应较快,水化热较高,强度较低,对水泥抗折强度起重要作用,耐化学侵蚀性好,干缩性小。

3）硅酸盐水泥熟料主要矿物质的性质比较

硅酸盐水泥熟料中四种矿物组成的主要特性如下。

（1）反应速度：C_3A 最快,C_3S 较快,C_4AF 也较快,C_2S 最慢。

（2）水化热：C_3A 最大,C_3S 较大,C_4AF 居中,C_2S 最小。

（3）强度：C_3S 最高,C_2S 早期低,但后期增长率较大,故 C_3S 和 C_2S 为水泥强度主要来源;C_3A 强度不高;C_4AF 含量对抗折强度有利。

（4）耐化学侵蚀性：C_4AF 最优,其次为 C_2S、C_3S,C_3A 最差。

（5）干缩性：C_4AF 和 C_2S 最小,C_3S 居中,C_3A 最大。

硅酸盐水泥的主要矿物质的组成与特性归纳见表 4-4。

表 4-4　硅酸盐水泥的主要矿物质的组成与特性

矿物组成		硅酸三钙 (C_3S)	硅酸二钙 (C_2S)	铝酸三钙 (C_3A)	铁铝酸四钙 (C_4AF)
与水反应速度		较快	慢	最快	较快
水化热		较大	小	最大	中
对强度作用	早期	高	低	低	中
	后期	高	高	低	低
耐化学侵蚀性		中	良	差	优
干缩性		中	小	大	小

水泥中的矿物成分水化后,其抗压强度和释热量随龄期的增长而变化,如图 4-2 和图 4-3 所示。

4. 硅酸盐水泥的凝结和硬化

水泥加水拌合后称为可塑的水泥浆,由于水泥的水化作用,水泥浆逐渐变稠,失去流动性和可塑性,而未具强度的过程,称为水泥的凝结;随后产生强度,逐渐发展成为坚硬的人造石的过程称为水泥的硬化。水泥的凝结和硬化是人为划分的两个阶段,实际上是一个连续且复杂的物理、化学变化过程。

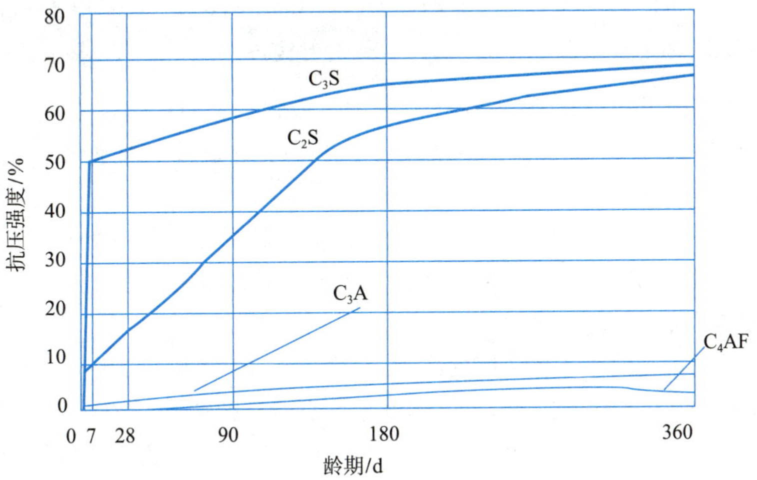

图 4-2 水泥熟料矿物不同龄期的抗压强度

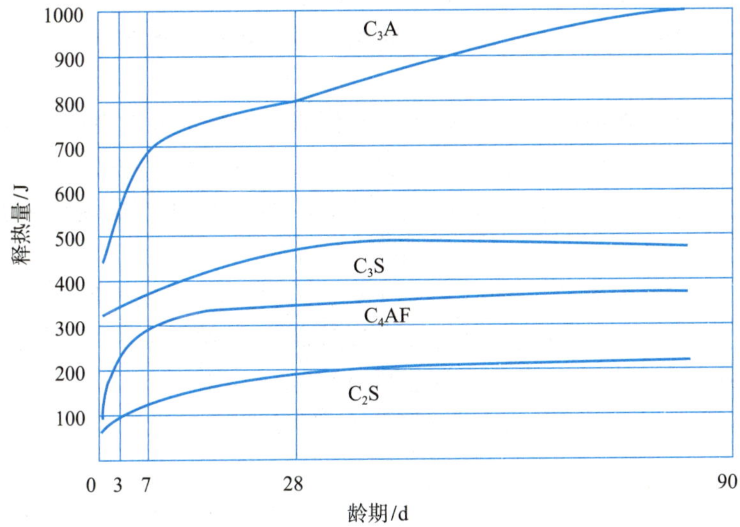

图 4-3 水泥熟料矿物不同龄期的释热量

1）硅酸盐水泥的水化

水泥加水后，水泥颗粒被水包围，其熟料矿物颗粒表面立即与水发生化学反应，生成一系列新的化合物，并释放一定的热量。其反应如下：

$$2(3CaO \cdot SiO_2) + 6H_2O = 3CaO \cdot 2SiO_2 \cdot 3H_2O + 3Ca(OH)_2$$

硅酸三钙　　　　　　　　水化硅酸钙　　　氢氧化钙

$$2(2CaO \cdot SiO_2) + 4H_2O = 3CaO \cdot 2SiO_2 \cdot 3H_2O + Ca(OH)_2$$

硅酸二钙　　　　　　　　水化硅酸钙　　　氢氧化钙

$$3CaO \cdot Al_2O_3 + 6H_2O = 3CaO \cdot Al_2O_3 \cdot 6H_2O$$

铝酸三钙　　　　　　　　水化铝酸钙

$$4CaO \cdot Al_2O_3 \cdot Fe_2O_3 + 7H_2O = 3CaO \cdot Al_2O_3 \cdot 6H_2O + CaO \cdot Fe_2O_3 \cdot H_2O$$

铁铝酸四钙　　　　　　　　水化铝酸钙　　　　　　水化铁酸钙

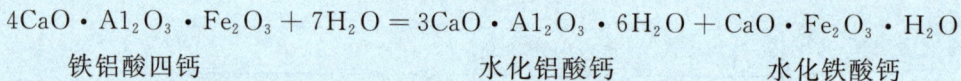

为了调节水泥的凝结硬化速度,在熟料磨细时应掺加适量(3%左右)石膏。这些石膏与部分水化铝酸钙反应,生成难溶于水的水化硫铝酸钙,并覆盖于未水化的水泥颗粒表面,阻止水泥快速水化,从而延缓水泥的凝结时间。

综上所述,硅酸盐水泥与水发生水化反应后,生成的主要水化产物有水化硅酸钙和水化铁酸钙胶体,以及氢氧化钙、水化铝酸钙和水化硫铝酸钙晶体。

2) 硅酸盐水泥的凝结和硬化阶段

水泥浆体由可塑态硬化产生强度的物理、化学变化过程,可以分为以下四个阶段。

(1) 初始反应期。水泥与水接触后立即发生水反应。初期 C_3S 水化,释放出 $Ca(OH)_2$,立即溶解于溶液中,浓度达到过饱和后,$Ca(OH)_2$ 结晶析出。暴露在水泥颗粒表面的铝酸三钙也溶解于水,并与已溶解的石膏反应,生成钙矾石结晶析出,在此阶段,1%左右的水泥产生水化。

(2) 诱导期。在初始反应期后,水泥微粒表面覆盖一层以 C—S—H 凝胶为主的渗透膜,使水化反应缓慢进行。这个阶段生成的水化产物数量不多,水泥颗粒仍然分散,水泥浆体基本保持塑性。

(3) 凝结期。由于渗透压的作用,包裹在水泥微粒表面的渗透膜破裂,水泥微粒进一步水化,除继续生成 $Ca(OH)_2$ 及钙矾石外,还生成了大量的 C—S—H 凝胶。水泥水化产物不断填充水泥颗粒之间的空气,随着接触点的增多,结构趋向密实,使水泥浆体逐渐失去塑性。

(4) 硬化期。水泥继续水化,除已生成的水化产物的数量继续增加外,C_4AF 的水化物也开始形成,硅酸钙继续进行水化。水化生成物以凝胶与结晶状态进一步填充孔隙,水泥浆体逐渐产生强度,进入硬化阶段。只要温度、湿度适合,且无外界腐蚀,水泥强度在几年甚至几十年后还能继续增长。图 4-4 为硅酸盐水泥凝结硬化过程示意图。

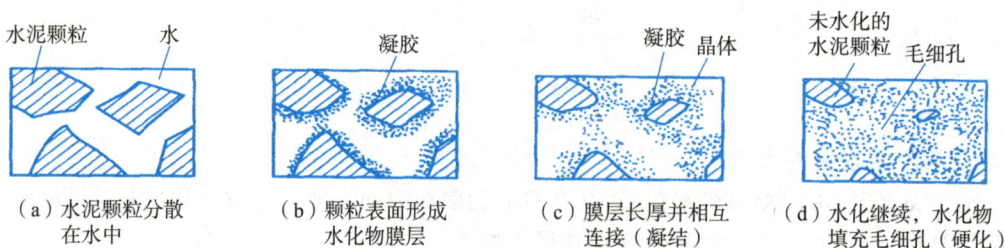

(a) 水泥颗粒分散　　(b) 颗粒表面形成　　(c) 膜层长厚并相互　　(d) 水化继续,水化物
　　在水中　　　　　　水化物膜层　　　　　连接(凝结)　　　　填充毛细孔(硬化)

图 4-4　硅酸盐水泥凝结硬化过程示意图

3) 影响硅酸盐水泥凝结硬化的因素

水泥石硬化程度越大,凝胶体含量越多,未水化的水泥颗粒内核和毛细孔所占的比例就越少,则水泥石越密实,强度越高。影响水泥石硬化的因素主要有以下几个。

(1) 矿物组成。不同矿物成分和水起反应时所表现出来的特点不同,如 C_3A 水化速率最快,放热量最大且强度不高;C_2S 水化速率最慢,放热量最少,早期强度低,后期强度增长迅速等。改变水泥的矿物组成,其凝结硬化情况将产生明显变化。因此水泥的矿物组成是影响水泥凝结硬化的最重要的因素。

(2)水泥浆的水灰比。水泥浆的水灰比是指水泥浆中水与水泥的质量之比。当水泥浆中加水较多时,水灰比较大,此时水泥的初期水化反应得到充分进行;但水泥颗粒被水隔开的距离较远,颗粒间相互连接形成骨架结构所需的凝结时间较长,所以水泥浆凝结较慢。水泥浆的水灰比较大时,多余的水分蒸发后形成的孔隙较多,造成水泥石的强度较低,因此水泥浆的水灰比过大时,会明显降低水泥石的强度。

(3)石膏掺量。水泥水化时,石膏能很快与铝酸三钙作用生成水化硫铝酸钙(钙矾石),钙矾石很难溶解于水,它沉淀在水泥颗粒表面形成保护膜,从而阻碍了铝酸三钙的水化反应,控制了水泥的水化反应速度,延缓了凝结时间。

(4)水泥的细度。在矿物组成相同的条件下,水泥磨得越细,水泥颗粒平均粒径越小,比表面积越大,水化时与水的接触面越大,水化速度越快,相应地水泥凝结硬化速度就越快,早期强度就越高。

(5)环境温度和湿度。在适当温度条件下,水泥的水化、凝结和硬化速度较快,反应产物增长较快,凝结硬化加速,水化热较多。相反,温度降低,则水化反应减慢,强度增长变缓。但高温养护往往会导致水泥后期强度增长缓慢,甚至下降。水的存在是水泥水化反应的必要条件。当环境十分干燥时,水泥中的水分会很快蒸发,导致水泥不能充分水化,硬化也将停止;反之,水泥的水化将得以充分进行,强度正常增长。

(6)龄期(时间)。水泥的凝结硬化是随时间延长而渐进的过程,只要温度、湿度适宜,水泥强度的增长就可持续若干年。

5. 硅酸盐水泥的技术性能和技术标准

1)技术性能

(1)化学性能。水泥的化学指标主要用于控制水泥中有害的化学成分含量,其含量若超过最大允许限量,会对水泥性能和质量产生有害或潜在的影响。

① 氧化镁含量。在水泥熟料中常含有少量未与其他矿物结合的游离氧化镁,这种多余的氧化镁是高温时形成的方镁石,其水化为氢氧化镁的速度很慢,常在水泥硬化以后才开始水化,从而产生体积膨胀,导致水泥石结构产生裂缝甚至破坏,因此它是引起水泥安定性不良的原因之一。

② 三氧化硫含量。三氧化硫主要是在生产时为调节凝结时间加入石膏而产生的。石膏超过一定限量后,水泥性能会发生变化,甚至引起硬化后水泥石体积膨胀,导致结构物被破坏。

③ 烧失量。水泥煅烧不佳或受潮,均会导致烧失量增加。烧失量测定是以水泥试样在950~1000℃下灼烧15~20min,之后冷却至室温称量,如此反复灼烧,直至恒重,计算灼烧前后质量损失百分率。

④ 不溶物。水泥中不溶物质量是用盐酸溶解水泥滤去不溶残渣,经碳酸钠处理再用盐酸中和,高温灼烧至恒重后称量所得,灼烧后不溶物质量占试样总质量的比例为不溶物含量。

⑤ 氯离子。水泥中的氯离子含量过高,其主要原因是掺加了混合材料和外加剂(如工业废渣、助磨剂等)。氯离子是混凝土中钢筋锈蚀的重要因素,所以我国现行标准《通用硅酸盐水泥》(GB 175—2023)规定:水泥生产中允许加入不超过0.5%的助磨剂,水泥中的氯离子含量不能超过0.06%。

（2）物理性能。水泥的物理性能主要包括细度、水泥净浆标准稠度、凝结时间、体积安定性、强度等。

① 细度。细度是指水泥颗粒的粗细程度。细度越小，水泥与水发生反应的面积越大，水化越充分，水化速度越快。所以相同矿物组成的水泥，细度越大，早期强度越高，凝结速度越快，吸水量越少。实践表明，细度提高可使水泥混凝土的强度加强，工作性能得到改善。但是，提高水泥细度会加大水泥在空气中的硬化收缩，也会增加水泥发生裂缝的可能性。因此，对水泥细度必须予以合理控制。水泥细度有筛析法和比表面积法两种表示方法。

筛析法以 $80\mu m$ 方孔筛上的筛余量百分率表示。我国现行行业标准《水泥细度检验方法 筛析法》（GB/T 1345—2005）规定，筛析法有负压筛法和水筛法两种，有争议时，以负压筛法为准。

比表面积法以每千克水泥总表面积（m^2）表示，通常采用勃氏透气法测定。我国现行标准《通用硅酸盐水泥》（GB 175—2023）规定，硅酸盐水泥细度以比表面积表示，不小于 $300m^2/kg$。

② 水泥净浆标准稠度。水泥净浆标准稠度是对水泥净浆以标准方法拌制、测试达到规定的可塑性程度时的稠度。

③ 凝结时间。水泥的凝结时间是指从加水开始到水泥浆失去可塑性所需的时间，分为初凝时间和终凝时间。初凝时间是指水泥全部加入水中至初凝状态所经历的时间。终凝时间是指从水泥加水拌合起，至水泥浆完全失去塑性并开始产生强度所需的时间。

④ 体积安定性。水泥的体积安定性反映水泥浆在凝结硬化过程中体积膨胀变形的均匀程度。各种水泥在凝结硬化过程中，如果产生不均匀变形或变形太大，使构件产生膨胀裂缝，就会导致水泥体积安定性不良，从而影响工程质量。

⑤ 强度。强度是水泥技术要求中最基本的指标，也是水泥的重要技术性能之一。水泥强度除了与水泥本身的性能（熟料矿物成分、细度等）有关，还与水灰比、试件制作方法、养护条件和时间有关。按行业标准规定，用水泥胶砂强度法作为水泥强度的标准检验方法。此方法是以 1∶3 的水泥和中国 ISO 标准砂，按规定的水灰比（0.5），用标准制作方法制成 40mm×40mm×160mm 的标准试件，达到规定龄期（3d，28d）时，测其抗折强度和抗压强度，按国家标准《通用硅酸盐水泥》（GB 175—2023）规定的最低强度值评定其所属强度等级。

在进行水泥胶砂强度试验时，要用到中国 ISO 标准砂。此砂的粒径为 0.08～2.0mm，分粗、中、细三级，各占三分之一。其中，粗砂为 1.0～2.0mm；中砂为 0.5～1.0mm；细砂为 0.08～0.5mm。ISO 标准砂颗粒分布见表 4-5。

表 4-5 ISO 标准砂颗粒分布

方孔边长/mm	累计筛余/%	方孔边长/mm	累计筛余/%
2.0	0	0.5	67±5
1.6	7±5	0.16	87±5
1.0	33±5	0.08	99±1

水泥强度等级按规定龄期抗压强度和抗折强度划分，硅酸盐水泥各龄期强度不低于表 4-6 中的数值。在规定各龄期的抗压强度和抗折强度均符合某一强度等级的最低强度值要求时，以 28d 抗压强度值（MPa）作为强度等级。硅酸盐水泥强度等级分为 42.5、42.5R、

52.5、52.5R、62.5、62.5R 六个强度等级。

表 4-6 硅酸盐水泥的强度指标

品种	强度等级	抗压强度/MPa		抗折强度/MPa	
		3d	28d	3d	28d
硅酸盐水泥	42.5	≥17.0	≥42.5	≥3.5	≥6.5
	42.5R	≥22.0		≥4.0	
	52.5	≥23.0	≥52.5	≥4.0	≥7.0
	52.5R	≥27.0		≥5.0	
	62.5	≥28.0	≥62.5	≥5.0	≥8.0
	62.5R	≥32.0		≥5.5	

为提高水泥早期强度，我国现行标准将水泥分为普通型和早强型(或称 R 型)两个型号。早强型水泥 3d 的抗压强度较同强度等级的普通型水泥强度提高 10%～24%；早强型水泥的 3d 抗压强度可达 28d 抗压强度的 50%。水泥混凝土路面用水泥，在供应条件允许时，应尽量优先选用早强型水泥，以缩短混凝土养护时间，提早通车。

2) 技术标准

硅酸盐水泥的技术标准，按现行国标《通用硅酸盐水泥》(GB 175—2023)的有关规定列于表 4-7 中。

表 4-7 通用硅酸盐水泥的技术标准

品种	代号	不溶物(质量分数)/%	烧失量(质量分数)/%	三氧化硫(质量分数)/%	氧化镁(质量分数)/%	氯离子(质量分数)/%	安定性	细度	凝结时间/min		碱含量
									初凝	终凝	
硅酸盐水泥	P·Ⅰ	≤0.75	≤3.0	≤3.5	≤5.0①	≤0.06③	沸煮法合格	比表面积>300(m²/kg)	≥45	≤390	Na_2O+0.0658K_2O<0.6%
	P·Ⅱ	≤1.50	≤3.5								
普通硅酸盐水泥	P·O	—	≤5.0								<0.6%
矿渣硅酸盐水泥	P·S·A	—	—	≤4.0	≤6.0②			细孔(80μm方孔筛)筛余≤10%	≥45	≤600	按 Na_2O+0.0658K_2O计，由供需双方商定
	P·S·B	—	—								
火山灰质硅酸盐水泥	P·P	—	—	≤3.5	≤6.0②						
粉煤灰硅酸盐水泥	P·F	—	—								
复合硅酸盐水泥	P·C	—	—								

注：① 如果水泥压蒸试验合格，则水泥中氧化镁的含量(质量分数)允许放宽至 6.0%。

② 如果水泥中氧化镁的含量(质量分数)大于 6.0%，需进行水泥压蒸安定性试验并合格。

③ 当有更低要求时，该指标由买卖双方协商确定。

现行国家标准《通用硅酸盐水泥》(GB 175—2023)规定:检查结果符合不溶物、烧失量、氧化镁、三氧化硫、氯离子、初凝时间、终凝时间、安定性及强度的规定为合格品;检查结果不符合上述规定中的任一项技术要求为不合格品。碱含量和细度为选择性指标,不作为评定水泥是否合格的依据。

6. 硅酸盐水泥石的腐蚀及防腐蚀措施

1) 水泥石的腐蚀

在正常环境中,用硅酸盐类水泥配制成的混凝土中的水泥石的强度将不断增长,但在某些环境中水泥石的强度反而降低,甚至引起混凝土结构的破坏,这种现象称为水泥石的腐蚀。水泥石的腐蚀一般有以下几种类型。

(1) 溶析性的侵蚀。其又称为溶出侵蚀或软水侵蚀,是指硬化后混凝土中的水泥水化产物被淡水溶解而带走的一种侵蚀现象。

氢氧化钙结晶体是构成水泥石结构的主要水化产物之一,它需在一定浓度的氢氧化钙溶液中才能稳定存在;如果水泥石结构所处环境的溶液(如软水)中的氢氧化钙浓度低于其饱和浓度,则其将被溶解或分解,从而造成水泥石结构的破坏。

软水是不含或者仅含少量钙、镁等可溶性盐的水。雨水、雪水、蒸馏水、工厂冷凝水以及含重碳酸盐很少的河水与湖水等均属于软水。软水能使水化产物中的氢氧化钙溶解,并使水泥石中的其他水化产物发生分解。

当环境水中含有碳酸氢盐时,碳酸氢盐可与水泥石中的氢氧化钙产生反应,并生产几乎不溶于水的碳酸钙,其反应式为

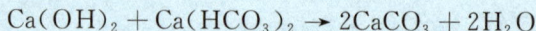

$$Ca(OH)_2 + Ca(HCO_3)_2 \rightarrow 2CaCO_3 + 2H_2O$$

所生成的碳酸钙沉积在已硬化水泥石中的孔隙内起密实作用,从而可阻止外界水的继续侵入及内部氢氧化钙的扩散析出。因此,对需与软水接触的混凝土,若预先在空气中硬化和存放一段时间,可使其经碳化作用而形成碳酸钙外壳,这将对溶出性侵蚀起到一定的阻止效果。

(2) 酸类侵蚀(溶解性侵蚀)。硅酸盐水泥水化产物显碱性,其中含有较多的 $Ca(OH)_2$,当遇到酸类或酸性水时,会发生中和反应,生成比 $Ca(OH)_2$ 溶解度大的盐类,导致水泥石受损破坏。

① 碳酸的侵蚀。工业污水、地下水中常溶解有较多的二氧化碳,这种碳酸水对水泥石的侵蚀作用如下:

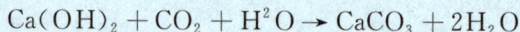

$$Ca(OH)_2 + CO_2 + H^2O \rightarrow CaCO_3 + 2H_2O$$

最初生成的 $CaCO_3$ 溶解度不大,但是继续处于浓度较高的碳酸水中,会与碳酸水进一步反应,其反应式如下:

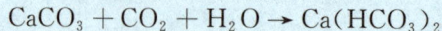

$$CaCO_3 + CO_2 + H_2O \rightarrow Ca(HCO_3)_2$$

此反应为可逆反应,当水中溶有较多的 CO_2 时,上述反应向右进行,所生成的碳酸氢钙溶解度大。水泥石中的 $Ca(OH)_2$ 因与碳酸水反应生成碳酸氢钙而溶解,$Ca(OH)_2$ 浓度的降低又会导致其他水化产物的分解,腐蚀作用加剧。

② 一般酸的腐蚀。工业废水、地下水、沼泽水中常含有多种无机酸、有机酸。工业窑炉中的烟气常有二氧化硫,遇水后生成亚硫酸。各种酸类与水泥石中的氢氧化钙作用,生成化合物且易溶于水,或者体积膨胀而导致水泥石破坏。

对水泥石腐蚀作用最快的是无机酸中的盐酸、氢氟酸、硝酸、硫酸和有机酸中的醋酸、蚁酸和乳酸等。

(3) 盐类侵蚀。该类侵蚀主要包括硫酸盐的侵蚀和镁盐侵蚀两大类。

① 硫酸盐的侵蚀。海水、沼泽水、工业污水中,常含有易溶的硫酸盐类,它们与水泥石中的氢氧化钙反应生成硫酸钙。硫酸钙在水泥石孔隙中结晶时体积膨胀,且石膏与水泥中的水化铝酸钙作用,生成水化硫铝酸钙(即钙矾石),其体积可增大 1.5 倍,在水泥石中产生很大的内应力,使混凝土结构的强度降低,甚至破坏。

② 镁盐侵蚀。海水、地下水或矿泉水中常含有较多的镁盐,如氯化镁、硫酸镁。镁盐与水泥石中的氢氧化钙起置换作用,生成的氢氧化钙松软无胶凝能力,氯化钙易溶于水,二水石膏则引起硫酸盐的破坏。

(4) 强碱侵蚀。硅酸盐水泥水化产物呈碱性,一般碱类溶液浓度不大时不会对水泥石造成明显损害。但硅酸盐水泥遇到强碱会发生反应,生成的铝酸钠溶于水。当水泥石被氢氧化钠浸透后在空气中干燥,则铝酸钠会与空气中的二氧化碳反应生成碳酸钠。由于水分失去,碳酸钠在水泥石毛细管中结晶膨胀,引起水泥石疏松、开裂。

2) 水泥石腐蚀的原因

①水泥石中存在引起腐蚀的组分氢氧化钠和水化铝酸钙;②水泥石本身不密实,有很多毛细孔通道,侵蚀介质易进入其内部;③通道助腐蚀介质入侵,腐蚀使通道扩展,相互作用使破坏加速。

3) 水泥石的防腐措施

(1) 根据建筑物所处的侵蚀环境特点,合理选择水泥品种,这是防止水泥石腐蚀的重要措施。如在软水或者浓度很小的一般酸侵蚀条件下的工程,宜选用水化物中 $Ca(OH)_2$ 含量较少的水泥(即掺大量混合材料的水泥);在有硫酸盐侵蚀的工程,宜选用铝酸钙含量低于 5% 的抗硫酸盐水泥。通用水泥中,硅酸盐水泥是耐侵蚀性最差的一种。有侵蚀情况时,如无可靠的防护措施,应尽量避免使用硅酸盐水泥。

(2) 提高水泥石的密实度,减少侵蚀介质渗透作用。水泥石内部存在的孔隙是水泥石产生腐蚀的内因之一。通过采取诸如合理设计混凝土配合比、降低水灰比、合理选择骨料、掺外加剂及改善施工方法等,可以提高水泥石的密实度,增强其抗腐蚀能力。另外,也可以对水泥石表面进行处理,如碳化等,增加其表层密实度,从而达到防腐的目的。

(3) 在结构表面做保护层。当水泥石所处的侵蚀环境使之不能完全避免腐蚀时,可采用耐腐蚀的石料、陶瓷、塑料、沥青等覆盖于水泥石表面,形成不透水的保护层,防止腐蚀介质与水泥石直接接触。

4.1.2 掺入混合材料的硅酸盐水泥

为了改善硅酸盐水泥的某些性能,增加其产量和降低成本,而在硅酸盐水泥熟料中掺入适量的各种混合材料与石膏共同磨细的水硬性胶凝材料,称为掺混合材料的硅酸盐水泥。

1. 混合材料

掺入水泥中的矿物质材料通常称为混合材料。在硅酸盐水泥中掺入一定量的混合材料,能改善硅酸盐水泥的性能,增加水泥品种,提高产量,调节水泥强度等级,扩大水泥的使用范围。常用的水泥混合材料分为活性混合材料和非活性混合材料两大类。

1) 活性混合材料

常温下能与氢氧化钠和水发生水化反应,生成水硬性水化产物,并能逐渐凝结硬化产生强度的混合材料称为活性混合材料。活性混合材料的主要作用是改善水泥的某些性能,还具有扩大水泥强度等级范围、降低水化热、增加产量和降低成本的作用,主要包括以下几类。

将高炉炼铁矿渣在高温液态排出时经淬火冷却处理,使其成为质地疏松、多孔的颗粒状态,即为粒化高炉矿渣;将之磨成细粉状则为粒化高炉矿渣粉,其主要化学成分为 CaO、SiO_2、Al_2O_3,它们的总含量在 90% 以上,此外还有 MgO、FeO 和一些硫化物。其中 CaO 和 SiO_2 含量均高达 40% 或更高,且自身具有一定的水硬性。

火山灰质混合材料是指具有火山灰性质的天然或人工矿物质材料。火山灰、凝灰岩、硅藻石、烧黏土、煤渣、煤矸石渣等都属于火山灰质混合材料。这些材料都含有活性二氧化硅和活性氧化铝,经磨细后,在 $Ca(OH)_2$ 的碱性作用下,可在空气中硬化,而后在水中继续硬化增加强度。

火电厂的燃料煤粉燃烧后收集的飞灰称为粉煤灰。粉煤灰中含有较多的 SiO_2、Al_2O_3 与 $Ca(OH)_2$,化合能力较强,具有较高的活性。

2) 非活性混合材料

非活性混合材料经磨细后加入水泥中,不具有或只具有微弱的化学活性,在水泥水化中基本上不参加化学反应,仅起提高产量、调节水泥强度等级、节约水泥熟料的作用,因此又称为填充型混合材料。常用的非活性混合材料主要有石灰石、石英砂、自然冷却的矿渣等。

2. 普通硅酸盐水泥

普通硅酸盐水泥简称为普通水泥,代号 P·O。我国现行标准《通用硅酸盐水泥》(GB 175—2023)规定:普通硅酸盐水泥成分中熟料和石膏≥80% 且<95%,掺加>5% 且≤20% 的粒化高炉矿渣、火山灰质混合材料和粉煤灰等活性混合材料,其中允许用不超过水泥质量 8% 的非活性混合材料或不超过水泥质量 5% 的窑灰代替。

国家标准《通用硅酸盐水泥》(GB 175—2023)对普通硅酸盐水泥的技术要求如下。

(1) 细度:以比表面积表示,不小于 300m^2/kg。

(2) 凝结时间:初凝不小于 45min,终凝不大于 600min。

(3) 安定性:沸煮法必须合格。为了保证水泥长期安定性,水泥中氧化镁的含量不得超过 5.0%,如果水泥经压蒸安定性试验合格,则水泥中氧化镁的含量允许放宽到 6.0%;水泥中三氧化硫的含量不得超过 3.5%。

(4) 强度等级:普通硅酸盐水泥由于掺加混合材料的数量较少,性质与不掺加混合材料的硅酸盐水泥相近。根据 3d 和 28d 龄期的抗压强度和抗折强度,将普通硅酸盐水泥分为 42.5、42.5R、52.5、52.5R 四个强度等级,各强度等级在规定龄期的抗压强度和抗折强度不得低于表 4-8 中的值。

表 4-8　普通硅酸盐水泥各龄期强度

强度等级	抗压强度/MPa		抗折强度/MPa	
	3d	28d	3d	28d
42.5	≥17.0	≥42.5	≥3.5	≥6.5
42.5R	≥22.0		≥4.0	
52.5	≥23.0	≥52.5	≥4.0	≥7.0
52.5R	≥27.0		≥5.0	

3. 矿渣、火山灰、粉煤灰硅酸盐水泥

1）矿渣硅酸盐水泥

矿渣硅酸盐水泥简称为矿渣水泥,分为两种类型:一种是熟料和石膏≥50%且<80%,掺加>20%且≤50%的粒化高炉矿渣,其中允许用不超过水泥质量的 8%的其他活性混合材料、非活性混合材料或窑灰中的任何一种材料代替,代号为 P. S. A;另一种是熟料和石膏≥30%且<50%,掺加>50%且≤70%的粒化高炉矿渣,其中允许用不超过水泥质量的 8%的其他活性混合材料、非活性混合材料或窑灰中的任何一种材料代替,代号为 P. S. B。

2）火山灰质硅酸盐水泥

火山灰质硅酸盐水泥简称为火山灰水泥,代号为 P·P。《通用硅酸盐水泥》(GB 175—2023)规定:火山灰质硅酸盐水泥中熟料和石膏≥60%且<80%,掺加>20%且≤40%的火山灰质活性混合材料。

3）粉煤灰硅酸盐水泥

粉煤灰硅酸盐水泥简称为粉煤灰水泥,代号为 P·F。《通用硅酸盐水泥》(GB 175—2020)规定:粉煤灰硅酸盐水泥中熟料和石膏≥60%且<80%,掺加>20%且≤40%的活性粉煤灰。

4）三种水泥的技术要求

《通用硅酸盐水泥》(GB 175—2023)对以上三种硅酸盐水泥的技术要求如下。

(1)细度:以筛余表示,80μm 方孔筛筛余不大于 10%,或 45μm 方孔筛筛余不大于 30%。

(2)凝结时间:初凝时间不小于 45min,终凝时间不大于 600min。

(3)安定性:沸煮法必须合格。

(4)强度等级:矿渣、火山灰、粉煤灰硅酸盐水泥按 3d 和 28d 龄期的抗压强度和抗折强度,将普通硅酸盐水泥分为 32.5、32.5R、42.5、42.5R、52.5、52.5R 六个强度等级,各强度等级在规定龄期的抗压强度和抗折强度不得低于表 4-9 中的值。

表 4-9 矿渣、火山灰、粉煤灰硅酸盐水泥各强度等级、各龄期强度

强度等级	抗压强度/MPa		抗折强度/MPa	
	3d	28d	3d	28d
32.5	≥10.0	≥32.5	≥2.5	≥5.5
32.5R	≥15.0		≥3.5	
42.5	≥15.0	≥42.5	≥3.5	≥6.5
42.5R	≥19.0		≥4.0	
52.5	≥21.0	≥52.5	≥4.0	≥7.0
52.5R	≥23.0		≥4.5	

5）三种水泥特性及应用的异同点

由于三种水泥均掺入大量的混合材料，所以这些水泥有许多共同特性，又因掺入的混合材料品种不同，故各品种水泥的性质也有一定差异。

（1）三种水泥的共同特性如下。

① 早期强度低、后期强度高。掺入大量混合材料的水泥凝结硬化慢，早期强度低，但是硬化后期可以赶上甚至超过同强度等级的硅酸盐水泥。矿渣、火山灰、粉煤灰硅酸盐水泥不适用于早期强度要求高的混凝土工程，如冬季施工、现浇工程等。

② 水化热低。由于矿渣、火山灰、粉煤灰硅酸盐水泥中熟料含量较少，水化放热高的 C_3S、C_3A 矿物含量较少，而且二次反应速度慢，所以水化热低，不宜用于冬季施工。但水化热低，不会引起混凝土内外温差过大，所以适用于大体积混凝土工程。

③ 耐腐蚀性好。矿渣、火山灰、粉煤灰硅酸盐水泥硬化后，水泥石中的 $Ca(OH)_2$、C_3A 含量变少，可抵抗软水、酸类、盐类侵蚀能力变强。用于有一般侵蚀性要求的工程时，这些水泥比硅酸盐水泥的耐久性好。

④ 蒸汽养护效果好。在蒸汽养护高温高湿环境中，活性混合材料促进二次反应加速进行，强度提高幅度较大，效果较好。

⑤ 抗冻性、耐磨性差。与硅酸盐水泥相比，矿渣、火山灰、粉煤灰硅酸盐水泥的抗冻性和耐磨性差，不适用于反复冻融作用的工程和有耐磨性要求的工程。

⑥ 抗碳化能力差。矿渣、火山灰、粉煤灰硅酸盐水泥硬化后的水泥石碱度低、抗碳化能力差，对防止钢筋锈蚀不利，不宜用于重要的钢筋混凝土结构和预应力混凝土。

（2）三种水泥的各自特性如下。

① 矿渣水泥。矿渣为玻璃态物质，难磨细，对水的吸附能力差，故矿渣水泥的保水性差，泌水性大。在混凝土施工中，矿渣水泥泌水会形成毛细管通道，水分的蒸发又容易引起干缩，影响混凝土的抗渗性、抗冻性及耐磨性等。由于矿渣经过高温，矿渣水泥硬化后，氢氧化钙的含量又比较少，因此耐热性较好。

② 火山灰水泥。火山灰水泥的特点是易吸水、易反应。在潮湿的条件下养护，火山灰水泥可形成较多的水化产物，水泥石结构致密，从而具有较高的抗渗性和耐水性。如处于干燥环境中，火山灰水泥所吸收的水分蒸发，体积收缩因而产生裂缝。因此，火山灰水泥不

宜用于长期处于干燥环境和水位变化区的混凝土工程。火山灰水泥抗硫酸盐的性能随成分而异。如活性混合材料中氧化铝的含量较多,熟料中又含有较多的 C_3A 时,其抗硫酸盐的能力较差。

③ 粉煤灰水泥。粉煤灰与其他天然火山灰相比,结构较致密,内比表面积小,有很多球形颗粒,吸水能力较弱。因此,粉煤灰水泥需水量比较低,抗裂性较好,尤其适合大体积水工混凝土以及地下和海港工程等。

4. 复合硅酸盐水泥

复合硅酸盐水泥简称复合水泥,代号 P·C。《通用硅酸盐水泥》(GB 175—2023)规定:复合硅酸盐水泥中熟料和石膏≥50%且<80%,掺加两种或两种以上的活性或非活性混合材料,掺加量在20%与50%之间,其中允许用不超过水泥质量的8%的窑灰代替,掺矿渣时,混合材料掺量不得与矿渣硅酸盐水泥重复。

复合水泥中掺入两种或者两种以上的混合材料,可以明显改善水泥性能,如单掺矿渣,水泥浆容易泌水;单掺火山灰,往往水泥浆黏度大;二者混掺,则水泥浆工作性能好,有利于施工。若掺入惰性石灰石,则可起微骨料作用。

复合水泥早期强度高于矿渣硅酸盐水泥、火山灰质硅酸盐水泥、粉煤灰硅酸盐水泥,与普通水泥相同或略高。其他性质与矿渣硅酸盐水泥、火山灰质硅酸盐水泥相近或略好。使用范围一般与掺入大量混合材料的其他水泥相同。

5. 通用水泥的特性及适用范围

通用硅酸盐水泥中的硅酸盐水泥、普通硅酸盐水泥、矿渣硅酸盐水泥、火山灰质硅酸盐水泥、粉煤灰硅酸盐水泥和复合硅酸盐水泥是在土建工程中应用比较广泛的品种,此六种水泥的特性及适用范围列于表 4-10 中。

表 4-10 六种水泥的主要特性及适用范围

类别	硅酸盐水泥	普通水泥	矿渣水泥	火山灰水泥	粉煤灰水泥	复合水泥
主要特性	① 凝结硬化快、早期强度高; ② 水化热大; ③ 抗冻性好; ④ 耐热性差; ⑤ 耐蚀性差; ⑥ 干缩性较小	① 凝结硬化快、早期强度较高; ② 水化热较大; ③ 抗冻性较好; ④ 耐热性较差; ⑤ 耐蚀性较差; ⑥ 干缩性较小	① 凝结硬化慢、早期强度低,后期强度增长较快; ② 水化热较小; ③ 抗冻性差; ④ 耐热性好; ⑤ 耐蚀性较好; ⑥ 干缩性较大; ⑦ 泌水性大、抗渗性差	① 凝结硬化慢、早期强度低,后期强度增长较快; ② 水化热较小; ③ 抗冻性差; ④ 耐热性较差; ⑤ 耐蚀性较好; ⑥ 干缩性较大; ⑦ 抗渗性较好	① 凝结硬化慢、早期强度低,后期强度增长较快; ② 水化热较小; ③ 抗冻性差; ④ 耐热性较差; ⑤ 耐蚀性较好; ⑥ 干缩性较小; ⑦ 抗裂性较高	① 凝结硬化慢、早期强度低,后期强度增长较快; ② 水化热较小; ③ 抗冻性差; ④ 耐蚀性较好; ⑤ 其他性能与所掺入的两种或两种以上混合材料的种类、掺量有关

续表

类别	硅酸盐水泥	普通水泥	矿渣水泥	火山灰水泥	粉煤灰水泥	复合水泥
适用范围	早期强度要求高的工程,一般混凝土及预应力混凝土工程,受反复冰冻作用结构,高强度混凝土	同硅酸盐水泥	水下混凝土工程,有抗硫酸盐、软水侵蚀要求的工程,大体积混凝土结构,高温养护的混凝土,有耐热要求的结构	水下混凝土工程,有抗硫酸盐、软水侵蚀要求的工程,大体积混凝土结构,高温养护的混凝土,有抗渗要求的结构	水下混凝土工程,有抗硫酸盐、软水侵蚀要求的工程,大体积混凝土结构,高温养护的混凝土,有抗裂要求的结构	水下混凝土工程,对侵蚀要求较高的工程,大体积混凝土结构,高温养护的混凝土
不适用范围	大体积混凝土、受化学侵蚀及海水侵蚀工程,受流动或者压力软水作用的工程	同硅酸盐水泥	早期要求强度高的工程,有抗冻要求的工程,低温或冬季施工的工程,有抗碳化要求的工程,有耐磨性要求的工程,干燥环境中的工程,有抗渗要求的工程	早期强度要求高的工程,有抗冻要求的工程,低温或冬季施工的工程,有抗碳化要求的工程,有耐磨性要求的工程,干燥环境中的工程	早期强度要求高的工程,有抗冻要求的工程,低温或冬季施工的工程,有抗碳化要求的工程	早期强度要求高的工程,有抗冻要求的工程,低温或冬季施工的工程,有抗碳化要求的工程

4.1.3　通用硅酸盐水泥的验收和保管

1. 通用硅酸盐水泥的验收

由于硅酸盐水泥的有效期短,质量极容易变化,因此,必须对进入施工现场的水泥进行验收,以检测水泥是否合格,确定水泥是否能够用于工程中。硅酸盐水泥的验收包括包装标志验收、数量验收、质量验收三方面。

1) 包装标志验收(包装有袋装和散装两种)

根据供货单位的发货明细、入库通知单及质量合格证,分别核对水泥包装袋上所标明的水泥品种、代号、净含量、强度等级、生产许可证标志(QS)、生产者名称和地址、出厂编号、执行标准号、包装年月日等。掺火山灰质混合材料的普通硅酸盐水泥,必须在包装上标上"掺火山灰"字样。包装袋两侧应印有水泥名称和强度等级。硅酸盐水泥和普通硅酸盐水泥印刷采用红色,矿渣硅酸盐水泥印刷采用绿色,火山灰质硅酸盐水泥、粉煤灰硅酸盐水泥和复合硅酸盐水泥印刷采用黑色或者蓝色。供应散装水泥时,应提交与袋装水泥标志内容相同的卡片。

2) 数量验收

水泥可以散装或袋装,袋装水泥每袋净含量为 50kg,且应不少于标志质量的 99%;随机抽取 20 袋,总质量(含包装袋)不应少于 1000kg。其他包装形式由供需双方协商确定,但有关袋装质量要求,应符合上述规定。

3）质量验收

检查出厂合格证和出厂检验报告。水泥出厂应配有水泥生产厂家的出厂合格证，内容包括厂别、品种、出厂日期、出厂编号和检验报告。检验报告内容应包括出厂检验项目、细度、混合材料品种和掺加量、石膏和助磨剂的品种，以及掺加量、属旋窑或立窑生产及合同约定的其他技术要求。当用户需要时，生产者应在水泥发出之日起 7d 内寄发除 28d 强度以外的各项检验结果，32d 内补报 28d 强度的检验结果。

4）交货与验收

以抽取实物试样的检验结果为验收依据时，买卖双方应在发货前或交货地共同取样和签封。取样方法按《水泥取样方法》(GB/T 12573—2008)进行，取样数量为 20kg，缩分为二等份。一份由卖方保存 40d，一份由买方按《通用硅酸盐水泥》(GB 175—2023)规定的项目和方法进行检验。在 40d 以内，买方检验认为产品质量不符合标准要求，而卖方又有异议时，则双方应将卖方保存的另一份试样送省级或省级以上国家认可的水泥质量监督检验机构进行仲裁检验。水泥安定性仲裁检验，应在取样之日起 10d 内完成。

若以水泥厂同编号水泥的检验报告为验收依据，在发货前或交货时，买方从同编号水泥中取样，双方共同签封后由卖方保存 90d，或认可卖方自行取样、签封并保存 90d 的同编号水泥的封存样。在 90d 内，买方对水泥质量有疑问时，则买卖双方应将共同认可的试样送省级或省级以上国家认可的水泥质量监督检验机构进行仲裁检验。

5）复验

按照《混凝土结构工程施工质量规范》(GB 50204—2015)以及工程质量管理的有关规定，用于承重结构的水泥，以及使用部位有强度等级要求的混凝土用水泥，出厂超过 3 个月（快硬硅酸盐水泥超过 1 个月）时，应进行复验，并提供试验报告。水泥的抽样复验应符合见证取样送检的有关规定。水泥复验，通常只检测水泥的安定性、强度和其他必要的性能指标。经确认各项技术指标及包装质量符合要求时，水泥方可出厂。

2. 通用硅酸盐水泥的保管

入库的水泥应按品种、强度等级、出厂日期分别堆放，并树立标志。做到先到先用，并防止混掺使用。为了防止水泥受潮，现场仓库应尽量密闭。存放包装水泥时，应垫起地面约 30cm，离墙应在 30cm 以上。堆放高度一般不超过 10 包。临时露天暂存水泥时，应用防雨篷布盖严，底板要垫高，并采取防潮措施。水泥储存时间不宜过长，以免结块降低强度。水泥在正常环境中存放 3 个月，强度会降低 10%～20%；存放 6 个月，强度将降低 15%～30%。因此，水泥存放时间按出厂日期起算，超过 3 个月应视为过期水泥，使用时，必须通过重新检验确定其强度等级。

4.1.4 其他品种水泥

1. 道路硅酸盐水泥

以适当成分的生料烧至部分熔融，所得以硅酸钙为主要成分并含有较多量铁铝酸钙的硅酸盐水泥熟料，称为道路硅酸盐水泥熟料。由道路硅酸盐水泥熟料，0～10%活性混合材料和适量石膏磨细制成的水硬性胶凝材料，称为道路硅酸盐水泥（简称为道路水泥）。

道路水泥是一种强度高(特别是抗折强度高),耐磨性好,干缩性小,抗冲击性好,抗冻性和抗硫酸性比较好的专用水泥。它适用于道路路面、机场跑道道面、城市广场等工程。由于道路水泥具有干缩性小、耐磨、抗冲击等特性,可减少水泥混凝土路面的裂缝和磨耗等病害,减少维修,延长路面使用年限,因而可获得显著的社会效益和经济效益。

2. 快硬硅酸盐水泥

凡以硅酸盐水泥熟料和适量石膏磨细制成,以 3d 抗压强度表示强度等级的水硬性胶凝材料,称为快硬硅酸盐水泥(简称快硬水泥)。快硬水泥凝结时间正常,而且终凝和初凝之间的时间间隔很短,早期强度发展很快,后期强度持续增长。用快硬水泥可以配早强、高标号混凝土。与使用普通水泥相比,快硬水泥可加快施工进度,加快模板周转,提高工程和制品质量。因水化放热比较集中,该水泥不宜用于大体积混凝土工程。快硬水泥易受潮变质,在运输和贮存时,必须注意防潮,应与其他品种水泥分开运输和贮存,不得混杂。快硬水泥贮存期不宜太长,出厂超 1 个月使用时,必须重新进行强度检验。

3. 砌筑水泥

凡由一种或一种以上的水泥混合材料加入适量硅酸盐水泥熟料和石膏,共同磨细制成的和易性较好的水硬性胶凝材料,称为砌筑水泥,代号 M。水泥中混合材料掺加量按质量百分比计,应大于 50%,允许掺入适量的石灰石或窑灰。水泥中混合材料掺加量不得与矿渣硅酸盐水泥重复。砌筑水泥主要用于砌筑砂浆、抹面砂浆、垫层混凝土等,不应用于结构混凝土工程。

4. 铝酸盐水泥

铝酸盐水泥是以铝矾土和石灰石为原料,经煅烧制得的以铝酸钙为主要成分、氧化铝含量约 50% 的熟料,再磨制成的水硬性胶凝材料。铝酸盐水泥为黄色或褐色,也有呈灰色的,其具有以下特点。

(1) 铝酸盐水泥凝结硬化速度快,主要用于工期紧急的工程,如国防、道路和抢修工程等。

(2) 铝酸盐水泥水化热大,且放热量集中,可用于冬季施工的工程。

(3) 铝酸盐水泥在普通硬化条件下,具有很强的抗硫酸盐腐蚀性,同时具有较高的耐热性。

因铝酸盐水泥的长期强度及其他性能有降低的趋势,因此它不宜用于长期承重的结构以及处在高温、高湿环境的工程中,只适用于紧急军事工程、抢修工程、临时性工程以及配制耐热混凝土等。

5. 膨胀水泥

膨胀水泥是在水化和硬化过程中产生体积膨胀的水泥,可以在凝结硬化时产生一定程度的膨胀,从而消除混凝土因收缩而引起的各种弊病的一种水泥,其具有以下特点。

(1) 由膨胀水泥配制的混凝土在水中自由膨胀率为 $(8\sim10)\times10^{-4}$,可在混凝土中建立 $0.2\sim0.6$MPa 的自应力,满足补偿收缩要求,可减少或防止混凝土收缩开裂。

(2) 膨胀水泥混凝土抗渗标号大于 S30,又称为自防水混凝土。用膨胀水泥配制自防水混凝土,省工省料,缩短工期,且耐久性好。

(3) 新型膨胀水泥早期强度高,后期强度增长较大,长期强度稳定上升。

（4）膨胀水泥配制的混凝土因内部有膨胀自应力,与钢筋产生更强的握裹力。

任务 4.2　水泥性能检测

水泥试验依据《水泥标准稠度用水量、凝结时间、安定性检验方法》(GB 1346—2011)、《水泥胶砂强度检验方法(ISO 法)》(GB/T 17671—2021)、《水泥细度检验方法　筛析法》(GB/T 1345—2005)和《水泥比表面积测定方法　勃氏法》(GB/T 8074—2008)进行。试验结果须满足《通用硅酸盐水泥》(GB 175—2023)标准中规定的质量指标。

4.2.1　硅酸盐水泥细度测定

水泥细度检验分为水筛法和负压筛法两种,如对两种方法的检验结果有争议,以负压筛法为准。硅酸盐水泥细度用水泥比表面积表示。

1. 主要仪器设备

（1）试验筛:由圆形筛框和筛网组成,筛孔尺寸为 $80\mu m$ 或 $45\mu m$,有负压筛、水筛和手工筛几种。负压筛应附有透明筛盖,筛盖与筛上口应有良好的密封性。筛网应紧绷在筛框上,筛网和筛框接触处应用防水胶密封,防止水泥嵌入。

（2）负压筛析仪:由筛座、负压筛、负压源及收尘器组成,其中筛座由转速为 (30 ± 2)r/min 的喷气嘴、负压表、控制板、微电机及壳体等构成。负压筛析仪可调范围为 $4000\sim 6000$Pa。

（3）天平(称量为 100g,感量为 0.01g)、烘箱等。

2. 试验准备

将烘干试样通过 0.9mm 的方孔筛,试验时,$80\mu m$ 筛称取试样 25g,$45\mu m$ 筛称取试样 10g,均精确至 0.01g。

3. 试验方法与步骤

1）负压筛法

（1）把负压筛放在筛座上,盖上筛盖,接通电源,检查控制系统,调节负压至 $4000\sim 6000$Pa 的范围内。

（2）称取过筛的水泥试样,置于洁净的负压筛中,并放于筛座上,盖上筛盖。

（3）开动筛析仪,并连续筛析 2min,在此期间如有试样黏附于筛盖,可轻轻敲击使试样落下。

（4）筛毕取下,用天平称量筛余物的质量(g),精确至 0.01g。

2）水筛法

（1）筛析试验前,应检查水中无泥、砂,调整好水压及水筛的位置,使其能正常运转,并控制喷头底面和筛网之间的距离为 $35\sim 75$mm。

（2）称取试样 10g,精确至 0.01g,置于洁净的水筛中,立即用淡水冲洗至大部分细粉通过后,放在水筛架上,用水压为 (0.05 ± 0.02)MPa 的喷头连续冲洗 3min。筛毕,用少量水把筛余物冲至蒸发皿中,等水泥颗粒全部沉淀后,小心倒出清水,烘干,并用天平称量全部筛余物。

4. 结果计算

水泥试样筛余百分率 F(%)按式(4-1)计算(精确至 0.1%):

$$F = \frac{R_s}{W} \times 100\% \tag{4-1}$$

式中:F——水泥试样的筛余百分率,%;

R_s——水泥筛余物的质量,g;

W——水泥试样的质量,g。

应对筛析结果进行修正,修正的方法是将水泥试样筛余百分率乘以试验筛的标定修正系数。

5. 结果评定

每个样品应称取两个试样分别筛析,取筛余平均值为筛析结果。若两次筛余结果的绝对误差大于 0.5%(筛余值大于 5.0%时,可放宽至 1.0%),应再做一次,取两次相近结果的算术平均值,作为最终结果。

4.2.2 水泥标准稠度用水量测定(标准法)

水泥标准稠度净浆对标准试杆的沉入具有一定阻力。通过试验不同含水量水泥浆的穿透性,以确定水泥标准稠度净浆中所需加入的水量。

1. 主要仪器设备

(1)水泥净浆搅拌机:由主机、搅拌叶片、搅拌锅组成。搅拌叶片以双转双速转动。其质量应符合《水泥净浆搅拌机》(JC/T729—2005)的要求。

(2)标准法维卡仪:如图 4-5 所示,标准稠度测定用试杆有效长度为(50±1)mm,由直径为 ϕ(10±0.05)mm 的圆柱形耐腐蚀金属制成。测定凝结时间时取下试杆,用试针代替试杆。试针由钢制成,初凝用试针为(50±1)mm、终凝用试针为(30±1)mm,皆是直径为 ϕ(1.13±0.05)mm 的圆柱体。滑动部分的总质量为(300g±1)g。与试杆、试针连接的滑动杆表面应光滑,能靠重力自由下落,不得有紧涩和旷动现象。盛装水泥净浆的试模应由耐腐蚀、有足够硬度的金属制成。试模为深(40±0.2)mm、顶内径 ϕ(65±0.5)mm、底内径 ϕ(75±0.5)mm 的截顶圆锥体。每个试模应配备一个边长约 100mm,厚度为 4~5mm 的平板玻璃底板或金属底板。

(3)天平、铲子、小刀、量筒等。

2. 试验步骤

(1)试验前必须做到以下几点:维卡仪金属棒能自由滑动;调整至试杆接触玻璃板时指针对准零点;搅拌机运行正常。

(2)水泥净浆的拌制。用水泥净浆搅拌机搅拌,先用湿布擦过搅拌锅和搅拌叶片,将拌合水倒入搅拌锅内,然后在 5~10s 内将称好的 500g 水泥加入水中,防止水和水泥溅出;

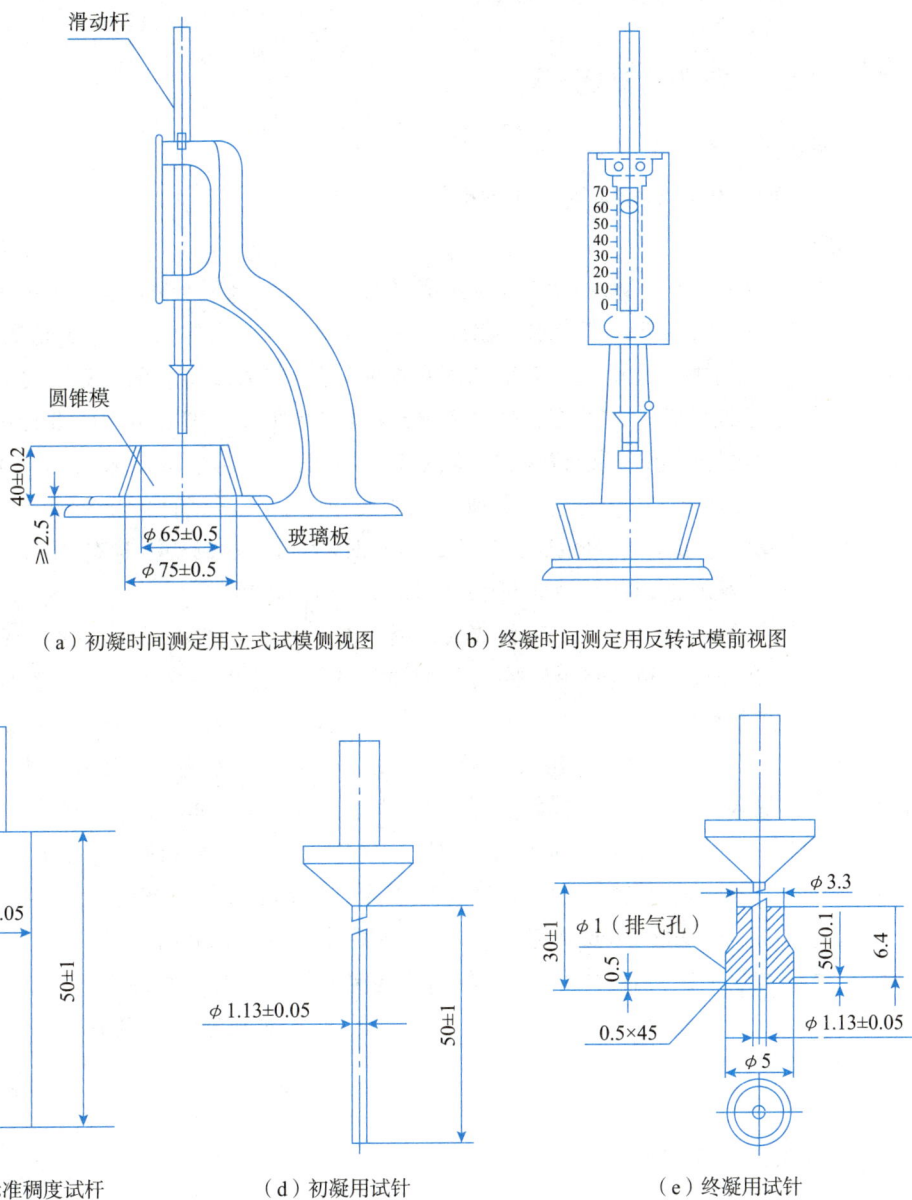

（a）初凝时间测定用立式试模侧视图　　（b）终凝时间测定用反转试模前视图

（c）标准稠度试杆　　　　（d）初凝用试针　　　　（e）终凝用试针

图 4-5　测定水泥标准稠度用水量和凝结时间的维卡仪（单位：mm）

拌合时，先将搅拌锅放在搅拌机的锅座上，升至搅拌位置，启动搅拌机，低速搅拌 120s，停 15s，同时将搅拌叶片和锅壁上的水泥浆刮入搅拌锅中，接着高速搅拌 120s 停机。

（3）标准稠度用水量的测定步骤。拌合结束后，立即将拌好的水泥净浆装入已置于玻璃底板上的试模中，用小刀插捣，轻轻振动数次，刮去多余的净浆；抹平后迅速将试模和底板移动到维卡仪上，并将其中心定在试杆下，降低试杆直至与水泥净浆表面接触，拧紧螺钉 1～2s 后，突然放松，使试杆垂直自由地深入水泥净浆中。在试杆停止沉入或释放试杆 30s 时，记录试杆距底板的距离，升起试杆后，立即擦净；整个操作应在搅拌后 1.5min 内完成。以试杆沉入净浆并距底板（6±1）mm 的水泥净浆为标准稠度净浆。其拌合水量为水泥的标准稠度用水量(P),按水泥质量的百分比计。

4.2.3 水泥凝结时间测定

1. 主要仪器设备

湿气养护箱,其他仪器设备同水泥标准稠度用水量测定。

2. 试验步骤

(1)测定前准备工作。调整凝结时间测定仪的试针接触玻璃板时,指针对准零点。

(2)试件制备。以标准稠度用水量制成标准稠度净浆,一次装满试模,振动数次刮平,立即放入湿气养护箱中。记录水泥全部加入水中的时间,作为凝结时间的起始时间。

(3)初凝时间的测定。试件在湿气养护箱中养护至加水后 30min 时,进行第一次测定。测定时,从湿气养护箱中取出试模放到试针下,降低试针与水泥净浆表面接触。拧紧螺钉1~2s后,突然放开,试针垂直自由地沉入水泥净浆。观察试针停止下沉或释放试针30s时指针的读数。当试针沉到距底板(4 ± 1)mm 时,为水泥达到初凝状态;由水泥全部加入水中至达到初凝状态的时间为水泥的初凝时间,用 min 表示。

(4)终凝时间的测定。为了准确测试试针沉入湿气养护箱的状况,可在终凝针上安装一个环形附件。在完成初凝时间测定后,立即将试模连同浆体以平移的方式从玻璃板取下,然后翻转180°,直径大端向上、小端向下放在玻璃板上,再放入湿气养护箱中继续养护,当试针沉入试体 0.5mm 时,即环形附件开始不能在试体上留下痕迹时,为水泥达到终凝状态,由水泥全部加入水中至达到终凝状态的时间为水泥的终凝时间,用 min 表示。

(5)测定时应注意,在最初测定的操作时,应轻轻扶持金属柱,使其缓缓下降,以防试针撞弯,结果以自由下落为准;在整个测试过程中,试针沉入的位置至少要距试模内壁10mm。临近初凝时,每隔 5min 测定一次;临近终凝时,每隔 15min 测定一次;达到初凝或终凝时,应立即重复一次,当两次结论相同时,才能定为达到初凝或终凝状态。每次测定不能让试针落入原针孔,每次测试完毕,应将试针擦净,并将试模放回湿气养护箱内,整个测试过程要防止试模受振。

4.2.4 水泥安定性测定

用沸煮法鉴定游离氧化钙对水泥安定性的影响。安定性试验分雷氏法和试饼法(代用法)两种,有争议时以雷氏法为准。

1. 主要仪器设备

(1)沸煮箱:有效容积为 410mm×240mm×310mm,内设篦板及加热器两组。它能在(30 ± 5)min 内将一定量的水由 20℃升至沸腾,并保持恒沸 3h。

(2)雷氏夹:不锈钢或铜质材料制成,形状如图 4-6(a)所示,当用 300g 砝码校正时,两根针的针尖距离增加应在(17.5 ± 2.5)mm 范围内,如图 4-6(b)所示。

(3)雷氏夹膨胀测定仪:标尺最小刻度为 1mm。

(4)净浆搅拌机、天平、标准养护箱、小刀等。

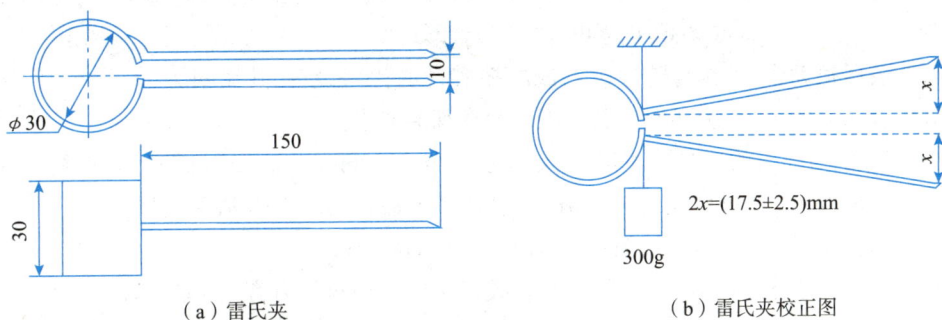

（a）雷氏夹 　　　　　　　　　　　（b）雷氏夹校正图

图 4-6　雷氏夹与雷氏夹校正图

2. 试验步骤

1）试饼法（代用法）

（1）将制备好的标准稠度的水泥净浆取出约 150g，分成两等份，使之呈球形，放在已涂机油的玻璃板上，用手轻振玻璃板使水泥浆摊开，并用小刀由边缘向中央抹动，做成直径为 70～80mm、中心厚约为 10mm 的边缘渐薄、表面光滑的试饼，将其放入标准养护箱内标养(24±2)h。

（2）除去玻璃板并编号，先检查试饼，在无缺陷的情况下放于沸煮箱的篦板上，调好水位与水温，接通电源，在(30±5)min 内加热至沸，并恒沸(180±5)min。

（3）沸煮结束后，放掉热水冷却至室温，目测未发现裂纹，用直尺检查平面也无弯曲现象时为安定性合格，反之为不合格。当两个试饼判别结果有矛盾时，也判为不合格。

2）雷氏法

（1）每个雷氏夹应配备两块质量为 75～85g 玻璃板，一垫一盖，每组成型两个试件，先将雷氏夹与玻璃板表面涂上一薄层机油。

（2）将制备好的标准稠度的水泥浆装满雷氏夹圆模，并轻扶雷氏夹，用小刀插捣 15 次左右后抹平，并盖上涂油的玻璃板。随即将成型好的试模移至标准养护箱内，养护(24±2)h。

（3）除去玻璃板，测量雷氏夹指针尖端间的距离(A)，精确至 0.5mm，接着将试件放在沸煮箱内水中的篦板上，针尖朝上，用与试饼法相同的方法沸煮。

（4）取出沸煮后冷却到室温的试件，用膨胀值测定仪测量试件雷氏夹指针两针尖之间的距离(C)，计算膨胀值($C-A$)，取两个试件膨胀值的算术平均值，若不大于 5mm，则判定该水泥的安定性合格。若两个试件膨胀值相差超过 4mm，应用同种水泥重做试验。再如此，则认为该水泥安定性不合格。

4.2.5　水泥胶砂强度测定

1. 主要仪器设备

（1）行星式胶砂搅拌机(ISO679)：由胶砂搅拌锅和搅拌叶片相应的机构组成，搅拌叶片呈扇形，工作时，搅拌叶片既绕自身轴线自转，又沿胶砂搅拌锅周边公转，并且具有高、低两种速度，自转低速时为(140±5)r/min，高速时为(285±10)r/min；公转低速时为(62±5)r/min，高速时为(125±10)r/min。搅拌叶片与胶砂搅拌锅锅底、锅壁的工作间隙为(3±1)mm。

（2）胶砂试件成型振实台（ISO679）：由可以跳动的台盘和使其跳动的凸轮等组成，其振幅为（15±0.3）mm，振动频率为 60 次/（60±2）s。

（3）胶砂振动台：可作为胶砂试件成型振实台的代用设备，其振幅为（0.75±0.02）mm，振动频率为 2800～3000 次/min。胶砂振动台台面装有卡具。

（4）试模：可装拆的三联模，模内腔尺寸为 40mm×40mm×160mm，如图 4-7 和图 4-8 所示。

（5）下料漏斗：下料口宽为 4～5mm，包括 2 个播料器和 1 个刮平直尺。

（6）水泥电动抗折试验机：游铊移动速度为 5cm/min。

（7）压力试验机：压力试验机最大荷载以 200～300kN 为宜，误差不超±1%，并有按（2.4±0.5）kN/s 速率加荷功能。

（8）抗压夹具：抗压夹具由硬钢制成，加压板受压尺寸为 40mm×40mm，加压面必须磨平。

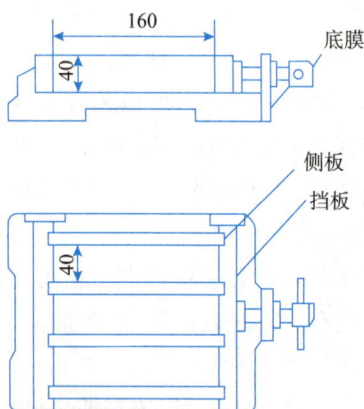

图 4-7　试模

图 4-8　标准水泥试模与水泥胶砂试块

2. 胶砂制备与试件成型

（1）将试模擦净，模板四周与底座的接触面上应涂黄油，紧密装配防止漏浆。内壁均匀刷一薄层机油。

（2）标准砂应符合《水泥胶砂强度检验方法（ISO 法）》（GB/T 17671—2021）中 ISO 标准砂的质量要求。试验采用灰砂比为 1∶3，水灰比为 0.50。

（3）每成型三块试件需称量以下数据：水泥为 450g，标准砂为 1350g，水为 225mL。

（4）胶砂搅拌。用 ISO 胶砂搅拌机进行，先把水加入搅拌机内，再加入水泥，把搅拌机放在固定器上，上升至固定位置，然后立即开动机器，低速搅拌 30s 后，在第二个 30s 开始时，均匀地将砂子加入（一般是先粗后细），再高速搅拌 30s 后，停拌 90s，在第一个 15s 内，用胶皮刮具将搅拌叶片和搅拌机壁上的胶砂刮入搅拌机中间，在调整后继续搅拌 60s。各个搅拌阶段的时间误差应控制在±1s 以内。

（5）试件用振实台成型时，将空试模和套模固定在振实台上，用勺子直接从搅拌锅内将胶砂分两层装模。装第一层时，每个槽里放入约 300g 胶砂，并用大播料器播平，接着振动 60 次，再装入第二层胶砂，用小播料器播平，再振动 60s。移走套模，从振实台上取下试模，用一金属尺以近似 90°的角度架在试模模顶的一端，沿试模长边方向以横向锯割动作慢慢向另一端移动,一次将超过试模部分的胶砂刮去,并用同一直尺以近乎水平的状态将试件表面抹平。

3. 试件养护

(1) 将成型的试件连模放入标准养护箱(室)内养护,在温度为$(20\pm1)℃$,相对湿度不低于90%的条件下养护$20\sim24h$脱模。对于龄期为24h的试件,应在破型试验前20min内脱模。

(2) 将试件从标准养护箱(室)中取出,用墨笔编号,编号时,应将每只模中的三块试件编在两个龄期内,同时编上成型与测试日期。然后脱膜,脱模时应防止损伤试件。硬化较慢的水泥允许24h以后脱模,但应记录脱模时间。

(3) 试件脱模后,立即水平或竖直放入水槽中养护,养护水温为$(20\pm1)℃$,水平放置时,刮平面应朝上,试件之间留有间隙,水面至少高出试件5mm。最初用自来水装满水池,并随时加水以保持恒定水位,不允许在养护期间全部换水。

4. 水泥抗折强度试验

(1) 各龄期的试件,必须分别在$(24\pm15)min$、$(48\pm30)min$、$(72\pm45)min$、$7d\pm2h$、$28d\pm8h$规定的时间内进行强度测试,于试验前15min从水中取出三块试件。

(2) 测试前,应先擦去试件表面的水分和砂粒,清除夹具圆柱表面黏附的杂物,然后将试件安放到抗折夹具内,应使试件侧面与圆柱接触。

(3) 调节抗折仪零点与平衡,开动电机以$(50\pm10)N/s$的速度加荷,直至试件折断,记录抗折破坏荷载$F_f(N)$。

(4) 按式(4-2)计算抗折强度f_f(精确至0.1MPa)。

$$f_f = \frac{3F_f L}{2bh^2} \tag{4-2}$$

式中:f_f——抗折强度;

$\quad F_f$——抗折破坏荷载;

$\quad L$——抗折支撑圆柱中心距离,$L=100mm$;

$\quad b$、h——分别为试件的宽度和高度,均为40mm。

(5) 抗折强度结果取三块试件的平均值;当三块试件中有一块超过平均值的$\pm10\%$时,应予剔除,取其余两块的平均值作为抗折强度试验结果。

5. 水泥抗压强度试验

(1) 抗折试验后的六个断块试件应保持潮湿状态,并立即进行抗压试验,抗压试验应用抗压夹具进行。清除试件受压面与加压板间的砂粒杂物,以试件侧面作为受压面,并将夹具置于压力机承压板中央。

(2) 开动试验机,以$(2.4\pm0.2)kN/s$的速度进行加荷,直至试件破坏。记录最大抗压破坏荷载$F_c(N)$。

(3) 按式(4-3)计算抗压强度f_c(精确至0.1MPa)。

$$f_c = \frac{F_c}{A} \tag{4-3}$$

式中：f_c——抗压强度；

F_c——抗压破坏荷载；

A——试件的受压面积，即 $40 \times 40 = 1600 (mm^2)$。

（4）六个抗压强度试验结果中，有一个超过六个算术平均值的 $\pm 10\%$ 时，剔除该最大超过值，以其余五个结果的算术平均值作为抗压强度试验结果；如果五个测定值中再有超过它们平均值 $\pm 10\%$ 的，则此组试验结果作废。

自我测验

一、填空题

1. 普通水泥的细度用_____表示。

2. 当石膏掺量过多时，易导致水泥的_____不合格。

3. 硅酸盐水泥熟料中，C_3S、C_3A 含量越多，其水化热越_____，凝结硬化越_____，抗侵蚀性越_____。

4. 常用的活性混合材料的种类有_____、_____、_____。

5. 在硅酸盐水泥的矿物中，对水泥后期强度提高有较大影响的是_____矿物。

6. 国家标准规定：硅酸盐水泥的初凝时间不得早于_____，终凝时间不得迟于_____。

7. 活性混合材料的主要化学成分是_____。

8. 生产硅酸盐水泥时，掺入适量石膏的目的是起_____作用。

9. 与硅酸盐水泥相比，火山灰水泥的水化热_____。

10. 硅酸盐水泥的强度等级是以_____确定的。

二、名词解释

1. 安定性   2. 水泥石腐蚀   3. 活性混合材料   4. 非活性混合材料

三、单选题

1. 下列（   ）工程中宜优先选用硅酸盐水泥。

    A. 地下室混凝土   B. 耐碱混凝土

    C. 耐酸混凝土   D. 预应力混凝土

2. 国家标准规定，水泥（   ）检验不合格，需作废品处理。

    A. 强度   B. 细度

    C. 初凝时间   D. 终凝时间

3. 在水泥中掺入部分优质生石灰，是由于生石灰消解时体积膨胀（   ）。

    A. 会使水泥安定性不良   B. 会使水泥无法正常凝结

    C. 对水泥安定性没有影响   D. 对水泥凝结没有影响

4. 以下水泥熟料矿物中，早期强度及后期强度都比较高的是（   ）。

    A. C_3S B. C_2S C. C_3A D. C_4AF

5. 下列水泥中，耐磨性最好的是（   ）。

    A. 硅酸盐水泥   B. 粉煤灰水泥

    C. 矿渣水泥   D. 火山灰水泥

6. 硅酸盐水泥熟料矿物中,水化热最高的是(　　)。

　　A. C_3S 　　　　　B. C_2S 　　　　　C. C_3A 　　　　　D. C_4AF

7. 混凝土大坝内部不宜选用(　　)。

　　A. 普通水泥 　　　　　　　　B. 粉煤灰水泥

　　C. 矿渣水泥 　　　　　　　　D. 火山灰水泥

8. 在正常条件下,通用水泥的使用有效期限为(　　)个月。

　　A. 3 　　　　　B. 6 　　　　　C. 9 　　　　　D. 12

9. 在干燥环境中,有抗裂要求的混凝土宜选用的水泥是(　　)。

　　A. 矿渣水泥 　　　　　　　　B. 普通水泥

　　C. 粉煤灰水泥 　　　　　　　D. 火山灰水泥

10. 硅酸盐水泥石的耐热性差,主要是因为水泥石中含有较多的(　　)。

　　A. 水化铝酸钙 　　　　　　　B. 水化铁酸钙

　　C. 氢氧化钙 　　　　　　　　D. 水化硅酸钙

四、问答题

1. 某住宅工程工期较短,现有强度等级同为 42.5 的硅酸盐水泥和矿渣水泥可选用。从有利于保障工期的角度来看,应选用哪种水泥?

2. 为什么说硅酸盐水泥不宜用于大体积工程?

3. 现有甲、乙两厂生产的硅酸盐水泥熟料,其矿物成分见表 4-11,试估计和比较这两厂所生产的硅酸盐水泥的性能有何差异?

表 4-11　甲、乙两厂硅酸盐水泥矿物成分

生产厂	熟料矿物成分/%			
	C_3S	C_2S	C_3A	C_4AF
甲	56	17	12	15
乙	42	35	7	16

4. 什么是水泥的体积安定性?造成水泥体积安定性不良的原因有哪些?

5. 硅酸盐水泥的侵蚀有哪些类型?内因是什么?防止腐蚀的措施有哪些?

6. 影响常用水泥性能的因素有哪些?

7. 什么是活性混合材料和非活性混合材料?它们加入硅酸盐水泥中各起什么作用?硅酸盐水泥常掺入哪几种活性混合材料?

项目 5   砂浆的性能与检测

学习思维导图

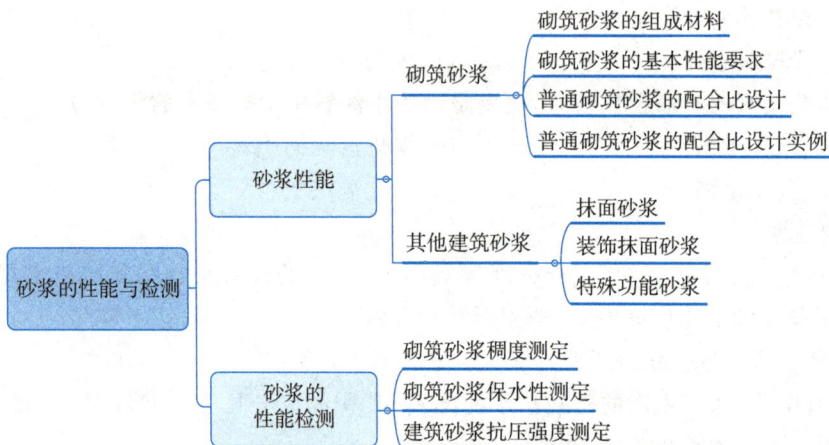

砌筑砂浆的组成材料
砌筑砂浆的基本性能要求
普通砌筑砂浆的配合比设计
普通砌筑砂浆的配合比设计实例

砌筑砂浆

砂浆性能

其他建筑砂浆

抹面砂浆
装饰抹面砂浆
特殊功能砂浆

砂浆的性能与检测

砌筑砂浆稠度测定
砌筑砂浆保水性测定
建筑砂浆抗压强度测定

砂浆的
性能检测

知识目标

1. 了解砌筑砂浆的分类和组成材料的技术要求;
2. 掌握砌筑砂浆的技术性质,熟悉其配合比设计的方法和步骤;
3. 了解抹面砂浆的分类和主要技术要求;
4. 了解保温砂浆的性质和工程应用。

技能目标

1. 能够进行砌筑砂浆的稠度测定;
2. 能够进行砌筑砂浆的保水性测定;
3. 能够进行建筑砂浆的抗压强度测定。

任务 5.1   砂 浆 性 能

砂浆是由胶凝材料、细骨料、掺加料和水配制而成的建筑工程材料。它与普通混凝土的主要区别是组成材料中是否有粗骨料。因此,建筑砂浆也称为细骨料混凝土。建筑砂浆的作用主要体现在以下几个方面:在结构工程中,把单块的砖、石、砌块等黏结起来构成砌体,砖墙的勾缝、大型墙板和各种构件的接缝也离不开建筑砂浆;在装饰工程中,墙面、地面及梁柱结构等表面的抹灰,镶贴天然石材、人造石材、瓷砖、锦砖等也都要使用砂浆。

根据用途不同,建筑砂浆可分为砌筑砂浆,抹面砂浆(普通抹面砂浆、装饰砂浆等),特种砂浆(防水砂浆、隔热砂浆、耐腐蚀砂浆、吸声砂浆等);根据胶凝材料不同,建筑砂浆分为水泥砂浆、石灰砂浆、聚合物砂浆和混合砂浆等;根据生产方式不同,建筑砂浆分为现场配制砂浆和预拌砂浆。

5.1.1　砌筑砂浆

在砌体结构中,将砖、石、砌块等块体材料黏结成为砌体的砂浆称为砌筑砂浆。它起着黏结、铺垫和传力作用,是砌体的重要组成部分。

1. 砌筑砂浆的组成材料

1)胶凝材料及掺加料

(1)胶凝材料。砌筑砂浆常用的胶凝材料是水泥,其品种应根据砂浆的用途及使用环境选择。水泥强度等级宜为砂浆强度等级的 4~5 倍,用于配制水泥砂浆的水泥强度等级不宜大于 32.5 级,用于配制水泥混合砂浆的水泥强度等级不宜大于 42.5 级。若水泥强度过高,应加掺加料予以调整。

(2)掺加料。为改善砂浆的和易性,降低水泥用量,往往在水泥砂浆中加入石灰膏、电石膏、粉煤灰、黏土等掺加料。常用胶凝材料、掺加料的选用及质量要求见表 5-1。

表 5-1　常用胶凝材料、掺加料的选用及质量要求

胶凝材料种类	常用胶凝材料	质 量 要 求
水泥	普通水泥、矿渣水泥、粉煤灰水泥、复合水泥、火山灰水泥、砌筑水泥	(1)水泥品种、强度等级应符合设计要求; (2)出厂超过 3 个月的水泥应经检验后方可使用; (3)受潮结块的水泥应过筛并检验后使用
石灰	块状生石灰经熟化成石灰膏后使用	(1)消化时应用孔径不大于 3mm×3mm 的网过滤,消化时间不得少于 7d; (2)石灰膏应洁白、细腻,不得含有未消化颗粒,不得使用已冻结风化或脱水硬化的石灰膏; (3)消石灰粉不得直接用于砌筑砂浆中
石膏	建筑石膏、电石膏	凝结时间应符合有关规定,电石渣应经 20min 加热至 70℃没有乙炔这种有毒气体才可使用
黏土	砂质黏土	(1)采用干法时,应将黏土烘干磨细后,直接投入搅拌机; (2)采用湿法时,应将黏土加水淋浆,通过孔径不大于 3mm×3mm 的网过滤,沉淀后投入搅拌机

2)细骨料(砂)

砌筑砂浆用细骨料主要为天然砂,宜选用中砂,应符合《建设用砂》(GB/T 14684—2022)的规定,且应全部通过 4.75mm 的筛孔。其中,毛石砌体宜选用粗砂。砂的含泥量,对水泥砂浆和强度等级不小于 M5 的水泥混合砂浆不应超过 5%,强度等级小于 M5 的水

泥混合砂浆不应超过10%。需要注意的是,砂的含泥量与砂浆中掺入黏土膏是两种物理概念,砂的含泥量是包裹在砂子表面的泥的含量,过高会增加水泥用量,使砂浆收缩值增大,降低耐水性,影响砌筑质量。

    3) 掺合料与外加剂

    为了改善砂浆的和易性,减少水泥用量,降低砂浆成本,因此在配制砂浆时,常在砂浆中掺入适量的磨细生石灰、石灰膏、电石膏、粉煤灰、粒化高炉矿渣粉、硅灰、天然沸石粉等物质作为掺合料,但应符合下列规定。

    (1) 生石灰先熟化成石灰膏,应用孔径不大于 3mm×3mm 的网过滤,且熟化时间不得少于 7d;磨细生石灰粉的熟化时间不得小于 2d。沉淀池中储存的石灰膏,应采取防止干燥、冻结和污染的措施。严禁使用脱水硬化的石灰膏,因为脱水硬化的石灰膏不但起不到塑化作用,而且还会影响砂浆的强度。磨细生灰粉必须熟化成石灰膏才可以使用。在严寒地区,磨细生石灰粉直接加入砌筑砂浆中属于冬季施工措施。

    (2) 制作电石膏的电石渣应用孔径不大于 3mm×3mm 的网过滤,检验时应加热至 70℃,并保持 20min,没有乙炔味后,方可使用。

    (3) 消石灰粉不得直接用于砌筑砂浆中。消石灰粉是未充分熟化的石灰,因颗粒太粗而起不到改善和易性的作用,还会大幅度降低砂浆强度。

    (4) 石灰膏试配时的稠度应为(120±5)mm。如果稠度不在规定范围内,可按表 5-2 进行换算。

表 5-2　石灰膏不同稠度的换算系数

石灰膏稠度/mm	120	110	100	90	80	70	60	50	40	30
换算系数	1.00	0.99	0.97	0.95	0.93	0.92	0.99	0.88	0.87	0.86

    (5) 砌筑砂浆中的水泥和石灰膏、电石膏等材料的用量可按表 5-3 选用。

表 5-3　砌筑砂浆的材料用量

砂浆种类	材料用量/(kg/m³)
水泥砂浆	≥200
水泥混合砂浆	≥350
预拌砌筑砂浆	≥200

注:① 水泥砂浆中的材料用量指水泥用量;
② 水泥混合砂浆中的材料用量指水泥和石灰膏、电石膏的材料总量;
③ 预拌砌筑砂浆中的材料用量指胶凝材料用量,包括水泥和替代水泥的粉煤灰等活性矿物掺合料。

    (6) 粉煤灰、粒化高炉矿渣粉、硅灰、天然沸石粉的规格应分别符合国家有关标准的规定。当采用其他品种矿物掺合料时,应有可靠的技术依据,并应在使用前进行试验验证。

    (7) 外加剂的添加应符合国家有关标准的规定,引气型外加剂还应有完整的型式检验报告。

    4) 拌合用水

    拌制砂浆用水与混凝土拌合用水的要求相同,应满足《混凝土用水标准》(JGJ 63—2019)规定的质量要求。

2. 砌筑砂浆的基本性能要求

1) 表观密度

拌合物硬化后,在荷载作用下,温度、湿度发生变化时,会产生变形。如果拌合物变形过大或变形不均匀,会使砌体的整体性下降,产生沉陷或裂缝,从而影响整个砌体的质量。因此,砂浆拌合物必须具有一定的表观密度,以保证硬化后的密实度,控制各种变形的影响,满足砌体力学性能的要求。砌筑砂浆拌合物的表观密度宜符合表 5-4 的规定。

表 5-4 砌筑砂浆的表观密度

砂浆种类	表观密度/(kg/m³)
水泥砂浆	≥1900
水泥混合砂浆	≥1800
预拌砌筑砂浆	≥1800

2) 和易性

新拌砂浆应具有良好的和易性。和易性良好的砂浆易在粗糙的砖、石基面上铺成均匀的薄层,且能与基层紧密黏结,这样既便于施工操作,提高劳动生产率,又能保证工程质量。砂浆的和易性包括稠度(流动性)和保水性两方面的含义。

(1) 砂浆稠度(流动性)是指砂浆在自重或外力作用下产生流动的性质。稠度用砂浆稠度测定仪测定,以沉入度(mm)表示。影响砂浆稠度的因素有很多,如胶凝材料的种类及用量、用水量、砂子粗细和粒形、级配、搅拌时间等。砂浆稠度的选择与砌体材料与施工气候情况有关,一般可根据施工操作经验来确定,具体可按表 5-5 选择。

表 5-5 砌筑砂浆的施工稠度

砌 体 种 类	沉入度/mm
烧结普通砖砌体、粉煤灰砖砌体	70～90
混凝土砖砌体、普通混凝土小型空心砌块砌体、灰砂砖砌体	50～70
烧结多孔砖、烧结空心砖砌体、轻骨料小型混凝土空心砖块砌体、蒸压加气混凝土砌块砌体	60～80
石砌体	30～50

(2) 保水性。砂浆的保水性是指新拌砂浆保持其内部水分的性能。保水性不好的砂浆在运输、停放和施工过程中,不仅容易产生离析和泌水现象,如果铺抹在吸水的基层上,还会因水分被吸收而变得干稠,既造成施工困难,又影响胶凝材料正常水化硬化,使其强度和黏结力下降。为了提高砂浆的保水性,会掺入适量的石灰膏和保水增稠材料。砂浆的保水性用保水率表示。保水率的值越大,表明砂浆保持水分的能力越强。《砌筑砂浆配合比设计规程》(JGJ/T 98—2010)对砌筑砂浆的保水率规定见表 5-6。

表 5-6　砌筑砂浆的保水率

砂浆种类	保水率/%
水泥砂浆	≥80
水泥混合砂浆	≥84
预拌砌筑砂浆	≥88

砂浆的保水性能用砂浆保水率表示,其计算公式如下(精确至 0.1%):

$$W = \left[1 - \frac{m_4 - m_2}{\alpha \times (m_3 - m_1)}\right] \times 100\% \tag{5-1}$$

式中:W——保水率,%;

　　m_1——底部不透水片与干燥试模质量,g,精确至 1g;

　　m_2——15 片滤纸吸水前的质量,g,精确至 1g;

　　m_3——试模,底部不透水片与砂浆总质量,g,精确至 1g;

　　m_4——15 片滤纸吸水后的质量,g,精确至 1g;

　　α——砂浆含水率,%。

大量试验及工程施工实例表明,为了保证砂浆的保水性能,满足保水率的要求,砌筑砂浆的胶凝材料和掺合材料总用量要满足一定的要求,见表 5-7。

表 5-7　砌筑砂浆的胶凝材料和掺合材料总用量

砂浆种类	1m³ 砂浆的材料用量/kg	材料种类
水泥砂浆	≥200	水泥
水泥混合砂浆	≥350	水泥和石灰膏、电石膏等材料
预拌砌筑砂浆	≥200	胶凝材料包括水泥、粉煤灰等所有活性矿物掺合材料

3)强度及强度等级

砂浆在砌体结构中主要起传递应力的作用,因此,工程上常以抗压强度作为砂浆的主要技术指标。《建筑砂浆基本性能试验方法标准》(JGJ/T 70—2009)规定,砂浆的强度等级以 70.7mm×70.7mm×70.7mm 的三个立方体试件,在标准条件[试件在室温为(20±5)℃的环境下静置(24±2)h,拆模后,立即放入温度为(20±2)℃,相对湿度为 90% 以上的标准养护室]下,用标准试验方法测得 28d 龄期的抗压强度的平均值来划分。水泥砂浆的强度等级共分 M5、M7.5、M10、M15、M20、M25、M30 七个等级,混合砂浆的强度等级共分为 M5、M7.5、M10、M15 四个等级,砌筑砂浆强度等级为 M10 及 M10 以下,宜采用水泥混合砂浆。

影响砌筑砂浆强度的因素有材料性质、配比、施工质量等;此外,其强度还受基层材料表面吸水性的影响。

(1)不吸水基层。砂浆用于不吸水基层(如致密石材)时,影响砂浆强度的主要因素与影响混凝土强度的因素基本相同,即主要决定于水泥强度和水胶比。其计算公式为

$$f_{m,k} = 0.29 f_{ce} \left(\frac{B}{W} - 0.40 \right) \qquad (5\text{-}2)$$

式中：$f_{m,k}$——砂浆 28d 的抗压强度，MPa；

$\quad\quad f_{ce}$——水泥 28d 实测强度，MPa；

$\quad\quad \dfrac{B}{W}$——砂浆的水胶比。

（2）吸水基层。砂浆用于吸水基层（如砖和其他多孔材料）时，其水分会被底面的材料吸去一些。由于砂浆具有保水性，因而不论拌合时加入多少水，经底面吸水后保留在砂浆中的水量都大致相同。在这种情况下，砂浆的强度主要决定于水泥强度等级和水泥用量，而与水灰比无关。其计算公式为

$$f_{m,k} = \frac{\alpha f_{ce} Q_C}{1000} + \beta \qquad (5\text{-}3)$$

式中：$f_{m,k}$——砂浆 28d 的抗压强度，MPa；

$\quad\quad f_{ce}$——水泥 28d 实测强度，MPa；

$\quad\quad Q_C$——每立方米砂浆的水泥用量，kg；

$\quad\quad \alpha$、β——砂浆的特征系数，其中 $\alpha = 3.03$，$\beta = -15.09$。

砂浆强度试块的留置规定：每一层楼或每 $250 m^3$ 砌体中的各种设计强度等级的砂浆，至少制作一组试块（每组 6 块），若砂浆强度等级或配合比变更时，还应制作试块。

4）砂浆的黏结性

砖石砌体是靠砂浆把许多块状材料黏结成一个坚固的整体，因此要求砂浆对砖石要有一定的黏结力。一般情况下，砂浆的抗压强度越高，其黏结力越大。此外，砂浆的黏结力与砖石表面状态、清洁程度、湿润情况以及施工养护条件等都有很大的关系。如砌砖前先浇水湿润，使其表面不粘泥土，可以提高砂浆的黏结力，保证砌体的质量。

5）变形性

砂浆在随荷载或温度情况变化时，容易变形。如果变形过大或不均匀，则会降低砌体及表面质量，引起沉陷或开裂。使用轻骨料拌制的砂浆，其收缩变形程度比普通砂浆大。

6）砂浆的抗冻性

有抗冻性要求的砌体工程，砌筑砂浆应进行冻融试验。砌筑砂浆的抗冻性应符合表 5-8 规定，如果对抗冻性有明确的设计要求，还应符合设计规定。

表 5-8　砌筑砂浆的抗冻性

使用条件	抗冻指标	质量损失率/%	强度损失率/%
夏热冬暖地区	F15		
夏热冬冷地区	F25		
寒冷地区	F35	≤5	≤25
严寒地区	F50		

3. 普通砌筑砂浆的配合比设计

砌筑砂浆要根据工程类别以及砌体部位的设计要求选择其强度等级,再按砂浆强度等级来确定配合比。

确定砂浆配合比,一般通过查有关资料或手册来选取,重要工程用砂浆或者无参考资料时,可根据《砌筑砂浆配合比设计规程》(JGJ/T 98—2010)中的设计方法进行计算,然后进行试拌调整。具体的步骤如下。

1)确定砂浆的试配强度

砂浆的试配强度($f_{m,0}$)应按式(5-4)计算:

$$f_{m,0} = k f_2 \tag{5-4}$$

式中:$f_{m,0}$——砂浆的试配强度,精确至 0.1MPa;

f_2——砂浆的强度等级值,精确至 0.1MPa;

k——系数,按表 5-9 取值。

表 5-9   砂浆强度标准差 σ 及系数 k 值

施工水平	强度标准差 σ/MPa							系数 k
	M5	M7.5	M10	M15	M20	M25	M30	
优良	1.00	1.50	2.00	3.00	4.00	5.00	6.00	1.15
一般	1.25	1.88	2.50	3.75	5.00	6.25	7.50	1.20
较差	1.50	2.25	3.00	4.50	6.00	7.50	9.00	1.25

砂浆现场强度等级标准差的确定应符合下列规定。

(1)当有统计资料时,砂浆强度标准差 σ 应按式(5-5)计算:

$$\sigma = \sqrt{\frac{\sum_{i=1}^{n} f_{m,i}^2 - n u_{f_m}^2}{n-1}} \tag{5-5}$$

式中:σ——砂浆强度标准差;

$f_{m,i}$——统计周期内同一品种砂浆第 i 组试件的强度,MPa;

u_{f_m}——统计周期内同一品种砂浆 n 组试件强度的平均值,MPa;

n——统计周期内同一品种砂浆试件的总组数,$n \geqslant 25$。

(2)当无统计资料时,砂浆强度标准差可按表 5-9 取值。

2)水泥用量计算

水泥用量的计算应符合下列规定。

(1)每立方米砂浆的水泥用量应按式(5-6)计算:

$$Q_C = \frac{1000(f_{m,0} - \beta)}{\alpha f_{ce}} \tag{5-6}$$

式中:Q_C——每立方米砂浆的水泥用量,kg;

$f_{m,0}$——砂浆的试配强度,MPa,精确至 0.1 MPa;

f_{ce}——水泥 28d 时的实测强度值,MPa,精确至 0.1 MPa;

α、β——砂浆的特征系数,其中 $\alpha=3.03$,$\beta=-15.09$。

（2）在无法取得水泥实测强度值 f_{ce} 时,可按式（5-7）计算：

$$f_{ce}=\gamma_c f_{ce,k} \tag{5-7}$$

式中：$f_{ce,k}$——水泥强度等级值,MPa;

　　　γ_c——水泥强度等级值的富余系数,应按实际统计资料确定,无统计资料时,可取1.0。

3）确定砂浆的石灰膏用量

每立方米砂浆中石灰膏用量（Q_D）按式（5-8）计算：

$$Q_D=Q_A-Q_C \tag{5-8}$$

式中：Q_D——每立方米砂浆中的石灰膏用量,kg,精确至1kg（石灰膏使用时的稠度宜为120±5mm）;

　　　Q_C——每立方米砂浆中的水泥用量,kg,精确至1kg;

　　　Q_A——每立方米砂浆中的水泥和石灰膏总量,精确至1kg,可为350kg。

4）砂用量计算

确定砂浆的砂用量（Q_S）。每立方米砂浆中的砂用量,应按干燥状态砂（含水率小于0.5%）的堆积密度值作为计算值（kg）。

5）确定砂浆的用水量

砂浆的用水量是指在一定的砂和水泥等的配比下,用于配制砂浆的水的质量。砂浆用水量的大小直接影响着砂浆的工作性和强度。每立方米砂浆中的用水量（Q_W）,可根据砂浆稠度等要求选用210～310kg。混合砂浆中的用水量,不包括石灰膏中的水。

6）提出砂浆的初步配合比

通过上述五个步骤,可获取水泥、石灰膏、砂和水的用量,得到初步配合比,即水泥：石灰膏：砂：水 $=Q_C:Q_D:Q_S:Q_W$。

7）现场配制水泥砂浆的试配

现场配制水泥砂浆的试配应符合表5-10和表5-11的规定。

表 5-10　每立方米水泥砂浆材料用量　　　　　　　　　　　　　单位:kg/m³

强度等级	水泥	砂	用水量
M5	200～300		
M7.5	230～260		
M10	260～290		
M15	290～330	1m³ 砂的堆积密度值	270～330
M20	340～400		
M25	360～410		
M30	430～480		

注：① M15及M15以下强度等级水泥砂浆,水泥强度等级为32.5级;M15以上强度等级水泥砂浆,水泥强度等级为42.5级;

② 当采用细砂或粗砂时,用水量分别取上限或下限;

③ 稠度小于70mm时,用水量可小于下限;

④ 施工现场气候炎热或在干燥季节,可酌量增加用水量。

表 5-11   每立方米水泥粉煤灰砂浆材料用量   单位:kg/m³

强度等级	水泥粉煤灰总量	粉煤灰	砂	用水量
M5	210～240	粉煤灰掺量可占胶凝材料总量的 15%～25%	1m³ 砂的堆积密度值	270～330
M7.5	240～270			
M10	270～300			
M15	300～330			

注:① 表中水泥强度等级为 32.5 级;

② 当采用细砂或粗砂时,用水量分别取上限或下限;

③ 稠度小于 70mm 时,用水量可小于下限;

④ 施工现场气候炎热或在干燥季节,可酌量增加用水量。

8) 配合比的试配、调整与确定

(1) 试配。试验所用原材料应与现场使用材料一致,按计算或查表所得配合比进行试拌,采用机械搅拌,搅拌的用量宜为搅拌机容量的 30%～70%。搅拌时间自开始加水算起,水泥砂浆和水泥混合砂浆的搅拌时间不得少于 120s,预拌砌筑砂浆和掺有粉煤灰、外加剂、保水增稠材料等的砂浆的搅拌时间不得少于 180s。

(2) 检测和易性,确定基准配合比。按《建筑砂浆基本性能试验方法标准》(JGJ/T 70—2009)测定砂浆拌合物的稠度和保水率。当稠度和保水率不能满足要求时,应调整材料用量,直到符合要求为止,然后确定为试配时的砂浆基准配合比。

(3) 复核强度,确定试配配合比。试配时至少采用三个不同的配合比,其中一个配合比采用基准配合比,其余两个配合比的水泥砂浆用量应按基准配合比分别增加及减少 10%。按《建筑砂浆基本性能试验方法标准》(JGJ/T 70—2009)分别测定不同配合比砂浆的表观密度(ρ_c)及强度;选定符号强度及和易性要求、水泥用量最低的配合比作为砂浆的试配配合比。

(4) 数据校正,确定设计配合比。当砂浆的表观密度实测值(ρ_c)与理论值(ρ_t)之差的绝对值不超过理论值的 2% 时,可将试配配合比确定为砂浆设计配合比;当超过 2% 时,应将试配配合比中每项材料用量乘以校正系数 δ 后,才为确定的砂浆设计配合比。校正系数 δ 按式(5-9)计算:

$$\delta = \frac{\rho_c}{\rho_t} \tag{5-9}$$

式中:$\rho_t = Q_C + Q_D + Q_S + Q_W$;

ρ_t ——砂浆的理论表观密度值,kg/m³,精确至 10kg/m³;

ρ_c ——砂浆的实测表观密度值,kg/m³,精确至 10kg/m³。

4. 普通砌筑砂浆的配合比设计实例

某工程要求用于砌筑砖墙的砂浆为 M7.5 强度等级,稠度为 70～90mm 的水泥石灰混合砂浆。水泥采用 32.5 级矿渣硅酸盐水泥,砂为中砂,堆积密度为 1450kg/m³,含水率为 2%;石灰膏的稠度为 100mm;施工水平一般。请完成该砌筑砂浆的配合比设计。

解:(1) 确定砂浆的适配强度($f_{m,0}$)。

$$f_{\mathrm{m,0}} = kf_2 = 1.20 \times 7.5 = 9.0 (\mathrm{MPa})$$

（2）确定砂浆的水泥用量（Q_C）。

$$Q_\mathrm{C} = \frac{1000(f_{\mathrm{m,0}} - \beta)}{\alpha f_{\mathrm{ce}}}$$

取 $\alpha = 3.03$，$\beta = -15.09$，则

$$Q_\mathrm{C} = \frac{1000(9.0 + 15.09)}{3.03 \times 32.5 \times 1.0} \approx 245(\mathrm{kg})$$

（3）确定砂浆的石灰膏用量（Q_D）。标准稠度的石灰膏用量为

$$Q_\mathrm{D} = Q_\mathrm{A} - Q_\mathrm{C} = 350 - 245 = 105(\mathrm{kg})$$

应根据表 5-2 的换算系数，计算稠度值为 100mm 的石灰膏用量：$Q_\mathrm{D} = 0.97 \times 105 \approx 102(\mathrm{kg})$。

（4）确定砂浆的砂用量（Q_S）。砂用量为 $Q_\mathrm{S} = 1450 \times (1 + 2\%) = 1479(\mathrm{kg})$。

（5）确定砂浆的用水量（Q_W）。根据砂浆稠度要求，选择用水量 $Q_\mathrm{W} = 280\mathrm{kg}$。

假设，经试配和强度检测，上述材料能满足设计要求，则该水泥石灰砂浆的设计配合比水泥∶石灰膏∶砂∶水 = 245∶102∶1479∶280 = 1∶0.42∶6.04∶1.14。

5.1.2　其他建筑砂浆

1. 抹面砂浆

普通抹面砂浆也称为抹灰砂浆，以薄层形式抹在建筑物内外表面，保持建筑物不受风、雨、雪、大气等有害介质侵蚀，提高建筑物的耐久性，同时使表面平整、美观。常用的抹面砂浆有石灰砂浆、水泥混合砂浆、水泥砂浆、麻刀石灰浆（简称麻刀灰）、纸筋石灰浆（简称纸筋灰）等。

为了保证砂浆层与基层黏结牢固，表面平整，防止灰层开裂，应采用分层薄涂的方法。抹面砂浆通常分为底层、中层和面层三层进行施工。

底层抹灰的作用是使砂浆与基面能牢固地黏结。中层抹灰主要是为了找平，有时可省略。面层抹灰是为了获得平整光洁的表面效果。在容易碰撞或潮湿部位，应使用水泥砂浆，如墙裙、踢脚板、地面、雨篷、窗台，以及水池、水井等处。在硅酸盐砌块墙面上做砂浆抹面或粘贴饰面材料时，最好在砂浆层内夹一层事先固定好的钢丝网，以免久后剥落。

2. 装饰抹面砂浆

装饰抹面砂浆是用于室内外装饰，以增加建筑物美观度为主的抹面砂浆。装饰抹面砂浆的底层和中层抹灰与普通抹面砂浆基本相同，主要是面层选材有所不同。为了提高装饰抹面砂浆的装饰艺术效果，一般面层选用具有一定颜色的胶凝材料和骨料，并采用某些特殊的操作工艺，使装饰面层呈现出各种不同的色彩、线条与花纹等。

建筑工程中几种常见的装饰抹面砂浆的工艺如下。

1）拉毛灰

先用水泥砂浆做底层，再用水泥石灰砂浆做面层，在砂浆凝结前，用抹刀将表面拍拉成

凹凸不平的形状。拉毛灰的表面花纹、斑点分布均匀,颜色一致,具有装饰和吸声作用,一般用于外墙面及有吸声要求的内墙面和顶棚的饰面。

2) 水磨石

水磨石是一种人造石,常用普通水泥、白色水泥或彩色水泥拌合各种色彩的大理石渣做面层,硬化后用机械磨平抛光表面。水磨石多用于室内地面装饰。

3) 水刷石

水刷石是将水泥和石渣(粒径约为 5mm)按比例配合,并加水拌合,制成水泥石渣浆,用于建筑物表面的面层抹灰。待水泥浆初凝后,立即用清水冲刷表面水泥浆,使石渣半露,达到装饰效果。水刷石多用于外墙饰面。

4) 斩假石

斩假石是一种假石饰面,其制作流程与水刷石基本相同,需在水泥硬化后,用斧刃将表面剁毛,并露出石渣。斩假石表面具有粗面花岗石的效果。斩假石多用于工业与民用建筑。

5) 喷涂

喷涂是用挤压式砂浆泵或喷斗,将聚合物水泥砂浆喷涂在墙面基层或者底灰上,形成饰面层。为提高涂层的耐久性和减少墙面污染,要在涂层表面再喷涂一层甲基硅醇钠或甲基硅树脂疏水剂。喷涂多用于外墙饰面。

3. 特殊功能砂浆

1) 防水砂浆

防水砂浆是在水泥砂浆中掺入防水剂、膨胀剂或聚合物等配制而成的具有一定防水、防潮和抗渗透能力的砂浆。防水砂浆在工程中用于刚性防水层,其防水作用主要依靠砂浆本身的憎水性和硬化砂浆的结构密实性来实现。

2) 保温砂浆

保温砂浆是以水泥、石灰、石膏等为胶凝材料,与膨胀珍珠岩、膨胀蛭石、陶粒等轻质多孔骨料按一定比例配制而成的砂浆,又称为绝热砂浆。保温砂浆具有轻质、保温隔热、吸声等性能。保温砂浆常用于现浇屋面保温层、保温墙壁及供热管道的绝热保护层等施工。

3) 吸声砂浆

吸声砂浆是由轻质多孔的骨料制成的具有吸声性能的砂浆。工程中还可以用水泥、石膏、砂、锯末等按体积比 1∶1∶3∶5 配制成吸声砂浆,或在石灰、石膏砂浆中掺入玻璃纤维、矿棉等松软纤维制成吸声砂浆。吸声砂浆主要用作室内墙壁和平顶的吸声材料。

任务 5.2　砂浆的性能检测

5.2.1　砌筑砂浆稠度测定

1. 试验目的

测定建筑砂浆的稠度,作为确定配合比或施工过程中控制用水量的依据。

2. 试验仪器设备

砂浆稠度测定仪(见图 5-1)、试验用砂浆搅拌机、钢制捣棒(直径为 10mm,长为 350mm,

端部磨圆)、拌合铁板(约 1.5m×2m,厚约为 3mm)、磅秤(称量为 50kg,感量为 5g)、台秤(称量为 10kg,感量为 5g)、拌铲、抹刀、量筒、盛器、秒表等。

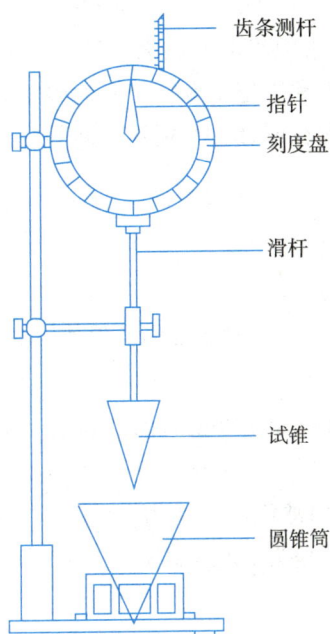

图 5-1 砂浆稠度测定仪

3. 试验步骤

1)试样制备

试验室制备砂浆试样时,所用材料应提前 24h 运入室内。拌合时,试验室温度应保持在(20±5)℃。试验所用原材料应与现场使用材料一致,砂应通过 4.75mm 的筛。拌制砂浆时,材料用量以质量计,称量精度如下:水泥、外加剂、掺合料等为±0.5%,砂为±1%。试验室搅拌砂浆时,应采用机械搅拌,搅拌机应符合标准《试验用砂浆搅拌机》(JG/T 3033—1996)的规定。搅拌的用量宜为搅拌机容量的 30%～70%,搅拌时间不应少于 120s,掺有掺合料和外加剂的砂浆,其搅拌时间不应少于 180s。

2)试验测定

(1)将砂浆稠度测定仪的容器和试锥表面用湿布擦净,确认滑杆能自由滑动。

(2)将拌好的砂浆一次装入容器内,使砂浆表面低于容器口约 10mm,用捣棒自容器中心向边缘插捣 25 次,然后将容器振动或轻敲 5 下或 6 下,使砂浆表面平整,随后置于砂浆稠度测定仪的底座上。

(3)放松试锥滑杆的制动螺钉,使试锥尖端与砂浆表面接触,拧紧制动螺钉,将齿条测杆下端接触滑杆上端,并将指针对准零点。

(4)突然松开制动螺钉,使试锥自由沉入砂浆中,同时计时,10s 时立即固定螺钉,将齿条测杆下端接触滑杆上端,从刻度盘上读出下沉深度(精确至 1mm),即为砂浆的稠度值。

(5)圆锥筒内的砂浆只允许测定一次稠度,重复测定时,应重新取样。

4. 结果评定

取两次试验结果的算术平均值,计算值精确到 1mm。如两次试验值之差大于 10mm,则应重新配料测定。

试验所测稠度值越大,则砂浆的流动性越大。砂浆若流动性过大,硬化后砂浆强度将会降低;砂浆若流动性过小,则不利于施工操作。影响砂浆稠度的因素很多,如胶凝材料的种类及用量,用水量、砂子粗细和粒形、级配、搅拌时间等。

5.2.2 砌筑砂浆保水性测定

1. 试验目的

测定砂浆保水性,以判定砂浆拌合物在运输及停放时内部组分的稳定性。

2. 试验仪器设备

金属或硬塑料圆环试模(内径为 100mm,内部高度为 25mm),可密封的取样容器;重物(2kg),金属滤网[网格尺寸为 45μm,圆形,直径为(110±1)mm],超白滤纸(化学分析中速定性滤纸,直径为 110mm,超白滤纸的克重为 200g/m²),不透水金属或玻璃片(2 片,边长或直径大于 110mm),天平(量程为 200g,感量为 0.1g;量程为 2000g,感量为 1g),烘箱。

3. 试验步骤

(1) 称取(100±10)g 砂浆拌合物试样,将质量记为 m_1,置于一干燥并已称重的盘中,在(105±5)℃的烘箱中烘干至恒重,称取质量为 m_2。

(2) 称量底部不透水片与干燥试模质量 m_3 和 15 片中速定性滤纸质量 m_4。

(3) 将砂浆拌合物一次性填入试模,并用抹刀插捣数次,当装入的砂浆略高于试模边缘时,用抹刀以 45°角一次性将试模表面多余的砂浆刮去,然后用抹刀以较平的角度在试模表面反方向将砂浆刮平。

(4) 抹掉试模边的砂浆,称量试模、底部不透水片与砂浆总质量 m_5。

(5) 用金属滤网覆盖在砂浆表面,再在滤网表面放上 15 片滤纸,用上部不透水片盖在滤纸表面,以 2kg 的重物把上部不透水片压住。

(6) 静置 2min 后,移走重物及上部不透水片,取出滤纸(不包括滤网),迅速称量滤纸质量 m_6。

(7) 按砂浆的配比及加水量计算砂浆的含水率。砂浆含水率应按式(5-10)计算(精确至 0.1%):

$$\alpha = \frac{m_1 - m_2}{m_1} \times 100\% \tag{5-10}$$

式中:α——砂浆含水率,%;

$\quad m_1$——砂浆拌合物试样的总质量,g;

$\quad m_2$——烘干砂浆拌合物试样的总质量,g。

4. 结果评定

(1) 砂浆保水性应按式(5-11)计算(精确至 0.1%):

$$W = \left[1 - \frac{m_6 - m_4}{\alpha \times (m_5 - m_3)} \right] \times 100\% \qquad (5\text{-}11)$$

式中：W——保水率，%；

$\quad m_3$——底部不透水片与干燥试模质量，g；

$\quad m_4$——15 片滤纸吸水前的质量，g；

$\quad m_5$——试模、底部不透水片与砂浆的总质量，g；

$\quad m_6$——15 片滤纸吸水后的质量，g；

$\quad \alpha$——砂浆含水率，%。

（2）取两次试验结果的算术平均值作为砂浆的保水率，且第二次试验应重新取样测定。当两个测定值之差超过平均值的 2% 时，此组试验结果无效。砌筑砂浆保水率应符合表 5-6 的规定。

5.2.3　建筑砂浆抗压强度测定

1. 试验目的

测定砂浆立方体抗压强度，以确定砂浆是否达到设计要求的强度，作为调整砂浆质量的主要依据。

2. 试验仪器设备

压力试验机，砂浆试模（有底或无底的立方体金属模，内壁边长为 70.7mm，每组两个三联模），振动台[振幅（0.5±0.05）mm，空载频率（50±3）Hz]，捣棒、抹刀、油灰刀、垫板等。

3. 试验步骤

（1）采用立方体试件，每组试件三个。

（2）应用黄油等密封材料涂抹试模的外接缝，试模内刷薄层机油或脱模剂。应将拌制好的砂浆一次性装满砂浆试模，成型方法根据稠度确定。当稠度＞50mm 时，采用人工振捣成型；当稠度≤50mm 时，采用振动台成型。人工振捣时，采用捣棒均匀地由边缘向中心按螺旋方式插捣 25 次。在插捣过程中，如砂浆沉落低于试模，应随时添加砂浆，可用油灰刀插捣数次，并用手将试模一边抬高 5～10mm 各振动 5 次，使砂浆高出试模顶面 6～8mm。机械振动时，将砂浆一次装满试模，放置到振动台上。振动时，试模不得跳动，振动 5～10s 或持续到表面出浆为止，不得过振。

（3）待表面水分稍干后，将高出试模部分的砂浆沿试模顶面刮去并抹平。

（4）试件制作后，在室温（20±5）℃的环境下静置（24±2）h，对试件进行编号、拆模。当气温较低时，可适当延长时间，但不应超过 2d。试件拆模后，应立即放入恒温（20±2）℃且相对湿度为 90% 以上的标准养护室中养护。养护期间，试件彼此间隔不小于 10mm。

（5）试件从养护地点取出后，应及时进行试验。试验前，将试件表面擦拭干净，测量尺寸，并检查其外观，据此计算试件的承压面积。如实测尺寸与公称尺寸之差不超过 1mm，可按公称尺寸进行计算。

（6）以砂浆试件侧面为承压面，将试件放在试验机压板的正中。开动试验机，当上压板与试件或上垫板接近时,调整球座,使接触面均衡受压。应连续而均匀地加荷,加荷速度应为 0.25～1.50kN/s(砂浆强度不大于 5MPa 时,宜取下限;砂浆强度大于 5MPa,宜取上限),当试件接近破坏而开始迅速变形时,停止调整试验机油门,直至试件破坏,然后记录破坏荷载。

4. 结果评定

(1) 按式(5-12)计算试件的抗压强度(精确至 0.1MPa):

$$f_{m,cu} = k \frac{N_u}{A} \tag{5-12}$$

式中:$f_{m,cu}$——砂浆立方体试件抗压强度,MPa;

    N_u——立方体试件破坏荷载,N;

    A——试件承压面积,mm^2;

    k——换算系数,取 1.35。

(2) 以三个试件测值的算术平均值,作为该试件的砂浆立方体试件抗压强度平均值(精确至 0.1MPa)。

(3) 当三个测值的最大值或最小值中有一个与中间值的差值超过中间值的 15% 时,则将最大值及最小值一并舍去,取中间值作为该组试件的抗压强度值。当两个测值与中间值的差值均超过中间值的 15%时,该组试件的试验结果无效。

📖 自我测验

一、填空题

1. 砂浆按所用胶凝材料分为_____、_____和_____等。
2. 砂浆的黏结强度、耐久性均随抗压强度的增大而_____。
3. 根据抹面砂浆功能的不同,可将抹面砂浆分为_____、_____和具有某些特殊功能的抹面砂浆。
4. 砂浆的和易性包括_____和_____,分别用_____和_____指标表示。
5. 抹面砂浆一般分两层或三层薄抹,中层砂浆起_____作用。
6. 用于混凝土基层的底层抹灰,常为_____砂浆。
7. 水泥砂浆的配合比一般为水泥:砂 =_____,水胶比应控制在_____,应选用强度等级在_____级及以上的普通硅酸盐水泥和级配良好的中砂。

二、判断题

1. 砌筑砂浆的强度,无论其底面是否吸水,都主要取决于水泥强度及水灰比。(　　)
2. 用于不吸水基底的砂浆强度,主要取决于水泥强度和水灰比。(　　)

三、问答题

1. 装饰砂浆有哪些施工方法? 对抹面砂浆有哪些要求?
2. 防水砂浆主要有哪些? 如何提高其防水效果?
3. 抹灰砂浆一般分几层涂抹? 各层分别起什么作用? 分别采用什么砂浆?
4. 砂浆的保水性在什么范围内最合适? 砂浆的保水性不良对其质量有什么影响?

5. 砌筑砂浆的组成材料有什么要求？

四、计算题

试配制用于砌筑多孔砌块,强度等级为 M10 的水泥混合砂浆配合比。采用水泥为 32.5 级普通水泥,实测强度为 35.5MPa,堆积密度为 1290kg/m³;砂子用中砂,堆积密度为 1500kg/m³,含水率为 3%;石灰膏,稠度为 120mm,1m³ 砂浆用水量为 300kg,砂浆强度标准差 $\sigma=1.25$,砂浆的特征系数 $\sigma=3.03, \beta=-15.09$。

项目 6 混凝土的性能与检测

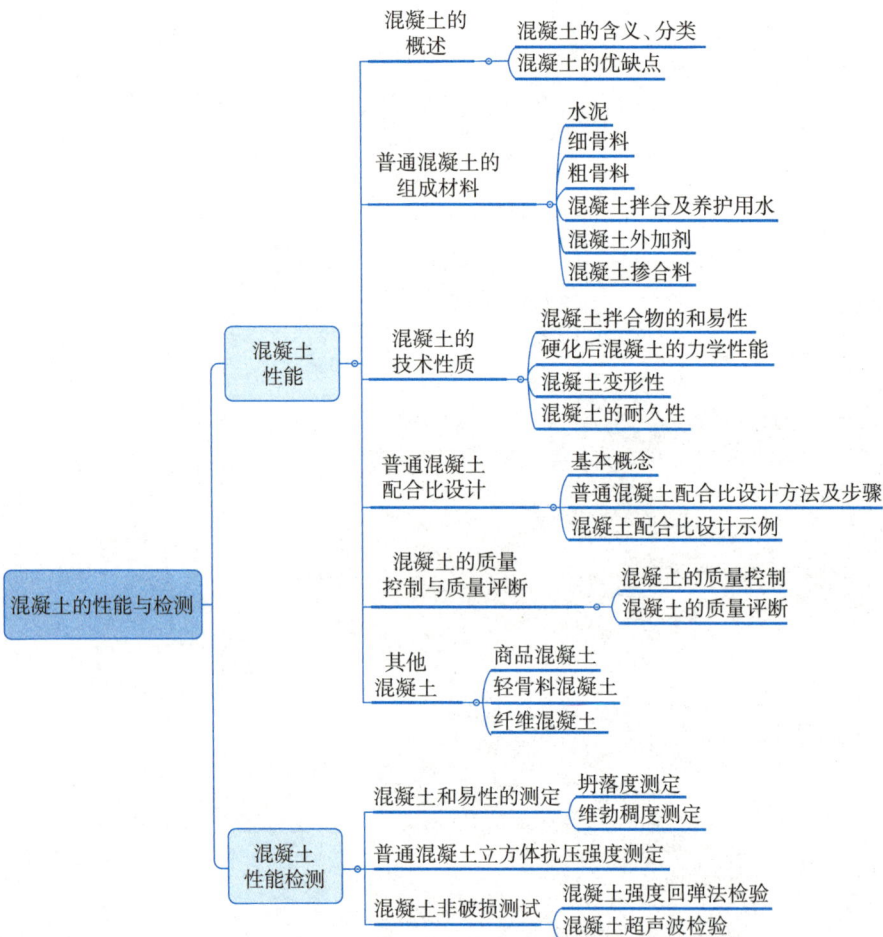

知识目标

1. 知道水泥混凝土的分类、优缺点及其发展趋势；
2. 熟知混凝土各组成材料所起的作用及其技术要求；
3. 熟知水泥混凝土和易性的含义和评价方法；
4. 熟知立方体抗压强度的含义、影响混凝土强度的因素及提高其强度的措施；
5. 熟知混凝土长期性能和耐久性能的含义及其影响因素；
6. 会进行混凝土抗渗性和抗冻性的评价；

7. 会用非统计方法评定混凝土强度；

8. 熟知混凝土配合比设计的方法、步骤及配合比的调整方法；

9. 知道商品混凝土、轻骨料混凝土和纤维混凝土的含义及工程应用。

技能目标

1. 能够进行普通混凝土主要技术性质检测；

2. 能够进行普通混凝土配合比设计；

3. 能够进行混凝土质量的评定。

任务 6.1　混凝土性能

6.1.1　混凝土的概述

1. 混凝土的含义、分类

混凝土是由胶凝材料、粗骨料、细骨料和水（或不加水）按适当的比例配合、拌合制成混合物，经一定时间后硬化而成的人造石材。目前，混凝土技术正朝着超高强、轻质、高耐久性、多功能和智能化方向发展。混凝土可按其组成、特性和功能等从不同角度进行分类。

1）按胶凝材料的品种分类

通常根据主要胶凝材料的品种，并以其名称命名，如水泥混凝土、石膏混凝土、水玻璃混凝土、硅酸盐混凝土、沥青混凝土、聚合物混凝土等；有时也以加入的特种改性材料命名。例如，水泥混凝土中掺入钢纤维时，称为钢纤维混凝土；水泥混凝土中掺入大量粉煤灰时，称为粉煤灰混凝土等。

2）按使用部位、功能和特性分类

按使用部位、功能和特性，混凝土通常可分为结构混凝土、道路混凝土、水工混凝土、耐热混凝土、耐酸混凝土、防辐射混凝土、补偿收缩混凝土、防水混凝土、泵送混凝土、自密实混凝土、纤维混凝土、聚合物混凝土、高强混凝土、高性能混凝土等。

3）按表观密度分类

（1）重混凝土：表观密度大于 $2500 kg/m^3$，用特别密实和特别重的骨料制成的混凝土。

（2）普通混凝土：在建筑中常用的混凝土，表观密度为 $1900 \sim 2500 kg/m^3$，骨料为砂、石。

（3）轻质混凝土：表观密度小于 $1900 kg/m^3$ 的混凝土。

2. 混凝土的优缺点

1）混凝土的优点

混凝土的组成材料砂石来源丰富，可就地取材，因此造价低廉；新拌混凝土具有良好的可塑性，可以制作各种形状；与钢筋等有良好的黏结力，通常用于钢筋混凝土构件；混凝土的耐久性好，维修费用少，可代替木结构、钢结构。可根据使用性能的要求与设计来配制相应的混凝土。

2）混凝土的缺点

混凝土的表观密度大，自重大；抗拉强度较低，变形能力差；混凝土的生产周期长、质量波动较大。

6.1.2　普通混凝土的组成材料

普通混凝土的组成材料主要有水泥、水、粗骨料(碎石、卵石)、细骨料(砂)。有时,为了改善混凝土某方面性能,需加入外加剂或掺合料。

在混凝土中,水泥和水形成的水泥浆体包裹在骨料表面,并填充骨料颗粒之间的空隙,在混凝土硬化前起润滑作用,赋予混凝土拌合物一定的流动性,硬化后起胶结作用,将砂石骨料胶结成具有一定强度的整体;粗、细骨料(又称集料)在混凝土中起骨架、支撑和稳定体积(减少水泥在凝结硬化时的体积变化)的作用;外加剂和掺合料起着改善混凝土性能、降低混凝土成本的作用。为了确保混凝土的质量,各组成材料必须满足相应的技术要求。

1. 水泥

1) 水泥品种的选择

选择水泥品种时,首先要考虑混凝土工程特点及所处的环境条件;其次考虑水泥的价格,以满足混凝土经济性的要求。通常情况下,六大通用水泥都可以用于混凝土工程中,但使用较多的是硅酸盐水泥、普通硅酸盐水泥和矿渣硅酸盐水泥,必要时,可选用专用水泥和特种水泥。常用水泥品种的选用见表 6-1。

表 6-1　常见水泥品种的类型

混凝土工程特点及所处环境条件		优先选用	可以选用	不宜选用
混凝土工程特点	早强快硬混凝土	快硬硅酸盐水泥、硅酸盐水泥	普通硅酸盐水泥	矿渣硅酸盐水泥、火山灰质硅酸盐水泥、粉煤灰硅酸盐水泥、复合硅酸盐水泥
	厚大体积混凝土	矿渣硅酸盐水泥、火山灰质硅酸盐水泥、粉煤灰硅酸盐水泥、复合硅酸盐水泥	普通硅酸盐水泥	硅酸盐水泥、快硬硅酸盐水泥
	蒸汽(压)养护的混凝土	矿渣硅酸盐水泥、火山灰质硅酸盐水泥、粉煤灰硅酸盐水泥、复合硅酸盐水泥	—	硅酸盐水泥、普通硅酸盐水泥
	有抗渗要求的混凝土	硅酸盐水泥、普通硅酸盐水泥	—	矿渣硅酸盐水泥
	有耐磨要求的混凝土	硅酸盐水泥、普通硅酸盐水泥	—	—
	高强混凝土	硅酸盐水泥	普通硅酸盐水泥、矿渣硅酸盐水泥	火山灰质硅酸盐水泥、粉煤灰硅酸盐水泥

续表

混凝土工程特点及所处环境条件		优先选用	可以选用	不宜选用
所处环境条件	普通气候环境中的混凝土	普通硅酸盐水泥	矿渣硅酸盐水泥、火山灰质硅酸盐水泥、粉煤灰硅酸盐水泥、复合硅酸盐水泥	—
	干燥环境中的混凝土	普通硅酸盐水泥	矿渣硅酸盐水泥	火山灰质硅酸盐水泥、粉煤灰硅酸盐水泥
	高湿度环境中或长期处于水中的混凝土	矿渣硅酸盐水泥、火山灰质硅酸盐水泥、粉煤灰硅酸盐水泥、复合硅酸盐水泥	普通硅酸盐水泥	—
	严寒地区的露天混凝土、寒冷地区处于水位升降范围内的混凝土	普通硅酸盐水泥	矿渣硅酸盐水泥（强度等级大于32.5级）	火山灰质硅酸盐水泥、粉煤灰硅酸盐水泥
	严寒地区处于水位升降范围内的混凝土	普通硅酸盐水泥	—	矿渣硅酸盐水泥、火山灰质硅酸盐水泥、粉煤灰硅酸盐水泥、复合硅酸盐水泥
	受侵蚀性介质作用的混凝土	矿渣硅酸盐水泥、火山灰质硅酸盐水泥、粉煤灰硅酸盐水泥、复合硅酸盐水泥	—	硅酸盐水泥

注：当水泥中掺有黏土质混合材料时，则不耐硫酸盐腐蚀。

2) 水泥强度等级的选择

选择水泥强度等级时，要综合考虑混凝土的设计强度及工程实际情况。应该注意的是，为综合考虑混凝土强度、耐久性和经济性的要求，原则上低强度等级的水泥不能用于配制高强度等级的混凝土，否则水泥的使用量较大，硬化后将产生较大的收缩，影响混凝土的强度和经济性；高强度等级的水泥不宜用于配制低强度等级的混凝土，否则水泥的使用量小，砂浆量不足，混凝土的黏聚性差。对于高强和超高强混凝土，由于采取了特殊的施工工艺，并使用了高效外加剂，因此其强度不受上述原则限制。在满足使用环境要求的条件下，预配制混凝土的强度等级与推荐使用的水泥强度等级可参考表6-2选择。

表6-2　预配制混凝土的强度等级与推荐使用的水泥强度等级

预配制混凝土强度等级	选用水泥强度等级	预配制混凝土强度等级	选用水泥强度等级
C25	32.5	C50、C60	52.5
C30	32.5、42.5	C65	52.5、62.5
C35、C45	42.5	C70、C80	62.5

2. 细骨料

混凝土用细骨料一般采用粒径小于 4.75mm 的级配良好、质地坚硬、颗粒洁净的天然砂(如河砂、海砂、山砂),也可采用机制砂。根据《建设用砂》(GB/T 14684—2022)和《普通混凝土用砂、石质量及检验方法标准》(JGJ 52—2006),砂按技术要求分为Ⅰ类、Ⅱ类、Ⅲ类。Ⅰ类砂用于强度等级大于 C60 的混凝土,Ⅱ类砂用于强度等级属于 C30~C60 的混凝土,Ⅲ类砂用于强度等级小于 C30 的混凝土。

3. 粗骨料

普通混凝土常用的粗骨料是指粒径大于 4.75mm 的碎石和卵石。卵石是指天然形成的岩石颗粒,分为河卵石、海卵石和山卵石;碎石由天然岩石经机械破碎、筛分而得,表面粗糙有棱角,与水泥石黏结比较牢固。根据《建设用卵石、碎石》(GB/T 14685—2022)和《普通混凝土用砂、石质量及检验方法标准》(JGJ 52—2006),卵石、碎石按技术要求分为Ⅰ类、Ⅱ类、Ⅲ类。Ⅰ类卵石、碎石用于强度等级大于 C60 的高强度混凝土,Ⅱ类卵石、碎石用于强度等级属于 C30~C60 的中强度混凝土及有抗冻、抗渗或者其他要求的混凝土,Ⅲ类卵石、碎石用于强度等级小于 C30 的混凝土。

4. 混凝土拌合及养护用水

混凝土用水是指混凝土拌合用水和混凝土养护用水的总称,包括饮用水、地表水、地下水、再生水,混凝土企业设备洗刷水和海水等。混凝土用水的基本要求如下:不得影响混凝土的凝结和硬化;不得有损于混凝土强度的发展和耐久性;不得加快钢筋的腐蚀和导致预应力钢筋的脆断;不得污染混凝土的表面等。《混凝土用水标准》(JGJ 63—2006)规定,混凝土拌合用水应符合表 6-3 的规定。

表 6-3　混凝土拌合用水水质要求

项　目	预应力混凝土	钢筋混凝土	素混凝土
pH 值	≥5.0	≥4.5	≥4.5
不溶物/(mg/L)	≤2000	≤2000	≤5000
可溶物/(mg/L)	≤2000	≤5000	≤10000
Cl^-/(mg/L)	≤500	≤1000	≤3500
SO_4^{2-}/(mg/L)	≤600	≤2000	≤2700
碱含量(以 $Na_2O+0.685K_2O$ 计)/(mg/L)	≤1500	≤1500	≤1500

注:对于设计使用年限为 100 年的结构混凝土,氯离子含量不得超过 500mg/L;使用钢丝或经热处理钢筋的预应力混凝土,氯离子含量不得超过 350mg/L。

5. 混凝土外加剂

混凝土外加剂是指在拌制混凝土过程中掺入的,能显著改善混凝土拌合物或硬化混凝土性能的物质,常称为混凝土的第五组分,其掺入量一般不大于水泥质量的 5%。其通常包含减水剂、引气剂、早强剂、缓凝剂、速凝剂、膨胀剂、防冻剂、阻锈剂、加气剂、防水剂、泵送剂、泡沫剂和保水剂等。

1) 外加剂的作用

外加剂的作用如下:一是改善混凝土拌合物的和易性,便于混凝土施工,保证混凝土的浇筑质量;二是减少养护时间,加快模板周转,提早对预应力混凝土放张,加快施工进度;三是提高混凝土的强度,改善混凝土的耐久性,提高混凝土的质量;四是节约水泥,降低混凝土的成本。

2) 外加剂的分类

混凝土外加剂的种类繁多,功能多样,通常分为以下几种。

(1) 改善混凝土拌合物流动性的外加剂,包括各种减水剂、引气剂和泵送剂等。

(2) 调节混凝土凝结时间、硬化性能的外加剂,包括缓凝剂、早强剂和速凝剂等。

(3) 改善混凝土耐久性的外加剂,包括引气剂、防水剂和阻锈剂等。

(4) 改善混凝土其他性能的外加剂,包括加气剂、膨胀剂、防冻剂、泡沫剂和保水剂等。

3) 常用的外加剂

(1) 减水剂。减水剂是在保持混凝土流动性基本不变的条件下,能减少混凝土拌合用水量的外加剂;或在保持混凝土拌合物用水量不变的情况下,增大混凝土流动性的外加剂。

① 减水剂的分子结构。减水剂多属于表面活性剂,其分子具有典型的两亲性结构特点,即分子的一端是亲水(憎油)基团,另一端是憎水(亲油)基团,如图 6-1 所示。当把减水剂加入水中时,其分子中的亲水基团指向水溶液,憎水基团指向空气,减水剂分子将在水和空气的交界面形成定向吸附和定向排列,如图 6-2 所示。

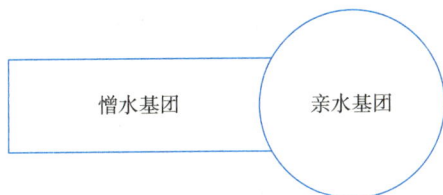

图 6-1　减水剂的分子结构

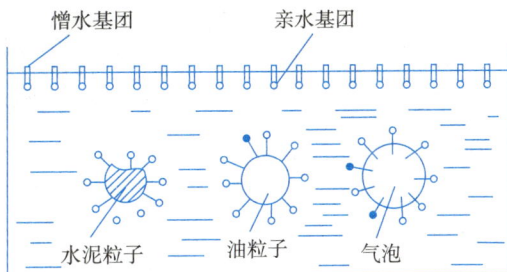

图 6-2　减水剂分子的定向吸附和定向排列

② 减水剂的减水机理。水泥加水拌合后,通常会产生如图 6-3 所示的絮凝结构。该絮凝结构包裹了许多拌合水,从而降低了混凝土拌合物的流动性。

如果向水泥浆体中加入减水剂,则减水剂吸附于水泥颗粒表面,使水泥颗粒表面带上了相同的电荷,加大了水泥颗粒间的静电斥力,导致水泥颗粒相互分散(图 6-4),絮凝结构中包裹的游离水被释放出来,从而有效地增加了混凝土拌合物的流动性。

③ 减水剂的技术经济效果。减水剂合理地应用于混凝土施工中,可取得以下技术经济效果:增大拌合物的流动性,减少拌合物泌水、离析现象,提高混凝土强度,提高耐久性。

(2) 引气剂。引气剂是指在混凝土搅拌过程中,能引入大量均匀分布、稳定而封闭的微小气泡的外加剂。加入引气剂能够改善混凝土拌合物的和易性,降低混凝土强度。引气剂可用于抗渗混凝土、抗冻混凝土等,但不宜用于蒸养混凝土及预应力钢筋混凝土。近年来,引气剂逐渐被引气型减水剂所代替,因为后者不但能引气,而且有减水作用,可提高混

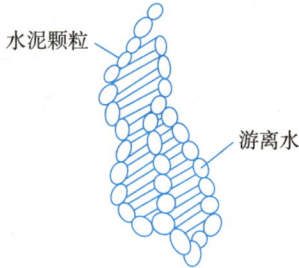

图 6-3　水泥浆的絮凝结构　　　　图 6-4　减水剂作用示意图

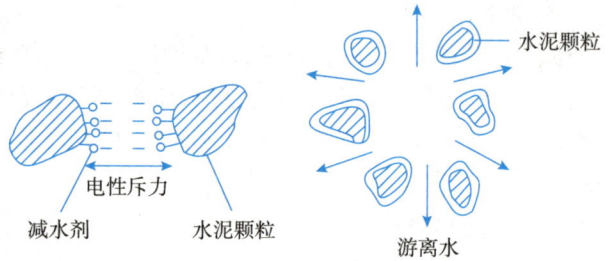

凝土强度,节约水泥。

（3）缓凝剂。缓凝剂是指能延缓混凝土凝结时间,并对混凝土后期强度发展无不利影响的外加剂。缓凝剂具有缓凝、减水、降低水化热和增强作用,对钢筋也无锈蚀作用,主要适用于大体积混凝土,炎热气候下施工的混凝土,需长时间停放或长距离运输的混凝土。缓凝剂不宜用于在日最低气温5℃以下施工的混凝土,也不宜单独用于有早强要求的混凝土及蒸养混凝土。

（4）早强剂。早强剂是指能提高混凝土的早期强度,并对后期强度无显著影响的外加剂。早强剂能加速水泥的水化和硬化,缩短养护周期,使混凝土在短期内即能达到拆模强度,从而提高模板和场地的周转率,加快施工进度。早强剂常用于混凝土的快速低温施工。

（5）防冻剂。防冻剂是指在规定温度下,能显著降低混凝土冰点,使混凝土液相不冻结或仅部分冻结,以保证水泥的水化作用,并在一定时间内获得预期强度的外加剂。防冻剂用于负温条件下施工的混凝土。目前国产防冻剂适于在$-15 \sim 0$℃的气温下使用,当在更低气温下施工时,应增加相应的混凝土冬季施工措施,如暖棚法、原料(砂、石、水)预热法等。

4）外加剂的选择和使用

在混凝土中掺入外加剂,可明显改善混凝土的技术性能,取得显著的技术经济效果。但若选择和使用外加剂不当,会造成事故。因此,在选择和使用外加剂时,应注意以下几点。

（1）外加剂品种的选择。外加剂品种、品牌很多,效果各异,特别是对于不同品种的水泥效果不同。在选择外加剂时,应根据工程需要及现场的材料条件,并参考有关资料,通过试验确定。

（2）外加剂掺量的确定。混凝土外加剂均有适宜掺量,掺量过小,往往达不到预期效果;掺量过大,会影响混凝土质量,甚至造成质量事故。因此,应通过试验试配确定最佳掺量。

（3）外加剂的掺加方法。外加剂的掺量很少,必须保证其均匀分散,一般不能直接加入混凝土搅拌机内。对于可溶于水的外加剂,应先配成一定浓度的溶液,随水加入搅拌机。对不溶于水的外加剂,应与适量水泥或砂混合均匀后再加入搅拌机内。另外,外加剂的掺入时间对其效果的发挥也有很大影响,为保证减水剂的减水效果,施工中可视工程的具体要求,选择同掺、后掺、分次掺入等掺加方法。

6. 混凝土掺合料

在制备混凝土拌合物时,为了节约水泥、改善混凝土性能和调节混凝土强度等级而加入的天然或人造的矿物材料,统称为混凝土掺合料。用于混凝土中的掺合料,常见的有磨细的粉煤灰、硅灰、粒化高炉矿渣及火山灰等。采用时,掺合料应符合相应技术标准的要求。

6.1.3 混凝土的技术性质

普通混凝土的主要技术性质包括新拌混凝土的和易性,硬化后混凝土的力学性质,混凝土变形性和耐久性。

1. 混凝土拌合物的和易性

1) 和易性概念

混凝土拌合物的和易性(也称为工作性),是指混凝土拌合物易于施工操作(搅拌、运输、浇筑、振捣)且能够质量均匀、成型密实的性能。和易性是一项综合的技术性质,包括流动性、黏聚性和保水性三方面的含义,这三方面之间互相联系,但又存在矛盾。流动性是指混凝土拌合物在自重力或机械振动力作用下,易于产生流动、易于输送和易于充满混凝土模板的性质。黏聚性是指混凝土拌合物在施工过程中保持整体均匀一致的能力。黏聚性好,可保证混凝土拌合物在输送、浇灌、成型等过程中不发生分层、离析,硬化后混凝土内部结构均匀。保水性是混凝土拌合物在施工过程中保持水分的能力。保水性好,可保证混凝土拌合物在输送、成型及凝结过程中不发生严重的泌水,既可避免产生大量连通毛细孔隙,又可避免水在粗骨料和钢筋下部聚积所造成的界面黏结缺陷。保水性对混凝土强度和耐久性有较大的影响。

2) 和易性的测定

由于和易性是一项综合技术性质,因此很难找到一种能全面反映拌合物工作性的测定方法,通常是以测定流动性为主,而对黏聚性和保水性,主要通过观察进行评定。《普通混凝土拌合物性能试验方法标准》(GB/T 50080—2016)规定,混凝土拌合物的流动性可采用坍落度法和维勃稠度法来测定。

3) 混凝土拌合物流动性的选择

选择混凝土拌合物的坍落度,要根据构件截面大小、钢筋疏密和振捣方法确定。当构件截面尺寸较小或者钢筋较密,或者材料由人工振捣时,坍落度可选择大些。反之,如果构件截面尺寸较大,或钢筋较疏,或采用振动振捣时,坍落度可选择小些。《公路桥涵施工技术规范》(JTG F50—2011)规定,混凝土浇筑时的坍落度宜按表6-4选用。

表6-4 混凝土浇注入模时的坍落度

序号	结构种类	坍落度/mm
1	小型预制块及便于浇筑振动的结构	0~20
2	桥涵基础、墩台等无筋或少筋的结构	10~30
3	普通配筋率的钢筋混凝土结构	30~50
4	配筋密集的结构(薄壁、斗仓、筒仓、细柱等)	50~70
5	配筋特密的结构	70~90

注:① 本表建议的坍落度未考虑掺用外加剂而产生的作用;

② 水下混凝土、泵送混凝土的坍落度不在此列;

③ 用人工振捣时,坍落度宜增加 20~30mm;

④ 浇筑较高结构物混凝土时,坍落度随混凝土浇筑高度上升而分段变化。

4）影响混凝土拌合物和易性的因素

（1）水泥浆的用量。在混凝土拌合物中，水泥浆包裹着骨料，填充骨料空隙，使骨料润滑，提高混合料的流动性；在水灰比不变的情况下，单位体积混合物内，随着水泥浆的增多，混合物的流动性增大。若水泥浆过多，超过骨料表面的包裹限度，就会出现流浆现象；如果水泥浆过少，达不到包裹骨料和填充空隙的目的，使黏聚性变差，流动性降低，不仅会产生崩塌现象，还会使混凝土的强度和耐久性降低。混合物中水泥浆的数量以满足流动性要求为宜。

（2）水泥浆的稠度。水泥浆的稀稠，取决于水胶比的大小。水胶比小，水泥浆稠，拌合物流动性就小，混凝土拌合物难以保证密实成型。若水胶比过大，又会造成混凝土拌合物的黏聚性和保水性不良，而产生流浆、离析现象。因此，水胶比不宜过大或过小，一般应根据混凝土强度和耐久性选择合理的水胶比。

水泥浆的数量和稠度取决于用水量和水胶比。实际上用水量是影响混凝土流动性最大的因素。当用水量一定，水泥用量适当变化时，基本上不影响混凝土拌合物的流动性，即流动性基本上保持不变。这种关系称为固定用水量法则。由此可知，在用水量相同的情况下，采用不同的水胶比，可配制出流动性相同而强度不同的混凝土。

（3）砂率。砂率是混凝土中砂的质量占砂、石总质量的百分率。砂在混凝土拌合物中起着填充石子空隙的作用。与石子相比，砂具有粒径小而比表面积大的特点。因而，砂率的改变会使骨料的总表面积和空隙率都有显著的变化。砂率和混凝土拌合物坍落度的关系如图6-5（a）所示。从图中可以看出，当砂率过大时，骨料的总表面积增大，在水泥浆用量一定的条件下，拌合物的流动性减小；而当砂率过小时，虽然骨料的总表面积减小，但不能保证粗骨料之间有足够的砂浆量，使拌合物的流动性降低，产生离析、崩塌、水泥浆流失等不良现象。当砂率适宜时，砂不但能够填满石子的空隙，而且能够保证粗骨料间有一定厚度的砂浆层，使混凝土有较好的流动性，此时的砂率称为合理砂率。采用合理砂率时，在用水量和水泥用量一定的情况下，能使混凝土拌合物获得最大的流动性、良好的黏聚性和保水性；或者能在保证混凝土拌合物获得所要求的流动性及良好的黏聚性和保水性的前提下，实现混凝土的水泥用量最小，如图6-5（b）所示。砂率也可通过试验确定。

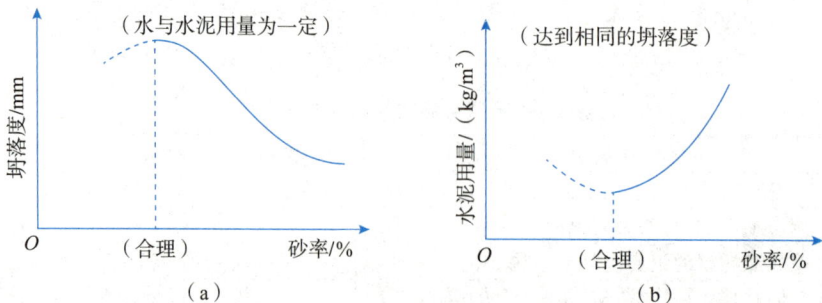

图 6-5　合理砂率

（4）原材料的品种、规格、质量。采用卵石、河砂时，混凝土拌合物的流动性优于碎石、破碎砂、山砂拌合的混凝土。水泥品种对流动性也有一定的影响，但相对较小；水泥品种对保水性影响较大,如矿渣水泥的泌水性较大。

(5)时间和温度。新拌混凝土随时间推移,部分拌合水蒸发或被骨料吸收,同时水泥水化进而导致混凝土拌合物变稠,流动性变小,造成坍落度损失,影响混凝土施工质量。混凝土拌合物的流动性随着温度的升高而减小,温度升高10℃,坍落度减小20～40mm,这是由于温度升高会加速水泥的水化,增加水分的蒸发,夏季施工时必须注意这一点。

(6)外加剂和掺合材料。在拌制混凝土时,掺用外加剂(减水剂、引气剂),能够使混凝土拌合物在不增加水泥和用水量的条件下,显著提高混凝土的流动性,且具有良好的黏聚性和保水性。掺加粉煤灰、矿粉等混合材料时,也可改善混凝土拌合物的和易性。

5)改善新拌混凝土和易性的措施

(1)调节混凝土的材料组成的常用方法有以下几种。

① 采用适宜的水泥品种和掺合材料。

② 改善砂、石(特别是石子)的级配,尽量采用总表面积和空隙率均较小的良好级配。

③ 采用合理砂率,尽可能降低砂率,提高混凝土的质量和节约水泥。

④ 当混凝土拌合物坍落度太小时,维持水胶比不变,适当增加水泥浆的用量,加入外加剂;当拌合物坍落度太大,但黏聚性良好时,可保持砂率不变,适当增加砂、石用量。

(2)掺加各种外加剂。在拌合物中加入少量外加剂(如减水剂、引气剂等),能使拌合物在不增加水泥浆用量的条件下,有效地改善工作性和黏聚性,增大流动性,降低泌水性,提高混凝土的耐久性。

(3)改进拌合物的施工工艺。采用高效率的搅拌设备和振捣设备可以改善拌合物的和易性,提高拌合物的浇筑质量。

此外,现代商品混凝土在远距离运输时,为了减小坍落度损失,还经常采用二次加水法,即在混凝土搅拌站拌合时只加入大部分的水,剩下少部分的水在快到施工现场时加入,然后迅速搅拌,以获得较好的坍落度。

2. 硬化后混凝土的力学性能

1)混凝土的强度

混凝土的强度是硬化后的混凝土最重要的力学指标,通常用于评定和控制混凝土的质量,或者作为评价原材料、配合比、施工过程和养护条件等影响程度的指标。混凝土的强度包括抗压强度、抗拉强度、抗剪强度、抗折强度以及握裹强度等,通常根据抗压强度的大小来估计其他强度值。

(1)立方体抗压强度和强度等级。

① 立方体抗压强度(f_{cu})。按照国家标准《混凝土物理力学性能试验方法标准》(GB/T 50081—2019)的规定,以边长为150mm的立方体试件,在标准养护条件下[温度(20±2)℃,相对湿度大于95%]养护28d,或在温度为(20±2)℃的不流动的$Ca(OH)_2$饱和溶液中养护28d,用标准试验方法所测得的抗压强度值为混凝土立方体抗压强度,以f_{cu}表示。混凝土立方体试件抗压强度按式(6-1)计算,精确至0.1MPa。

$$f_{cu} = \frac{F}{A} \tag{6-1}$$

式中：f_{cu}——试件抗压强度，MPa；

F——试件破坏荷载，N；

A——试件承压面积，mm^2。

以三个试件为一组，以三个试件强度的算术平均值作为强度代表值。如三个测值中最大值或最小值中有一个与中间值的差值超过中间值的 15%，则把最大值或最小值舍去，取中间值作为该组试件的抗压强度值。如最大值和最小值与中间值的差均超过中间值的 15%，则该组试件的试验结果作废。

② 立方体抗压强度标准值（$f_{cu,k}$）。混凝土立方体抗压强度的测定以尺寸为 150mm×150mm×150mm 的立方体试件作为标准试件，在标准条件下养护 28d，用标准试验方法测得的抗压强度为混凝土立方体抗压强度标准值。按照《混凝土物理力学性能试验方法标准》（GB/T 50081—2019）的规定，混凝土立方体试件的最小尺寸应根据粗骨料的最大粒径确定，当采用非标准尺寸试件时，应将其抗压强度乘以尺寸换算系数，如表 6-5 所示，换算成立方体抗压强度标准值（$f_{cu,k}$）。

表 6-5　混凝土试件不同尺寸的抗压强度换算系数

骨料最大粒径/mm	试件尺寸/mm	换算系数
≤31.50	100×100×100	0.95
≤40	150×150×150	1.00
≤63.00	200×200×200	1.05

③ 强度等级。混凝土强度等级是混凝土结构设计强度计算取值的依据。混凝土的强度等级是根据立方体抗压强度标准值来确定的。混凝土的强度等级用符号 C 和立方体抗压强度来表示。

（2）轴心抗压强度（f_{cp}）。实际工程中，钢筋混凝土结构大部分都是棱柱体或圆柱体的结构形式，较少用到立方体的结构形式。为使混凝土的实测强度接近混凝土结构的真实情况，在钢筋混凝土结构计算中，计算轴心受压构件时，都采用混凝土的轴心抗压强度（f_{cp}）作为依据。

轴心抗压强度 f_{cp} 比同截面的立方体抗压强度 f_{cu} 小，并且棱柱体试件的高宽比越大，轴心抗压强度越小。当高宽比达到一定值之后，强度就不再降低。若立方体抗压强度 $f_{cu}=$ 10~55MPa，则轴心抗压强度 $f_{cp}≈(0.7~0.8)f_{cu}$。

我国现行国家标准《混凝土物理力学性能试验方法标准》（GB/T 50081—2019）规定，采用 150mm×150mm×300mm 的棱柱体作为测定轴心抗压强度的标准试件，轴心抗压强度按式（6-2）计算：

$$f_{cp}=\frac{F}{A} \tag{6-2}$$

式中：f_{cp}——试件轴心抗压强度，MPa；

F——试件破坏荷载，N；

A——试件承压面积，mm^2。

（3）立方体劈裂抗拉强度（f_{ts}）。混凝土在直接受拉时，产生很小的变形就会开裂。混凝土抗拉强度只有抗压强度的 $1/20\sim1/10$，并且该比值随强度等级的提高而有所降低。因此，混凝土在工作时，一般不依靠其抗拉强度，但是抗拉强度对开裂有重要的意义，是确定混凝土抗裂度的重要指标。

现行国家标准《混凝土物理力学性能试验方法标准》(GB/T 50081—2019)规定，采用尺寸为 150mm×150mm×150mm 的立方体作为标准试件，在立方体试件中心面内用圆弧状钢垫条辅助上、下压板施加两个方向相反、均匀分布的压应力。当压力增大至一定程度时，试件就沿此平面劈裂破坏，这样测得的强度为立方体劈裂抗拉强度，简称劈裂强度 (f_{ts})，按式(6-3)计算：

$$f_{ts}=\frac{2F}{\pi A}=\frac{0.637F}{A} \tag{6-3}$$

式中：f_{ts}——试件劈裂强度，Mpa；

　　　F——试件破坏荷载，N；

　　　A——试件承压面积，mm^2。

（4）影响混凝土强度的因素。混凝土的强度受很多因素影响，可归纳为材料性质及其组成、养护条件、试验条件和施工振捣方式四个方面。如图 6-6 所示，混凝土受力破坏后，基本上有以下三种破坏形式：一是硬化的水泥砂浆体被破坏，如图 6-6(a)所示；二是沿硬化的水泥砂浆体和粗骨料间的黏结面破坏，如图 6-6(b)所示；三是骨料本身的破坏，如图 6-6(c)所示。

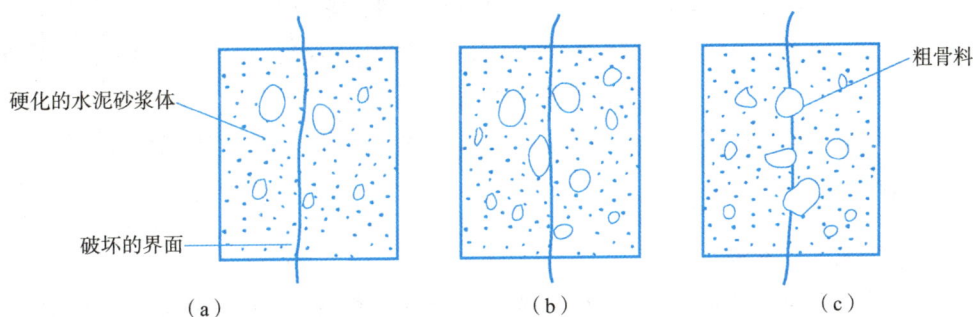

图 6-6　混凝土受压破坏的类型

① 材料性质及其组成。包括水泥的强度、水胶比、粗骨料的特征及浆集比。

a.水泥的强度。水泥是混凝土的胶结材料，水泥强度的高低会直接影响混凝土强度的高低。在配合比相同的条件下，水泥强度越高，水泥石的强度及其与骨料的黏结力越大，混凝土的强度也越高。

b.水胶比。在拌制混凝土时，为了获得必要的流动性，会加入较多的水。水泥水化所需的结合水，一般只占水泥质量的 25% 左右。当混凝土硬化后，多余的水分或残留在混凝土中，或蒸发并在混凝土内部形成各种形状的孔隙，使混凝土的密实度和强度大大降低。因此，在水泥强度和其他条件相同的情况下，混凝土强度主要取决于水胶比。水胶比越小，水泥石强度及与骨料的黏结强度越大，混凝土强度越高。但水胶比太小，导致拌合物过于干硬，在一定的施工条件下，无法保证浇筑质量，混凝土中将出现较多的蜂窝、孔洞，强度反而会下降。试验表明,混凝土的强度随水胶比的增高而降低,而与胶水比呈线性关系,如图 6-7 和图 6-8 所示。

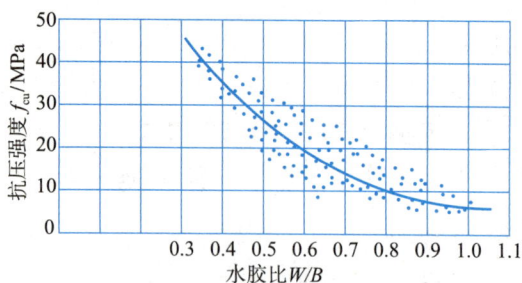

图 6-7　混凝土的抗压强度与水胶比的关系图　　　图 6-8　混凝土的抗压强度与胶水比的关系

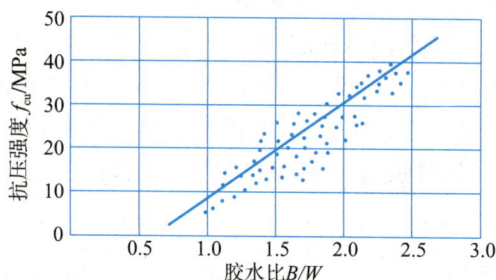

根据工程实践经验,胶水比(B/W)、水泥实际强度(f_{ce})与混凝土 28d 立方体抗压强度($f_{cu,28}$)的经验公式(又称鲍罗米公式)如下:

$$f_{cu,28} = a_a f_{ce}\left(\frac{B}{W} - a_b\right) \tag{6-4}$$

式中:$f_{cu,28}$——混凝土 28d 立方体抗压强度,MPa;

$\dfrac{B}{W}$——胶水比;

α_a,α_b——回归系数,与骨料的品种及水泥品种等因素有关,可通过试验确定,《普通混凝土配合比设计规程》(JGJ 55—2019)规定,碎石的回归系数分别为 0.53、0.20,卵石的回归系数分别为 0.49、0.13;

f_{ce}——水泥 28d 的实际强度,MPa,可经过试验测定,也可用下列经验公式计算:

$$f_{ce} = \gamma_c f_{ce,g} \tag{6-5}$$

$f_{ce,g}$——水泥强度等级值;

γ_c——水泥强度等级的富余系数,可按实际统计资料确定;无实际统计资料时,可按表 6-6 选用。

表 6-6　水泥强度等级值的富余系数

水泥强度等级值	32.5	42.5	52.5
富余系数	1.12	1.16	1.10

c.粗骨料的特征。粗骨料的形状和表面性质与混凝土强度有直接的关系。碎石表面粗糙,与水泥石黏结力较大;而卵石表面光滑,与水泥石的黏结力较小。在混凝土流动性和其他材料相同的情况下,用碎石配制的混凝土比用卵石配制的混凝土强度高。

d.浆集比。浆集比是指混凝土中水泥浆的体积与骨料体积的比值,该比值影响混凝土的强度,对高强混凝土的影响则更为明显。在水胶比相同的条件下,在达到最优浆集比后,混凝土强度随浆集比的增加而降低。

② 养护条件主要有温度、湿度和龄期 3 点。

a. 温度。通常情况下,温度升高,胶凝材料的溶解、水化和硬化速度加快,利于混凝土强度的增长。如图 6-9 所示,在 4～38℃ 的温度条件下,养护温度提高,可以促进胶凝材料的溶解、水化和硬化,提高混凝土的早期强度。

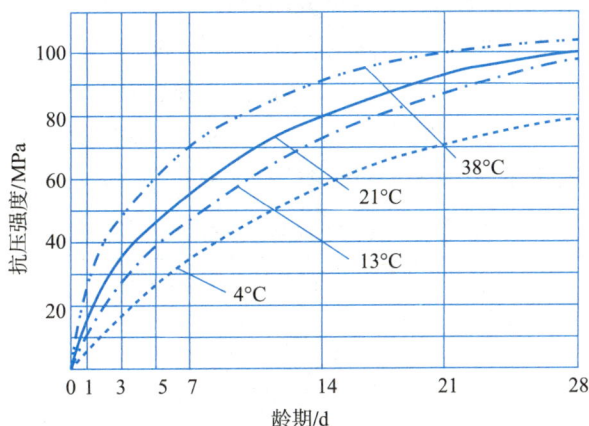

图 6-9　温度对混凝土早期强度的影响

温度降低后,混凝土的水化反应速度减慢,混凝土强度发展缓慢。试验测定混凝土强度与冻结龄期的关系如图 6-10 所示。

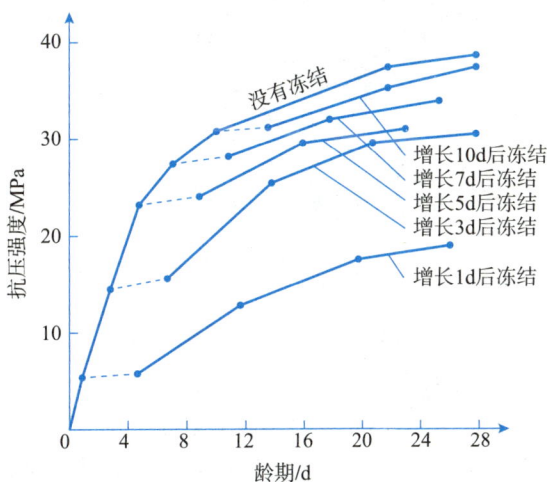

图 6-10　混凝土强度与冻结龄期的关系

b. 湿度。适宜的湿度有利于水泥水化反应的进行,混凝土强度增长较快;如果湿度不够,混凝土会失水干燥,甚至停止水化。这不仅严重降低混凝土的强度,而且因水泥水化作用未能完成,使混凝土结构疏松,渗水性增大,或形成干缩裂缝,从而影响混凝土的耐久性。所以,为了使混凝土正常硬化,在成型后,除了维持周围环境合适的温度,还要保持适宜的湿度。施工现场混凝土的养护多采用自然养护,其养护的湿度会随气温发生变化,为保持混凝土处于潮湿状态,应按照国家标准规定养护:在混凝土浇筑完毕后的 12h 以内,对混凝土表面应加以覆盖(草袋等物)并保湿养护。混凝土浇水养护的时间规定如下：采用硅酸盐水泥、普通硅酸盐水泥或矿渣硅酸盐水泥拌制的混凝土，浇水养护应不少于 7d；对掺用缓凝型外加剂或有抗渗要求的混凝土，浇水养护应不少于 14d；浇水次数应能保持混凝土处于湿润状态；日平均气温低于 5℃时，不得浇水。混凝土养护用水应与拌制用水相同；混凝土表面不便浇水养护时，可采用塑料布覆盖或涂刷养护剂。

c. 龄期。龄期是混凝土自加水搅拌开始所经历的时间，按天(d)或小时(h)计。在正常不变的养护条件下，混凝土强度随龄期增长而提高。通常最初为 7～14d 内，强度增长较快，以后增长速度变缓，28d 可以达到设计的强度等级，以后强度增长缓慢并趋于平缓，但可以延续数十年。混凝土不同龄期的强度增长值见表 6-7。

表 6-7　不同龄期混凝土强度的增长值

龄　期	7d	28d	3 个月	6 个月	1 年	2 年	4～5 年	20 年
混凝土相对于 28d 的设计数据	0.60～0.70	1	1.25	1.50	1.75	2	2.25	3

③ 试验条件包括试件的形状、试件的尺寸、试件表面状态和加荷速度。

a. 试件的形状。试件受压面积相同而高度不同时，高宽比越大，抗压强度越小。这是由于试件受压面与试件承压板之间存在约束作用，如图 6-11～图 6-13 所示。

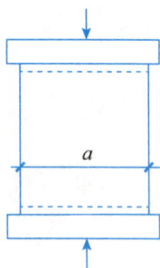

图 6-11　压力机承压板对试件的约束作用

图 6-12　破坏后残存的棱柱体

图 6-13　不受承压板约束时试件的破坏情况

b. 试件的尺寸。混凝土的配合比相同，试件尺寸越小，测得的强度越高。因为尺寸增大时，内部孔隙、缺陷等出现的概率也大，导致有效受力面积的减小和应力集中，引起混凝土强度降低。因此，测定混凝土立方体抗压强度时，以尺寸为 150mm×150mm×150mm 的立方体试件作为标准试件。

c. 试件表面状态。表面光滑平整，压力值较小；当试件表面粗糙时，测得的强度值明显提高。因此，我国标准规定以混凝土试件的侧面作为承压面。

d. 加荷速度。加荷速度越快，测得的强度值越大，当加荷速度超过 1.0MPa/s 时，这种趋势更加显著。因此，我国标准规定混凝土抗压强度的加荷速度为 0.3～0.8MPa/s，且应连续均匀地加荷。

④ 施工振捣方式。施工振捣方式及振捣的密实程度对混凝土抗压强度的影响如图 6-14 所示。

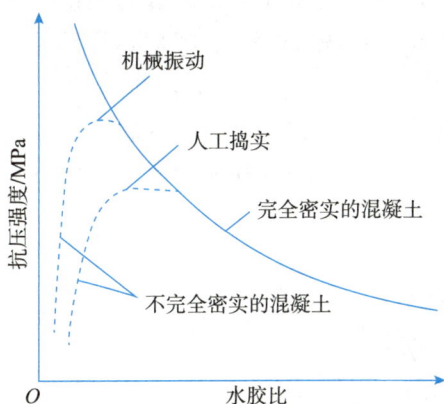

图 6-14　振捣方式对混凝土抗压强度的影响

（5）提高混凝土强度的措施。实际施工中为了加快施工进度，提高模板的周转率，常需提高混凝土的早期强度。一般可采取以下措施：采用高强度水泥和早期型水泥；采用较小的水胶比、较少的用水量；采用级配良好的碎石；掺加外加剂和掺合料；改进施工工艺，提高混凝土的密实度；采用湿热养护方式。

3. 混凝土的变形性

混凝土在硬化过程中，在干燥或冷却作用下要产生变形，以及硬化后在荷载作用下要产生弹性与非弹性变形，当变形受约束时，常会引起开裂。混凝土的变形包括非荷载作用下的变形和荷载作用下的变形。非荷载作用下的变形，分为混凝土的化学收缩、干湿变形及温度变形；荷载作用下的变形，分为弹塑性变形和徐变。

1）非荷载作用下的变形

（1）化学收缩。在混凝土硬化过程中，由于水泥水化生成物的体积比反应前物质的总体积小，从而引起混凝土的收缩，称为化学收缩。其特点为不可恢复，其收缩量随混凝土硬化龄期的延长而增加，一般在混凝土成型后 40d 左右增长较快，以后逐渐趋于稳定。化学收缩值很小时，对混凝土结构没有破坏作用，但在混凝土内部可能产生微细裂缝。

（2）干湿变形（物理收缩）。混凝土周围环境湿度的变化，会引起混凝土的干湿变形，表现为干缩湿胀。混凝土的湿胀变形量很小，一般无破坏作用。但干燥收缩能使混凝土表面出现拉应力而导致开裂。

干缩的主要危害是引起混凝土表面开裂，使混凝土的耐久性受损。干缩主要与水胶比，水泥用量或砂、石用量，骨料的质量（级配好坏、杂质多少等）和规格，养护温度和湿度（特别是养护初期的湿度）有关。因此，可通过调整骨料级配，增大粗骨料的粒径或减少水泥浆用量，适当选择水泥品种以及采用振动振捣、早期养护等措施来降低混凝土干缩值。

（3）温度变形（温度收缩、冷缩）。混凝土随着温度的变化产生热胀冷缩的变形，其温度线膨胀系数规定值介于 $(1.0\sim1.5)\times10^{-5}/℃$，即温度升高 1℃，每米膨胀 $0.010\sim0.015$mm。温度变形包括两个方面：一方面是混凝土在正常使用情况下的温度变形；另一方面是混凝土在成型和凝结硬化阶段由于水化热引起的温度变形。温度变形对大体积混凝土及大面积混凝土工程极为不利，易使这些混凝土造成温度裂缝。为了避免发生这种危害,对于上述混凝土工程,应尽量降低其内部热量,如选用低热水泥,减少水泥用量,掺加缓凝剂及采用人工降温。对纵向或面积大的混凝土结构,应设置伸缩缝。

2)荷载作用下的变形

(1)短期荷载作用下的变形——弹塑性变形。混凝土在一次短期荷载作用下的应力-应变关系如图 6-15 所示。由图中混凝土受压时的应力-应变曲线可以判定,混凝土不是弹性材料,而是弹塑性材料。

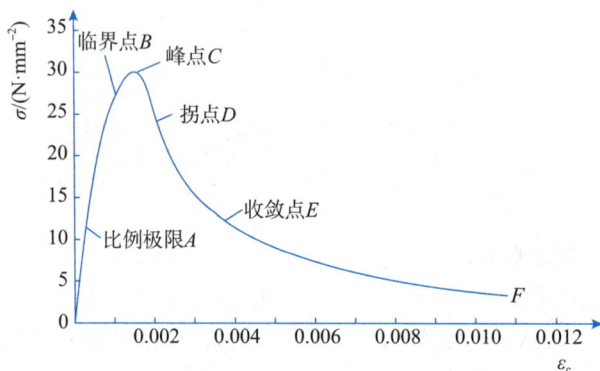

图 6-15　混凝土受压时的应力-应变关系曲线

(2)长期荷载作用下的变形——徐变。

① 混凝土徐变的概念。在长期恒定荷载作用下,随时间而沿受力方向增大的非弹性变形称为徐变。应变一定时,应力随时间逐渐减小的现象称为应力松弛。两者都是黏弹性材料的典型特征。当混凝土构件受约束时,其黏弹性表现为应力随时间逐渐减小。因此,在有约束的条件下,收缩应变引起的弹性拉应力和黏弹性引起的应力松弛,是大多数结构变形与开裂的原因。

② 混凝土徐变的原因。徐变是水泥石中的凝胶体在长期荷载作用下产生黏性流动,并向毛细孔内迁移的结果。在混凝土的较早龄期加荷,水泥尚未充分水化,所含凝胶体较多,且水泥石中毛细孔较多,凝胶体易流动,所以徐变发展较快;在混凝土的晚龄期加荷,水泥继续硬化,凝胶体含量相对减少,毛细孔也少,徐变发展变慢。

③ 影响混凝土徐变的因素有水灰比、水泥用量、骨料的性质等。混凝土的水灰比较小或在水中养护时,徐变较小;水灰比相同的混凝土,其水泥用量越多,徐变越大;混凝土所用骨料的弹性模量较大时,徐变较小;混凝土所受应力越大,徐变越大。

④ 混凝土的徐变对结构物的影响。有利面如下:徐变可消除钢筋混凝土内的应力集中,使应力重新分布,从而使局部应力集中得到缓解;对大体积混凝土,则能消除一部分由于温度变形所产生的破坏应力。不利面如下:降低混凝土的承载力,增大钢筋的应力;在预应力钢筋混凝土中,混凝土的徐变将使钢筋的预加应力受到损失。

4. 混凝土的耐久性

混凝土的耐久性是指混凝土在实际使用条件下抵抗各种破坏因素作用,长期保持强度和外观完整性的能力,包括抗冻性、抗渗性、抗侵蚀性及抗碳化性,也包括碱集料反应等。

《混凝土结构设计规范》(GB 50010—2010)(2015 年局部修订)对混凝土结构耐久性做

出明确的界定,共分为五大环境类别,见表 6-8。

表 6-8　混凝土结构的环境类别

环境类别	条　件
一	室内干燥环境; 无侵蚀性静水浸没的环境
二 a	室内潮湿环境; 非严寒和非寒冷地区的露天环境; 非严寒和非寒冷地区与无侵蚀性的水或土壤直接接触的环境; 寒冷和严寒地区的冰冻线以下与无侵蚀性的水或土壤直接接触的环境
二 b	干湿交替环境; 水位频繁变动的环境; 严寒和寒冷地区的露天环境; 严寒和寒冷地区的冰冻线以上与无侵蚀性的水或土壤直接接触的环境
三 a	严寒和寒冷地区冬季水位变动区环境; 受除冰盐影响环境; 海风环境
三 b	盐渍土环境; 受除冰盐作用环境; 海岸环境
四	海水环境
五	受人为或自然的侵蚀性物质影响的环境

注:① 室内潮湿环境是指构件表面经常处于结露或湿润状态的环境;
② 严寒和寒冷地区的划分应符合现行国家标准《民用建筑热工设计规范》(GB 50176—2016)的有关规定;
③ 海岸环境和海风环境宜根据当地情况,考虑主导风向及结构所处迎风、背风部位等因素的影响,由调查研究和工程经验确定;
④ 受除冰盐影响环境为受除冰盐盐雾影响的环境;受除冰盐作用环境是指被除冰盐溶液溅射的环境以及使用除冰盐地区的洗车房、停车楼等建筑;
⑤ 暴露的环境是指混凝土结构表面所处的环境。

1) 抗冻性

抗冻性是混凝土在饱和水状态下,能经受多次冻融循环而不破坏,也不严重降低强度的性能,是评定混凝土耐久性的主要指标。混凝土的抗冻性用抗冻等级表示,抗冻等级根据混凝土所能承受的冻融循环的次数,划分为 F10、F15、F25、F50、F100、F150、F200、F250、F300、F350、F400 等,如 F100 表示混凝土所能承受的冻融循环次数是 100 次。

混凝土的抗冻性主要取决于混凝土的密实度、孔隙率、孔隙特征和孔隙充水程度等。较密实或具有闭口孔隙的混凝土抗冻性较好,因此提高混凝土的密实度或改变混凝土的孔隙特征,可提高混凝土的抗冻性。

2) 抗渗性

抗渗性是指混凝土抵抗有压介质(如水、油、溶液等)渗透的能力。混凝土的抗渗性用抗渗等级 Pn 表示。《普通混凝土配合比设计规程》(JGJ 55—2011)中规定,抗渗等级等于或大于 P6 级的混凝土称为抗渗混凝土。混凝土渗水的主要原因是混凝土或水泥石结构中存在的毛细管孔隙或裂缝,在水存在条件下形成了连通的渗水通道。抗渗性直接影响混凝土的抗冻性和抗侵蚀性。

混凝土的抗渗性用抗渗等级表示。抗渗等级以 28d 龄期的标准试件,在标准的试验条件下所能承受的最大静水压力来确定。混凝土的抗渗等级有 P4、P6、P8、P10、P12,如 P6 表示混凝土能承受 0.6MPa 的静水压力而不渗水。

提高混凝土抗渗性的措施如下:通过合理选用水泥品种、降低水灰比、加强振捣和养护等方法,改善混凝土的孔隙结构,提高混凝土的密实度。

3) 抗侵蚀性

当混凝土所处环境中含有酸、碱、盐等侵蚀性介质时,混凝土便会遭受侵蚀。混凝土的抗侵蚀性与所用水泥品种、混凝土的密实度和孔隙特征等有关。结构密实和孔隙封闭的混凝土,环境水不易侵入,抗侵蚀性较强。用于地下工程、海岸与海洋工程等恶劣环境中的混凝土对抗侵蚀性有着更高的要求。提高混凝土抗侵蚀性的主要措施是合理选择水泥品种,降低水胶比,提高混凝土密实度和改善孔隙结构。

4) 抗碳化性

混凝土的碳化也称中性化,是指混凝土内水泥石中的氢氧化钙与空气中的二氧化碳在湿度适宜时发生化学反应,生成碳酸钙和水。混凝土的碳化,是二氧化碳由表及里逐渐向混凝土内部扩散的过程。碳化引起水泥石化学组成及组织结构的变化,会对混凝土的碱度、强度和收缩产生影响。

影响混凝土碳化速度的主要因素有环境中二氧化碳的浓度、水泥品种、水灰比、环境湿度等。二氧化碳的浓度高(如铸造车间),碳化速度快。当环境中的相对湿度在 $50\% \sim 75\%$ 时,碳化速度最快;当相对湿度小于 25% 或大于 100% 时,碳化将停止。水灰比小的混凝土较密实,二氧化碳和水不易侵入,碳化速度减慢。掺混合材料的水泥碱度较低,碳化速度随混合材料掺量的增多而加快。为减少碳化作用对钢筋混凝土结构的不利影响,可采取以下措施。

(1) 在钢筋混凝土结构中采用适当的保护层,使碳化深度在建筑物设计年限内达不到钢筋表面。

(2) 根据工程所处环境及使用条件,合理选择水泥品种。

(3) 使用减水剂,改善混凝土的和易性,提高混凝土的密实度。

(4) 采用水灰比小、单位水泥用量较大的混凝土配合比。

(5) 加强施工质量控制和养护力度,保证振捣质量,减少混凝土出现蜂窝等质量事故。

(6) 在混凝土表面涂刷保护层,防止二氧化碳侵入等。

5) 碱集料反应

混凝土的碱集料反应是指在有水的条件下,水泥中过量的碱性氧化物(Na_2O、K_2O)与集料中的活性 SiO_2 之间发生的反应。碱集料反应的特点是生成速度很慢,反应生成的碱-硅酸凝胶 Na_2SiO_3 能从周围介质中吸收水分而产生 3 倍以上的体积膨胀,严重影响混凝土长久性能和耐久性。碱集料反应的产生必须具备三个条件:水泥中碱的含量高;骨料中含有活性氧化硅成分;有水存在。

6）提高混凝土耐久性的措施

（1）采用较小的水胶比，限制最大水胶比和最小水泥用量，以保证混凝土的孔隙率较小，见表6-9、表6-10。

（2）合理选择水泥品种或强度等级，适量掺加活性混合材料，以利于提高混凝土的抗冻性、抗渗性、耐磨性等。

（3）采用杂质少、粒径较大、级配好、坚固性好的砂和石。

（4）掺加减水剂和引气剂。

（5）加强浇捣和养护，以提高混凝土强度及密实度，避免出现裂缝、蜂窝等现象。

针对一类、二类和三类环境，设计使用年限为50年的结构混凝土材料应符合表6-9的规定。

表6-9 结构混凝土材料的耐久性基本要求

环境等级		最大水胶比	最低强度等级	最大氯离子/%	最大碱含量/(kg/m³)
一		0.60	C20	0.30	不限制
二	a	0.55	C25	0.20	
	b	0.50(0.55)	C30(C25)	0.15	3.00
三	a	0.45(0.50)	C35(C30)	0.15	
	b	0.40	C40	0.10	

注：① 氯离子含量是指其占胶凝材料总量的百分率；
② 预应力构件混凝土中的最大氯离子含量为0.06%，其最低混凝土强度等级宜按表中规定提高两个等级；
③ 素混凝土构件的水胶比及最低强度等级的要求可适当放松；
④ 有可靠工程经验时，二类环境中的最低混凝土强度等级可降低一个等级；
⑤ 处于严寒和寒冷地区二b、三a类环境中的混凝土应使用引气剂，并可采用括号中的有关参数；
⑥ 当使用非碱活性骨料时，对混凝土中的碱含量可不作限制。

根据《普通混凝土配合比设计规程》(JGJ 55—2011)的规定，除了配置C15及以下强度等级的混凝土，混凝土最小胶凝材料用量应符合表6-10的规定。

表6-10 混凝土最小胶凝材料用量

最大水胶比	最小胶凝材料用量/(kg/m³)		
	素混凝土	钢筋混凝土	预应力混凝土
0.60	250	280	300
0.55	280	300	300
0.50	320		
≤0.45	330		

6.1.4 普通混凝土配合比设计

1. 基本概念

混凝土的配合比即组成混凝土的各种材料间的质量之比。配合比设计就是通过计算、试验等方法和步骤确定混凝土中各种组分间用量比例的过程。

1）混凝土配合比表示方法

（1）单位用量表示法：以每立方米混凝土中各种材料的用量（kg）表示。

（2）相对用量表示法：以水泥的质量为 1，其他材料的用量与水泥相比较，并按"水泥∶细骨料∶粗骨料∶水"的顺序排列表示，如表 6-11 所示。

表 6-11　水泥混凝土配合比表示方法

组成材料		水泥	细骨料	精骨料	水
配合比表示方法	单位用量表示	300kg/m³	720kg/m³	1200kg/m³	180kg/m³
	相对用量表示	1.0	2.4	4.0	0.6

2）混凝土配合比设计的基本要求

（1）满足混凝土拌合物的性能要求。配合比要满足混凝土拌合物的稠度、表观密度、含气量、凝结时间等性能要求。

（2）满足混凝土强度要求。配合比应满足结构设计或施工进度中混凝土抗压强度的要求。

（3）满足长期性能和耐久性要求。配合比应满足混凝土硬化后的收缩和徐变等长期性能和抗冻性、抗渗性等耐久性的要求。

（4）满足经济性的要求。在满足以上三方面技术要求的前提下，应满足合理利用原材料，节约水泥，降低混凝土成本的经济性要求。

3）配合比设计思路

（1）提供基本资料。具体包括以下几点。

① 工程的具体性质。结构或构件的设计强度等级，用于确定混凝土的试配制强度；结构或构件的形状及尺寸、钢筋的最小净距，用于确定粗骨料的最大粒径；混凝土工程的设计使用年限和基于所处的环境而设定的耐久性要求，如抗冻、抗渗、抗侵蚀等要求，用于确定最大水胶比、最小胶凝材料用量条件和水泥的品种等。

② 原材料情况。水泥品种、实际强度、密度；砂、石的品种，表观密度，含水率，级配情况，砂的规格，石子的最大粒径、压碎值；拌合水水质及水源情况。

③ 施工条件及施工水平，包括搅拌合振捣方式、要求的坍落度、施工单位的施工及管理水平等资料。

（2）确定三个参数和参数的确定原则如下。

① 三个参数。水胶比是指用水量与胶凝材料用量的质量比；砂率是指砂与砂石总量之比；单位用水量是指水泥净浆与骨料之间的对比关系，用 $1m^3$ 混凝土的用水量来表示。

② 参数的确定原则。三个参数的确定原则如图 6-16 所示。

4）设计的方法及原理

（1）绝对体积法的基本原理如下。

① 假定混凝土拌合物在绝对密实状态下的总体积，等于各组成材料的绝对体积和混凝土拌合物中所含空气的体积之和。

② 假定混凝土拌合物中空气的体积含量为 $\alpha\%$。

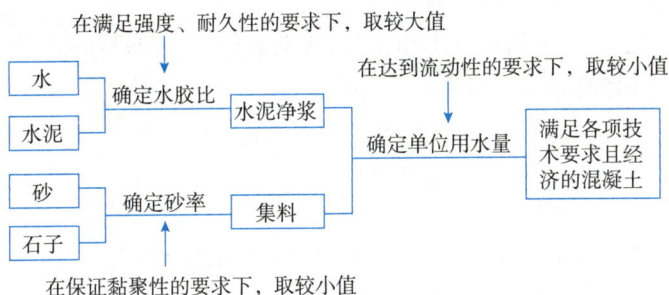

图 6-16 混凝土配合比设计三个参数的确定原则

（2）质量法（假定表观密度法）的基本原理。按混凝土的设计强度等级假定其表观密度，则配制 $1m^3$ 混凝土各组成材料之和为假定的表观密度值。其计算公式如下：

$$m_{c0} + m_{g0} + m_{s0} + m_{w0} = m_{cp} \qquad (6\text{-}6)$$

式中：m_{c0}——计算配合比 $1m^3$ 混凝土的水泥用量，kg；

m_{g0}——计算配合比 $1m^3$ 混凝土的粗骨料用量，kg；

m_{s0}——计算配合比 $1m^3$ 混凝土的细骨料用量，kg；

m_{w0}——$1m^3$ 混凝土中的水用量，kg；

m_{cp}——$1m^3$ 混凝土拌合物的假定质量，kg，其值可根据施工单位积累的试验资料确定。

如缺乏资料，混凝土的湿表观密度可参考表 6-12 取用。

表 6-12 混凝土假定湿表观密度参考值

混凝土强度等级	≤C15	C20～C30	≥C35
假定湿表观密度/(kg/m³)	2300～2350	2350～2400	2450

2. 普通混凝土配合比设计方法及步骤

混凝土配合比设计的方法如下：首先，根据配合比设计的基本要求和原材料技术条件，利用混凝土强度经验公式和图表进行计算，得出初步配合比；其次，通过试拌、检测，进行和易性调整，得出满足施工要求的试拌配合比；再次，通过对水胶比微量调整，得出既满足设计强度又比较经济合理的设计配合比；最后，根据现场砂、石的实际含水率，对试验配合比进行修正，得出施工配合比。具体步骤如下。

1）通过计算，确定初步配合比

初步配合比是指按原材料性能、混凝土技术要求和施工条件，利用混凝土强度经验公式和图表进行计算所得到的配合比。

（1）确定混凝土配制强度（$f_{cu,0}$）。为了使混凝土的强度保证率达到 95% 的要求，在进行配合比设计时，必须使混凝土的配制强度（$f_{cu,0}$）高于设计强度（$f_{cu,k}$）。《普通混凝土配合比设计规程》（JGJ 55—2011）要求，混凝土配制强度（$f_{cu,0}$）按下列规定确定。

① 当混凝土的设计强度等级小于 C60 时，配制强度应按式（6-7）计算：

$$f_{cu,0} \geqslant f_{cu,k} + 1.645\sigma \qquad (6\text{-}7)$$

式中：$f_{cu,0}$——混凝土配制强度，MPa；

$f_{cu,k}$——混凝土立方体抗压强度标准值，这里取混凝土的设计强度等级值，MPa；

σ——混凝土强度标准差，MPa。

② 当设计强度等级大于或等于C60时，配制强度应按式（6-8）计算：

$$f_{cu,0} \geqslant 1.15 f_{cu,k} \tag{6-8}$$

③ 混凝土强度标准差应按照下列规定确定：当具有近1～3个月的同一品种、同一强度等级混凝土的强度资料时，其混凝土强度标准差σ应按式（6-9）计算：

$$\sigma = \sqrt{\frac{\sum\limits_{i=1}^{n} f_{cu,i}^2 - n m_{f_{cu}}^2}{n-1}} \tag{6-9}$$

式中：$f_{cu,i}$——第i组的试件强度，MPa；

$m_{f_{cu}}$——n组试件的强度平均值，MPa；

n——试件组数，$n \geqslant 30$。

对于强度等级不大于C30的混凝土：当σ计算值不小于3.0MPa时，应按照计算结果取值；当σ计算值小于3.0MPa时，σ应取3.0MPa。对于强度等级大于C30且小于C60的混凝土：当σ计算值不小于4.0MPa时，应按照计算结果取值；当σ计算值小于4.0MPa时，σ应取4.0MPa。

当没有近期的同一品种、同一强度等级混凝土强度资料时，其强度标准差σ可按表6-13取值。

表6-13　标准差σ值　　　　　　　　　　　单位：MPa

混凝土强度标准值	≤C20	C25～C45	C50～C55
σ	4.0	5.0	6.0

（2）确定水胶比。混凝土强度等级小于C60等级时，混凝土水胶比宜按式（6-10）计算：

$$\frac{W}{B} = \frac{\alpha_a f_b}{f_{cu,0} + \alpha_a \alpha_b f_b} \tag{6-10}$$

式中：$\dfrac{W}{B}$——混凝土水胶比；

α_a、α_b——回归系数，应根据工程所使用的原材料，通过试验建立的水胶比与混凝土强度关系式确定。若不具备试验统计资料，则可按提供的α_a、α_b系数取用：碎石的$\alpha_a = 0.53$，$\alpha_b = 0.20$；卵石的$\alpha_a = 0.49$，$\alpha_b = 0.13$；

f_b——胶凝材料（水泥与矿物掺合料按使用比例混合）28d胶砂抗压强度（MPa），试验方法应按现行国家标准《水泥胶砂强度检验方法（ISO法）》（GB/T 17671—2021）执行；当无实测值时，可按式（6-11）计算。

$$f_b = \gamma_f \gamma_s f_{ce} \tag{6-11}$$

式中：γ_f、γ_s——粉煤灰影响系数和粒化高炉矿渣粉影响系数，可按表 6-14 选用；

f_{ce}——水泥 28d 胶砂抗压强度，MPa，可实测，也可根据 3d 胶砂强度或快测强度推定 28d 胶砂强度关系式得出。

表 6-14 粉煤灰影响系数 γ_f 和粒化高炉矿渣粉影响系数 γ_s

掺量/%	粉煤灰影响系数 γ_f	粒化高炉矿渣粉影响系数 γ_s
0	1.00	1.00
10	0.85~0.95	1.00
20	0.75~0.85	0.95~1.00
30	0.65~0.75	0.90~1.00
40	0.55~0.65	0.80~0.90
50	—	0.75~0.85

注：① 采用 I 级、II 级粉煤灰宜取上限值；

② 采用 S75 级粒化高炉矿渣粉宜取下限值，采用 S95 级粒化高炉矿渣粉宜取上限值，采用 S105 级粒化高炉矿渣粉可取上限值加 0.05；

③ 当超出表中的掺量时，粉煤灰和粒化高炉矿渣粉影响系数应经试验确定。

当水泥 28d 胶砂抗压强度（f_{ce}）无实测值时，可按式（6-12）计算：

$$f_{ce} = \gamma_c f_{ce,g} \tag{6-12}$$

式中：γ_c——水泥强度等级值的富余系数，按各地区实际统计资料确定，或按表 6-15 取用；

$f_{ce,g}$——水泥强度等级值，MPa。

表 6-15 水泥强度等级值的富余系数 γ_c

水泥强度等级值/MPa	32.5	42.5	52.5
富余系数 γ_c	1.12	1.16	1.10

提示：计算出的水胶比，应小于规定的最大水胶比。若计算得出的水胶比大于最大水胶比，则取最大水胶比，以保证混凝土的耐久性，如表 6-16 所示。

表 6-16 普通混凝土最大水胶比和最小胶凝材料用量规定

环境类别		最大水胶比	最小胶凝材料用量/(kg/m³)		
			素混凝土	钢筋混凝土	预应力混凝土
一		0.60	250	280	300
二	a	0.55	280	300	300
	b	0.50	320		
三	a	0.45	330		
	b	0.40			

（3）确定用水量（m_{w0}）和外加剂用量（m_{a0}）

① 每立方米干硬性或塑性混凝土的用水量的确定。混凝土水胶比为 0.40～0.80 时，可按表 6-17 和表 6-18 选取；混凝土水胶比小于 0.40 时，可通过试验确定。

表 6-17　干硬性混凝土的用水量　　　　　　　　　　　单位：kg/m³

拌合物稠度		卵石最大公称粒径/mm			碎石最大公称粒径/mm		
项　目	指标	10.0	20.0	40.0	16.0	20.0	40.0
维勃稠度/s	16～20	175	160	145	180	170	155
	11～15	180	165	150	185	175	160
	5～10	185	170	155	190	180	165

表 6-18　塑性混凝土的用水量　　　　　　　　　　　单位：kg/m³

拌合物稠度		卵石最大公称粒径/mm				碎石最大公称粒径/mm			
项　目	指标	10.0	20.0	31.5	40.0	16.0	20.0	31.5	40.0
坍落度/mm	10～30	190	170	160	150	200	185	175	165
	35～50	200	180	170	160	210	195	185	175
	55～70	210	190	180	170	220	205	195	185
	75～90	215	195	185	175	230	215	205	195

注：① 本表用水量系采用中砂时的取值。采用细砂时，每立方米混凝土用水量可增加 5～10kg；采用粗砂时，可减少 5～10kg。

② 掺用矿物掺合料和外加剂时，应相应调整用水量。

② 每立方米流动性或大流动性混凝土的用水量（m_{w0}）可按式（6-13）计算：

$$m_{w0} = m_{w0'}(1-\beta) \tag{6-13}$$

式中：m_{w0}——每立方米流动性或大流动性混凝土的用水量，kg；

$m_{w0'}$——满足实际坍落度要求的每立方米混凝土用水量，kg，以表 6-18 中 90mm 坍落度的用水量为基础，按每增大 20mm 坍落度相应增加 5kg 用水量来计算；

β——外加剂的减水率，%，应经混凝土试验确定。

③ 每立方米混凝土中外加剂用量应按式（6-14）计算：

$$m_{a0} = m_{b0}\beta_a \tag{6-14}$$

式中：m_{a0}——每立方米混凝土中外加剂用量，kg；

m_{b0}——每立方米混凝土中胶凝材料用量，kg；

β_a——外加剂掺量，%，应经混凝土试验确定。

（4）计算胶凝材料用量（m_{b0}）、矿物掺合料用量（m_{f0}）和水泥用量（m_{c0}）

① 每立方米混凝土的胶凝材料用量（m_{b0}）应按式（6-15）计算，并进行试拌调整，在拌合物性能满足的情况下，取经济、合理的胶凝材料用量。

$$m_{b0} = \frac{m_{w0}}{W/B} \tag{6-15}$$

式中：m_{b0}——每立方米混凝土中胶凝材料用量，kg；

  m_{w0}——每立方米混凝土的用水量，kg；

  W/B——混凝土水胶比。

② 每立方米混凝土的矿物掺合料用量（m_{f0}）的计算应符合下列规定：

$$m_{f0} = m_{b0}\beta_f \tag{6-16}$$

式中：m_{f0}——每立方米混凝土中矿物掺合料用量，kg；

  β_f——计算水胶比过程中确定的矿物掺合料掺量，%。

③ 每立方米混凝土的水泥用量（m_{c0}）应按式（6-17）计算：

$$m_{c0} = m_{b0} - m_{f0} \tag{6-17}$$

式中：m_{c0}——每立方米混凝土中水泥用量，kg。

提示：为保证混凝土的耐久性，计算所得的胶凝材料用量不应低于表6-16中规定的最小胶凝材料用量。如计算值小于规定值，应取表中规定的最小胶凝材料用量。

（5）选取合理砂率（β_s）。当无历史资料可参考时，混凝土砂率的确定应符合下列规定。

① 坍落度小于10mm的混凝土，其砂率应经试验确定。

② 坍落度为10~60mm的混凝土，砂率可根据粗骨料品种、最大公称粒径及水胶比按表6-19选取。

③ 坍落度大于60mm的混凝土，砂率可经试验确定，也可在表6-19的基础上，按坍落度每增大20mm、砂率增大1%的幅度予以调整。

表6-19 混凝土的砂率   单位：%

水胶比 (W/B)	卵石最大公称粒径/mm			碎石最大公称粒径/mm		
	10.0	20.0	40.0	16.0	20.0	40.0
0.40	26~32	25~31	24~30	30~35	29~34	27~32
0.50	30~35	29~34	28~33	33~38	32~37	30~35
0.60	33~38	32~37	31~36	36~41	35~40	33~38
0.70	36~41	35~40	34~39	39~44	38~43	36~41

注：① 本表数值系中砂的选用砂率，对细砂或粗砂，可相应地减少或增大砂率；

② 采用人工砂配制混凝土时，砂率可适当增大；

③ 只用一个单粒级粗骨料配制混凝土时，砂率应适当增大。

（6）计算粗、细骨料用量（m_{g0}，m_{s0}）。在已知砂率的情况下，粗、细骨料的用量可用质量法或体积法求得。

① 质量法：该方法假设混凝土拌合物的表观密度为一个固定值，混凝土拌合物各组成材料的单位用量之和即为其表观密度。在已知砂率的情况下，粗、细骨料的用量可由式（6-18）求得。

$$m_{c0} + m_{g0} + m_{s0} + m_{w0} = m_{cp}$$

$$\beta_s = \frac{m_{s0}}{m_{s0} + m_{g0}} \times 100\% \qquad \left.\right\} \qquad (6\text{-}18)$$

式中：m_{c0}——每立方米混凝土的水泥用量，kg；

  m_{g0}——每立方米混凝土的粗骨料用量，kg；

  m_{s0}——每立方米混凝土的细骨料用量，kg；

  m_{w0}——每立方米混凝土的用水量，kg；

  β_s——砂率，%；

  m_{cp}——每立方米混凝土拌合物的假定质量，kg，可取 2350～2450kg。

  ② 体积法：体积法又称绝对体积法，该方法假定 $1m^3$ 混凝土拌合物的体积等于各组材料的绝对体积与混凝土拌合物中所含空气体积之和。在已知砂率的情况下，粗、细骨料的用量可由式(6-19)求得。

$$\frac{m_{c0}}{\rho_c} + \frac{m_{f0}}{\rho_f} + \frac{m_{g0}}{\rho_g} + \frac{m_{s0}}{\rho_s} + \frac{m_{w0}}{\rho_w} + 0.01\alpha = 1 \qquad (6\text{-}19)$$

式中：ρ_c——水泥密度，kg/m^3，可按现行国家标准《水泥密度测定方法》(GB/T 208—2014)测定，也可取 2900～3100kg/m^3；

  ρ_f——矿物掺合料密度，kg/m^3，可按现行国家标准《水泥密度测定方法》(GB/T 208—2014)测定；

  ρ_g——粗骨料的表观密度，kg/m^3，应按现行行业标准《普通混凝土用砂、石质量及检验方法标准》(JGJ 52—2006)测定；

  ρ_s——细骨料的表观密度，kg/m^3，应按现行行业标准《普通混凝土用砂、石质量及检验方法标准》(JGJ 52—2006)测定；

  ρ_w——水的密度，kg/m^3，可取 1000kg/m^3；

  α——混凝土的含气量百分数，在不使用引气型外加剂时，α 可取为 1。

  一般认为，质量法比较简单，不需要各种组成材料的密度资料，如果施工单位已积累当地常用材料所组成的混凝土假定表观密度，就可获得较准确的结果。体积法较复杂，但较准确。

  通过以上六个步骤，可全部求出胶凝材料、水和粗细骨料的用量，得到计算配合比。

$$m_{c0} : m_{w0} : m_{s0} : m_{g0} : m_{f0} = 1 : \frac{m_{w0}}{m_{c0}} : \frac{m_{s0}}{m_{c0}} : \frac{m_{g0}}{m_{c0}} : \frac{m_{f0}}{m_{c0}} \qquad (6\text{-}20)$$

  2）检测和易性，确定试拌配合比

  计算配合比是借助经验公式和数据计算或查阅经验资料得到的，不一定满足设计要求，必须进行试配和调整。通过试配和调整，达到施工和易性要求的配合比，即试拌配合比。

  （1）试配拌合量。试配时，应称取实际工程中使用的材料，搅拌方法宜与施工采用的方法相同。每盘混凝土的最小搅拌量应符合表 6-20 的规定，并不应小于搅拌机公称容量的 1/4,且不应大于搅拌机公称容量。

表 6-20　混凝土试配时的最小搅拌量

粗骨料最大公称粒径/mm	≤31.5	40.0
拌合物数量/L	20	25

(2) 调整和易性。根据试配拌合量,按初步配合比称取各组成材料进行试拌,搅拌均匀后测定其坍落度,并观察黏聚性和保水性。如果坍落度比设计值小,应保持水胶比不变,适当增加水泥浆用量,对于普通混凝土坍落度每增加或减少 10mm,需增加或减少 2%～5% 的水泥浆;如果坍落度比设计值大,应保持砂率不变,调整砂石用量。随后再拌合均匀,重新测试,直至符合要求为止,最后测出试配拌合物的实际体积密度 ρ_{0h}(kg/m³)。

根据调整后拌合物中的胶凝材料(m_{ct})、粗骨料(m_{gt})、细骨料(m_{st})、水(m_{wt})的用量和实测体积密度(ρ_{0h}),按式(6-21)可计算出每立方米混凝土中的胶凝材料(m_{cb})、粗骨料(m_{gb})、细骨料(m_{sb})、水(m_{wb})的试拌用量。

$$\begin{cases} m_{cb} = \dfrac{m_{ct}}{m_{ct} + m_{gt} + m_{st} + m_{wt}} \times \rho_{oh} \\[2mm] m_{sb} = \dfrac{m_{st}}{m_{ct} + m_{gt} + m_{st} + m_{wt}} \times \rho_{oh} \\[2mm] m_{gb} = \dfrac{m_{gt}}{m_{ct} + m_{gt} + m_{st} + m_{wt}} \times \rho_{oh} \\[2mm] m_{wb} = \dfrac{m_{wt}}{m_{ct} + m_{gt} + m_{st} + m_{wt}} \times \rho_{oh} \end{cases} \tag{6-21}$$

则试拌配合比为

$$m_{cb} : m_{wb} : m_{sb} : m_{gb} = 1 : \frac{m_{wb}}{m_{cb}} : \frac{m_{sb}}{m_{cb}} : \frac{m_{gb}}{m_{cb}} \tag{6-22}$$

3) 检验强度,确定设计配合比

经过和易性调整得出的试拌配合比不一定满足强度要求,应进行强度检验。既满足设计强度又比较经济合理的配合比,就称为设计配合比(试验室配合比)。

混凝土强度检验时,应至少采取三个不同的配合比:一个为试拌配合比,另外两个为配合比的水胶比,较试拌配合比的水胶比分别增加和减少 0.05,用水量与试拌配合比相同,砂率可分别增加和减少 1%。

每个配合比至少应制作一组(3 块)试件,标准养护 28d,测其立方体抗压强度值。制作混凝土试件时,应检验拌合物的和易性与实测体积密度($\rho_{c,t}$),并以此结果代表这一配合比的混凝土拌合物的性能值。

根据测出的混凝土强度与相应的水胶比(B/W)关系,用作图法或计算法求出与混凝土配制强度($f_{cu,0}$)相对应的水胶比$\left(\dfrac{m_c}{m_w}\right)$。

(1) 设计配合比的确定。按下列原则来确定每立方米混凝土的材料用量,即为设计配合比。

① 用水量(m_w)：取试拌配合比用水量,应在试拌配合比用水量 m_{wb} 的基础上,根据 $\left(\dfrac{m_c}{m_w}\right)$ 进行调整确定,$m_w = m_{wbt}$。

② 胶凝材料用量(m_c)：以用水量乘以通过试验确定的,与配制强度相对应的水胶比得出,即 $m_c = m_{wbt}\dfrac{m_c}{m_w}$。

③ 粗、细骨料用量(m_g、m_s)：根据用水量(m_w)和胶凝材料用量(m_c)进行调整确定,$m_g = m_{gbt}$,$m_s = m_{sbt}$。

(2) 设计配合比的校正。当混凝土体积密度实测值($\rho_{c,t}$)与计算值($\rho_{c,c}$)之差的绝对值不超过计算值的 2% 时,计算所依据的配合比即为确定的设计配合比。

当两者之差的绝对值超过计算值的 2% 时,应将配合比中的各项材料用量均乘以校正系数(δ),即得到确定的混凝土设计配合比。校正系数 δ 为

$$\delta = \frac{\rho_{c,t}}{\rho_{c,c}} \tag{6-23}$$

$$\rho_{c,c} = m_c + m_g + m_s + m_w \tag{6-24}$$

则设计配合比为

$$m_c = \delta m_{wbt}\frac{m_c}{m_w} m_w = \delta m_{wbt} \quad m_g = \delta m_{gbt} \quad m_s = \delta m_{sbt} \tag{6-25}$$

$$m_c : m_w : m_s : m_g = 1 : \frac{m_w}{m_c} : \frac{m_s}{m_c} : \frac{m_g}{m_c} \tag{6-26}$$

4) 根据含水率,换算施工配合比

施工配合比是指根据施工现场骨料含水情况,对以干燥骨料为基准的设计配合比进行修正后得出的配合比。

假定工地上测出砂的含水率为 $a\%$、石子的含水率为 $b\%$,则施工配合比(kg)计算如下。

胶凝材料：$m_c' = m_c$。

细骨料：$m_s' = m_s(1 + a\%)$。

粗骨料：$m_g' = m_g(1 + b\%)$。

水：$m_w' = m_w - m_s a\% - m_g b\%$。

3. 混凝土配合比设计示例

某教学楼工程现浇室内钢筋混凝土柱,混凝土设计强度等级为 C20,施工要求坍落度为 35～50mm,采用机械搅拌合振捣。施工单位无近期的混凝土强度资料。所采用的原材料如下。

胶凝材料：新出厂的普通水泥,32.5 级,密度为 3100kg/m³。

粗骨料：卵石,最大粒径 20mm,表观密度为 2730kg/m³,堆积密度为 1500kg/m³。

细骨料：中砂,表观密度为 2650kg/m³,堆积密度为 1450kg/m³。

水:自来水。

试设计混凝土的配合比。若施工现场中砂含水率为3%,卵石含水率1%,求施工配合比。

解:(1)通过计算,确定初步配合比。

① 确定配制强度($f_{cu,0}$)。施工单位无近期的混凝土强度资料,查表6-13取$\sigma = 4.0$MPa,配制强度为$f_{cu,0} = f_{cu,k} + 1.645\sigma$。

$$f_{cu,0} = 20 + 1.645 \times 4.0 = 26.58(\text{MPa})$$

② 确定水胶比(W/B)。由于胶凝材料为32.5级的水泥,无矿物掺合料,取$\gamma_f = 1.0, \gamma_s = 1.0, \gamma_c = 1.12, f_b = \gamma_f\gamma_s, f_c = \gamma_f\gamma_s\gamma_c, f_{ce,g} = 1.0 \times 1.0 \times 1.12 \times 32.5 = 36.4(\text{MPa})$;卵石的回归系数取$\alpha_a = 0.49, \alpha_b = 0.13$。利用强度经验公式计算水胶比为

$$\frac{W}{B} = \frac{\alpha_a f_b}{f_{cu,0} + \alpha_a\alpha_b f_b} = \frac{0.49 \times 36.4}{26.58 + 0.49 \times 0.13 \times 47.6} = 0.617$$

查表6-16,复核耐久性。该结构物处于室内干燥环境,要求$W/B \leqslant 0.60$,所以W/B取0.60才能满足耐久性要求。

③ 确定用水量(m_{w0})。根据施工要求的坍落度35～50mm,卵石$D_{max} = 20$mm,查表6-18,取$m_{w0} = 180$kg。

④ 确定胶凝材料(m_{b0})和水泥用量(m_{c0})。胶凝材料(m_{b0})用量按下式计算:

$$m_{b0} = \frac{m_{w0}}{W/B} = \frac{180}{0.60} = 300(\text{kg})$$

因为没有掺加矿物掺合料,即$m_{f0} = 0$kg。则水泥的用量为

$$m_{c0} = m_{b0} - m_{f0} = 300 - 0 = 300(\text{kg})$$

查表6-16,复核耐久性。该结构物处于室内干燥环境,最小胶凝材料用量为280kg,所以m_{c0}取300kg能满足耐久性要求。

⑤ 确定合理砂率值(β_s)。查表6-19,$W/B = 0.60$,卵石$D_{max} = 20$mm,可取砂率$\beta_s = 34\%$。

⑥ 确定粗、细骨料用量(m_{g0}, m_{s0})。采用体积法计算,取$\alpha = 1$,解下列方程组

$$\begin{cases} \dfrac{300}{3100} + \dfrac{180}{1000} + \dfrac{m_{s0}}{2650} + \dfrac{m_{g0}}{2730} + 0.01 \times 1 = 1 \\ \dfrac{m_{s0}}{m_{s0} + m_{g0}} = 34\% \end{cases}$$

得$m_{g0} = 1273$kg;$m_{s0} = 656$kg。

计算配合比为

$$m_{c0} : m_{s0} : m_{g0} : m_{w0} = 300 : 656 : 1273 : 180 = 1 : 2.17 : 4.24 : 0.60$$

(2)调整和易性,确定试拌配合比。

卵石$D_{max} = 20$mm,按计算配合比试拌20L混凝土,其材料用量如下。

胶凝材料(水泥):300×20/1000＝6.00(kg);

砂子:656×20/1000＝13.12(kg);

石子:1273×20/1000＝25.46(kg);

水:180×20/1000＝3.60(kg)。

将称好的材料均匀拌合后,进行坍落度试验。假设测得坍落度为25mm,小于施工要求的35~50mm,应调整其和易性。在保持原水胶比不变的原则下,若增加5％水泥浆,再拌合,测其坍落度为45mm,黏聚性、保水性均良好,达到施工要求的35~50mm。调整后,拌合物中各项材料实际用量如下。

胶凝材料(水泥)(m_{ct}):6.00+6.00×5％＝6.30(kg);

砂(m_{st}):13.12kg;

石子(m_{gt}):25.46kg;

水(m_{wt}):3.60+3.60×5％＝3.78(kg)。

混凝土拌合物的实测体积密度为$\rho_{0h}＝2380kg/m^3$。则$1m^3$混凝土中,各项材料的试拌用量如下:

$$m_{cb}＝\frac{m_{ct}}{m_{ct}+m_{gt}+m_{st}+m_{wt}}\times\rho_{0h}＝\frac{6.30}{6.30+25.46+13.12+3.78}\times2380\times1＝308(kg)$$

$$m_{sb}＝\frac{m_{st}}{m_{ct}+m_{gt}+m_{st}+m_{wt}}\times\rho_{0h}＝\frac{13.12}{6.30+25.46+13.12+3.78}\times2380\times1＝642(kg)$$

$$m_{gb}＝\frac{m_{gt}}{m_{ct}+m_{gt}+m_{st}+m_{wt}}\times\rho_{0h}＝\frac{25.46}{6.30+25.46+13.12+3.78}\times2380\times1＝1245(kg)$$

$$m_{wb}＝\frac{m_{wt}}{m_{ct}+m_{gt}+m_{st}+m_{wt}}\times\rho_{0h}＝\frac{3.78}{6.30+25.46+13.12+3.78}\times2380\times1＝185(kg)$$

试拌配合比为

$$m_{cb}:m_{sb}:m_{gb}:m_{wb}＝308:642:1245:185＝1:2.08:4.04:0.60$$

(3)检验强度,确定设计配合比。

在试拌配合比基础上,拌制三个不同水胶比的混凝土试件。一个试件的水胶比$W/B＝0.60$,另外两个试件的水胶比分别为$W/B＝0.65$和$W/B＝0.55$。经试拌调整已满足和易性的要求。测其体积密度,$W/B＝0.65$时,$\rho_{0h}＝2370kg/m^3$;$W/B＝0.55$时,$\rho_{0h}＝2390kg/m^3$。

每种配合比制作一组(三块)设计,标准养护28d,测得抗压强度见表6-21。

表6-21 三种水胶比下测出的抗压强度

水胶比(W/B)	抗压强度 f_{cu}/MPa
0.55	29.2
0.60	26.8
0.65	23.7

作出f_{cu}与B/W的关系图,如图6-17所示。

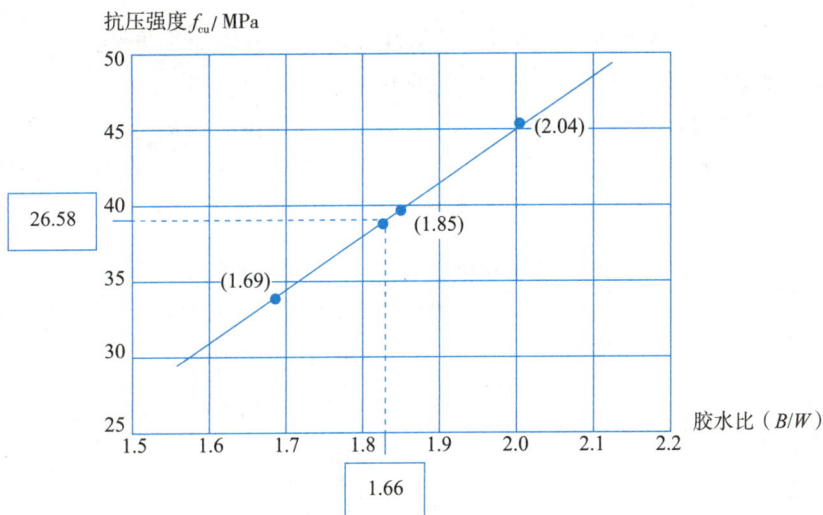

抗压强度 f_{cu}/MPa

胶水比（B/W）

图 6-17 实测抗压强度与胶水比关系图

由抗压强度试验结果可知,水胶比 $W/B=0.60$ 的试拌配合比的混凝土强度能满足配制强度 $f_{cu,0}$ 的要求,并且混凝土体积密度实测值($\rho_{c,c}$)与计算值($\rho_{c,t}$)相吻合,不需要校正各项材料的用量。故设计配合比为

$$m_c : m_s : m_g : m_w = 308 : 642 : 1245 : 185 = 1 : 2.08 : 4.04 : 0.60$$

（4）根据含水率,换算施工配合比。

将设计配合比换算成现场施工配合比:

$m'_c = m_c = 308(kg)$

$m'_s = m_s(1+a\%) = 642 \times (1+3\%) = 661(kg)$

$m'_g = m_g(1+b\%) = 1245 \times (1+1\%) = 1257(kg)$

$m'_w = m_w - m_s a\% - m_g b\% = 185 - 642 \times 3\% - 1245 \times 1\% = 153(kg)$

6.1.5 混凝土的质量控制与质量评断

1. 混凝土的质量控制

混凝土的生产过程包括配合比设计、配料搅拌、运输浇筑、振捣养护等。要保证所生产的混凝土质量合格,必须在各个环节给予严格的质量控制。

1）混凝土生产前的初步控制

（1）原材料的质量控制。混凝土是由多种材料混合制作而成的,任何一种组成材料有质量偏差或不稳定,都会造成混凝土整体质量的波动。水泥要严格按其技术质量标准进行检验,并按有关条件合理选用品种,特别要注意水泥的有效期;应控制粗、细骨料中杂质和有害物质的含量,若不符合要求,应经过处理并检验合格后方能使用;采用天然水现场拌合的混凝土,应按标准对拌合用水的质量进行检验。对于水泥、砂、石、外加剂等主要材料,应检查产品合格证、出厂检验报告或进场复验报告。

（2）原材料的计量控制。

① 计量设备。宜采用电子计量设备，其精度应满足现行国家标准《建筑施工机械与设备混凝土搅拌站（楼）》（GB/T 10171—2016）的有关规定，并应定期校验。混凝土生产单位应每月进行一次设备自检；每个工作班开始前，应对计量设备机械进行零点校准。

② 计量偏差。水泥、砂、石、混合材料的配合比要采用质量法计量，各种物料的每盘动态计量精度应符合表 6-22 的规定。原材料计量偏差应每班检查一次。

表 6-22　各种物料的每盘动态计量精度（适用于周期式搅拌站）

物料种类	在等于或大于称量 30% 量程内，单独配料称量或累计配料称量
骨料	（约定）真值的 ±3%
水	（约定）真值的 ±1%
水泥	（约定）真值的 ±1%
掺合料	（约定）真值的 ±2%
外加剂	（约定）真值的 ±2%

2）混凝土生产过程中的质量控制

（1）投料拌制。按规范规定的各种原材料允许的称量误差投料，每一工作班至少检查两次组成材料的用量。对于冬季施工使用的混凝土，宜优先选择加热水的方法提高拌合物的温度，也可采用同时加热骨料和加热水的方法保证拌合物的温度，但要控制加入最高温度不超过表 6-23 的规定。

表 6-23　拌合用水和骨料的最高加热温度　　　　　　　　单位：℃

采用的水泥品种	拌合用水	骨料
硅酸盐水泥或普通硅酸盐水泥	60	40

（2）流动性控制。对于混凝土拌合物在拌制地点及浇筑地点的稠度，每个工作班至少检测两次。评定时，应以浇筑地点的检测值为准，若混凝土从出料起至浇筑入模时间不超过 15min，其稠度可只在搅拌地点取样检测。

（3）搅拌时间控制。混凝土应采用强制式搅拌机搅拌，应随时检查搅拌时间。

（4）浇筑完毕时间控制。为防止拌合物从搅拌机中卸出后，因长时间未完成浇捣而出现混凝土流动性降低、浇捣不密实等现象，要控制混凝土从搅拌机卸出到浇筑完毕的延续时间不宜超过表 6-24 的规定。

表 6-24　混凝土从搅拌机卸出到浇筑完毕的延续时间　　　　　　　单位：min

混凝土生产地点	气 温	
	≤25°	>25°
预拌混凝土搅拌站	150	120
施工现场	120	90
混凝土制品厂	90	60

（5）养护。混凝土养护方法通常分为自然养护和加热养护两类。自然养护适用于当地当时气温在5℃以上的条件下现场浇筑整体式结构工程，又可分为覆盖浇水养护、薄膜布养护、养护剂养护和蓄水养护等具体方法；加热养护适用于预制厂生产预制构件和混凝土冬期施工时，包括蒸汽养护、热模养护、电热养护、红外线养护和太阳能养护等具体方法。

在实际施工中，应根据结构、构件或制品情况、环境条件、原材料情况及混凝土性能要求等，制定施工养护方案或生产养护制度；根据本地区气温情况、设备条件和生产方式，选用相应的养护方法；在养护过程中，应严格控制温度、湿度和养护时间。

（6）拆模。混凝土必须养护至表面强度超过1.2MPa，方可获准用于行人或安装模板和支架。施工中，要按照规范根据构件的种类和尺寸等要求，在达到规定的强度条件下方可拆模。混凝土在自然保湿养护下强度达到1.2MPa的时间可按表6-25进行估计。

表 6-25　混凝土在自然保湿养护下强度达到 1.2MPa 的时间　　　　单位：h

水 泥 品 种	外界温度/℃			
	1～5	5～10	10～15	＞15
硅酸盐水泥 普通硅酸盐水泥	46	36	26	20
矿渣硅酸盐水泥 火山灰质硅酸盐水泥 粉煤灰硅酸盐水泥	60	38	28	22

2. 混凝土的质量评断

混凝土施工过程较复杂，每一施工环节中都有若干影响混凝土质量的因素。因此，在正常的施工条件下，按同一施工方法、同一配合比生产的混凝土质量也是波动的。以混凝土强度为例，造成混凝土强度波动的原因有水泥、骨料等原材料质量的波动，原材料计量的误差，水灰比的波动，搅拌、浇筑、振捣和养护条件的波动，取样方法、试件制作、养护条件和试验操作等因素。在正常的施工条件下，上述因素都是随机的，因此混凝土的强度也是随机的。对于随机变量，可以用数理统计方法来对其进行评断，下面以混凝土强度为例说明统计方法的一些基本概念。

1）混凝土强度的波动规律——正态分布

如图6-18所示，对同种混凝土进行系统随机抽样，以强度为横坐标、某一强度出现的概率为纵坐标，绘图得到的曲线为正态分布曲线，其特点如下。

（1）对称轴和曲线的最高峰均出现在平均强度处。正态分布曲线表明混凝土强度在接近其平均强度处出现的概率最大，而远离对称轴的强度测定值出现的概率逐渐减小，最后趋近于零。

（2）曲线和横坐标之间所包围的面积为概率的总和，等于100%。对称轴两边出现的概率相等，各为50%，即混凝土强度大于或小于平均强度的概率各占50%。

（3）对称轴两边的曲线上各有一个拐点，如图6-18所示。

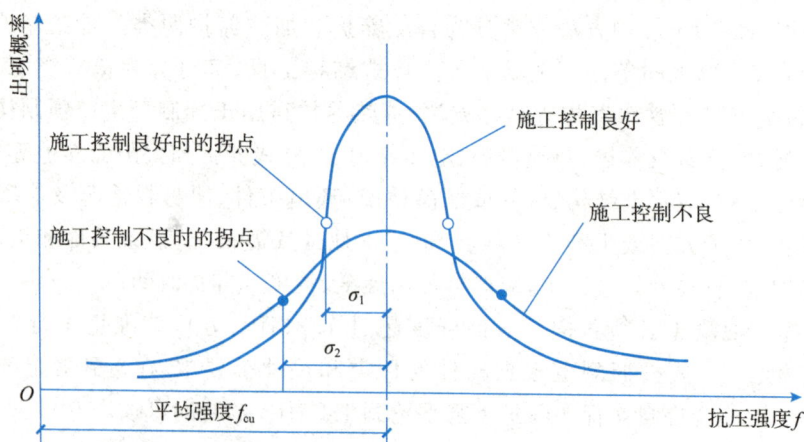

图 6-18　平均值相同而 σ 值不同的混凝土强度正态分布曲线

2）混凝土施工水平的评价指标

（1）平均强度。平均强度是 n 组混凝土试件抗压强度的算术平均值，可按式（6-27）计算：

$$\bar{f}_{cu} = \frac{1}{n} \sum_{i=1}^{n} f_{cu,i} \tag{6-27}$$

式中：$f_{cu,i}$——第 i 组试件的抗压强度，MPa；

$\bar{f}_{cu}$——n 组试件抗压强度的算术平均值，MPa。

平均强度只反映混凝土强度的平均值，不能反映混凝土强度的波动情况，也不能充分说明混凝土施工水平的高低。

（2）强度标准差（σ）。混凝土强度标准差又称为均方差，用 σ 表示。由图 6-18 可知，σ 值是正态分布曲线上拐点至对称轴的垂直距离。σ 值可按式（6-28）计算并应符合表 6-13 的规定。

$$\sigma = \sqrt{\frac{\sum_{i=1}^{n} f_{cu,i}^{t} - nm_{f_{cu}}^{2}}{n-1}} \tag{6-28}$$

式中：$f_{cu,i}$——第 i 组的试件强度，MPa；

$m_{f_{cu}}$——n 组试件的强度平均值，MPa；

n——试件组数，n 值应大于或者等于 30。

当施工单位没有统计周期内同一品种、同一强度等级混凝土强度资料时，其强度标准差 σ 可按表 6-26 选用。

表 6-26　混凝土强度标准差 σ 取值

混凝土强度标准值	≤C20	C25～C45	C50～C55
σ/MPa	4.0	5.0	6.0

标准差 σ 是评定混凝土质量均匀性的一种指标。由图 6-18 可知，σ 值小，强度正态分布曲线高而窄，表明强度数据分布区间小，数据大小比较集中，说明混凝土质量较均匀，生

产管理水平较高;σ值大,强度正态分布曲线矮而宽,表明强度值离散性大,混凝土质量均匀性差;但σ值过小,意味着不经济。

(3) 强度保证率(P)。强度保证率是指在混凝土强度分布整体中,大于设计强度等级值 $f_{cu,k}$ 的强度值出现的概率,即图 6-19 中阴影部分的面积。低于设计强度等级的概率为不合格率,即图 6-19 中的阴影部分以外的面积。

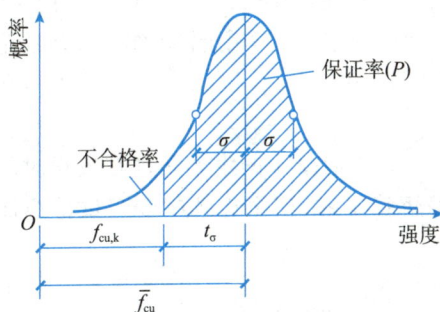

图 6-19 混凝土强度保证率

(4) 变异系数(C_V)。变异系数又称为离散系数,也是用来评定混凝土质量均匀性的一种指标。C_V 值越小,表明混凝土质量越稳定。C_V 可按式(6-29)计算。一般地,$C_V \leqslant 0.2$,其值应尽量控制在 0.15 以下。

$$C_V = \frac{\sigma}{\overline{f}_{cu}} \times 100\% \tag{6-29}$$

式中:σ——混凝土强度标准差;

$\overline{f}_{cu}$——混凝土平均强度;

C_V——混凝土变异系数。

3) 混凝土强度评定方法

(1) 检验批的条件。混凝土强度是分批进行检验评定的。一个检验批的混凝土应满足下列条件:强度等级相同;试验龄期相同;生产工艺条件(搅拌方式、运输条件等)基本相同;配合比基本相同。

(2) 检验批、样本容量。检验批是由符合规定条件的混凝土组成的,用于合格性评定的混凝土总体。样本容量是代表检验批用于合格性评定的混凝土试件组数。实际混凝土强度评定时,对不同的施工状态的评定方法有所不同。对于不同的评定方法,混凝土检验批的试件组数(样本容量)和混凝土的验收批量见表 6-27。

表 6-27 混凝土检验批的样本容量和验收批量

生 产 状 况	评定方法	试件组数(样本容量)	混凝土数量(验收批量)
预拌混凝土厂、预拌混凝土构件厂、施工现场集中搅拌混凝土	标准差已知统计法	3组	最大为 300m³
	标准差未知统计法	≥10组	最少为 1000m³
零星生产的预制构件厂或现场搅拌批量不大的混凝土	非统计法	1~9组	最大为 900m³

（3）混凝土的取样。

混凝土强度试样应在混凝土的浇筑地点随机取样。

每 100 盘，但不超过 100m³ 的同配合比混凝土，取样次数不应少于一次。

每一工作班拌制的同配合比混凝土，不足 100 盘和 100m³ 时取样次数不应少于一次。

当一次连续浇筑的同配合比混凝土超过 1000m³ 时，每 200m³ 取样不应少于一次。

对于房屋建筑，每一楼层、同一配合比的混凝土，取样不应少于一次。

每次取样应至少留置一组标准养护试件，用于检验结构或构件施工阶段的混凝土强度。

（4）强度评定方法。

① 统计方法。

统计方法一（标准差已知）。当混凝土的生产条件在较长时间内能保持一致，且同一品种混凝土的强度变异性能保持稳定时，应由连续的 3 组试件组成一个检验批，其强度应同时满足下列要求：

$$m_{f_{cu}} \geqslant f_{cu,k} + 0.7\sigma_0 \qquad (6\text{-}30)$$

$$f_{cu,min} \geqslant f_{cu,k} - 0.7\sigma_0 \qquad (6\text{-}31)$$

当混凝土强度等级不高于 C20 时，其强度的最小值尚应满足式（6-31）要求：

$$f_{cu,min} \geqslant 0.85 f_{cu,k} \qquad (6\text{-}32)$$

当混凝土强度等级高于 C20 时，其强度的最小值尚应满足式（6-32）要求：

$$f_{cu,min} \geqslant 0.90 f_{cu,k} \qquad (6\text{-}33)$$

式中：$m_{f_{cu}}$——同一检验批混凝土立方体抗压强度的平均值，N/mm²；

$f_{cu,k}$——混凝土立方体抗压强度标准值，N/mm²；

σ_0——检验批混凝土立方体抗压强度的标准差，N/mm²；

$f_{cu,min}$——同一检验批混凝土立方体抗压强度的最小值，N/mm²。

统计方法二（标准差未知）。当混凝土的生产条件在较长时间内不能保持一致，且混凝土强度变异性不能保持稳定时，或在前一个检验期内的同一品种混凝土没有足够的数据用以确定检验批混凝土立方体抗压强度的标准差时，应由不少于 10 组的试件组成一个检验批，其强度应同时满足下列公式的要求：

$$m_{f_{cu}} - \lambda_1 S_{f_{cu}} \geqslant 0.9 f_{cu,k} \qquad (6\text{-}34)$$

$$f_{cu,min} \geqslant \lambda_2 f_{cu,k} \qquad (6\text{-}35)$$

式中：$S_{f_{cu}}$——同一检验批混凝土立方体抗压强度的标准差，N/mm²，当 $S_{f_{cu}}$ 的计算值小于 2.5N/mm² 时，应取 2.5N/mm²；

λ_1、λ_2——合格评定系数，按表 6-28 取用。

表 6-28　混凝土强度的合格评定系数

试件组数	10～14	15～19	≥20
λ_1	1.15	1.05	0.95
λ_2	0.90	0.85	0.85

② 非统计方法。当用于评定的样本容量小于10组时,应采用非统计方法评定混凝土强度,其强度应同时满足下列要求:

$$m_{f_{cu}} \geqslant \lambda_3 f_{cu,k} \tag{6-36}$$

$$m_{f_{cu,min}} \geqslant \lambda_4 f_{cu,k} \tag{6-37}$$

式中:λ_3、λ_4——合格评定系数,应按表6-29取用。

表6-29　混凝土强度的非统计法合格评定系数

混凝土强度等级	<C60	≥C60
λ_3	1.15	1.10
λ_4	0.95	0.95

4) 混凝土强度的合格性评定

(1) 当检验结果满足合格条件时,则该批混凝土强度评定为合格;否则为不合格。

(2) 对于评定为不合格批的混凝土,可按国家现行的有关标准进行处理。

【例题】　某工程使用的C20级混凝土,共取得一批9组混凝土的强度代表值,数据见表6-30。请评定该批混凝土的强度是否合格。

表6-30　各序号的混凝土组的强度代表值

混凝土组的序号	1	2	3	4	5	6	7	8	9
强度代表值/MPa	26.0	27.0	26.5	22.0	24.0	21.0	19.5	21.5	23.0

解:① 由于用来评定的样本容量小于10组,故应采用非统计方法评定。

② 9组混凝土强度代表值的平均值和最小值应同时满足下列 $m_{f_{cu}}$ 和 $m_{f_{cu,min}}$ 的要求:

$$m_{f_{cu}} \geqslant \lambda_3 f_{cu,k} \tag{6-38}$$

$$m_{f_{cu,min}} \geqslant \lambda_4 f_{cu,k} \tag{6-39}$$

③ 强度的合格评定系数的确定。由于混凝土的强度等级为C20,故强度的合格评定系数分别为1.15和0.95。

④ 最小值合格性评定。由题知,9组混凝土强度代表值的最小值为19.5MPa,而要求的最小值 $m_{f_{cu,min}} \geqslant \lambda_4 f_{cu,k} = 0.95 \times 20 = 19$(MPa),故最小值满足要求。

⑤ 强度平均值的确定。

强度平均值$(26.0+27.0+26.5+22.0+24.0+21.0+19.5+21.5+23.0)/9 \approx 23.4$(MPa);

而要求的最小强度平均值 $m_{f_{cu}} \geqslant \lambda_3 f_{cu,k} = 1.15 \times 20 = 23.0$(MPa),故平均值也满足要求。

⑥ 结论。由上述计算可知,该批混凝土的强度最小值和平均值均满足规范要求,故该批混凝土的强度合格。

6.1.6　其他混凝土

1. 商品混凝土

商品混凝土又称为预拌混凝土,是由水泥、骨料、水、外加剂和矿物掺合料等组分按一定比例,在搅拌站经计量、拌制后出售,并采用运输车在规定时间内运输至施工现场的混凝土拌合物。施工现场普遍使用预拌混凝土,是由于预拌混凝土具有以下特点:由搅拌站集中制作,能够确保工程质量,并且对节省施工用地、改善劳动条件、提高施工速度等起到重要作用。预拌混凝土的标记由预拌混凝土的种类、强度等级、坍落度、粗骨料的最大粒径和水泥品种等五部分组成。

2. 轻骨料混凝土

轻骨料混凝土是指用轻粗骨料、轻砂(或普通砂)、水泥和水配制而成的混凝土,其表观密度不大于 $1950kg/m^3$。其骨料通常选用工业废料,如粉煤灰陶粒、膨胀矿渣、煤炉渣等;也可选用天然轻骨料,如浮石、火山渣及其轻砂;人造轻骨料,如膨胀珍珠岩、页岩陶粒等。

轻骨料混凝土的表观密度比普通混凝土少 1/4～1/3,隔热性能改善,可使结构尺寸减小,增加建筑物使用面积,降低基础工程费用和材料运输费用。因此,轻骨料混凝土主要适用于高层和多层建筑、软土地基、大跨度结构、抗震结构、要求节能的建筑和旧建筑的加层等。

3. 纤维混凝土

纤维混凝土是以普通混凝土为基体,外掺各种短切纤维材料而组成的复合材料。纤维材料按材质分为钢纤维、碳纤维、玻璃纤维、石棉及合成纤维等。

纤维在混凝土中起增强作用,可提高混凝土的抗压强度、抗拉强度、抗弯强度和冲击韧性,并能有效地改善混凝土的脆性。例如,混凝土掺入钢纤维后,抗压强度提高不大,但从受压破坏形式来看,破坏时无碎块、不崩裂,基本保持原来的外形,有较强的吸收变形的能力,也改善了韧性,是一种良好的抗冲击材料。

任务 6.2　混凝土性能检测

6.2.1　混凝土和易性的测定

在施工现场和试验室,通常采用测定混凝土拌合物流动性,同时辅以直观经验的方式来评定混凝土的黏聚性和保水性。该试验分为坍落度法和维勃稠度法两种,前者适用于坍落度值不小于10mm 的塑性和流动性混凝土拌合物的稠度测定,后者适用于维勃稠度为5～230s 的干硬性混凝土拌合物的稠度测定。两种方法均要求骨料最大粒不得大于40mm。

1. 坍落度测定

1) 主要仪器设备

(1) 坍落度筒:截头圆锥形,由薄钢板或其他金属板制成,形状和尺寸见图 6-20。

（2）捣棒（端部应磨圆）、装料漏斗、小铁铲、钢直尺、馒刀等。

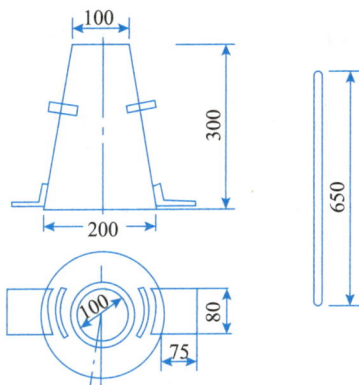

图 6-20 坍落度筒及捣棒

2）试验步骤

（1）首先用湿布润湿坍落度筒及其他用具，将坍落度筒置于铁板上，漏斗置于坍落度筒顶部，并用双脚踩紧踏板。

（2）用铁铲将拌好的混凝土拌合料分三层装入筒内，每层高度约为筒高的 1/3。每层用捣棒沿螺旋方向由边缘向中心插捣 25 次。插捣底层时应贯穿整个筒，插捣其他两层时，捣棒应插至目标层下一层的表面。

（3）插捣完毕，除去漏斗，用馒刀刮去多余拌合物并抹平，清除筒四周拌合物，在 5～10s 内垂直平稳地提起坍落度筒。随即测量筒高与坍落后的混凝土试体最高点之间的高度差，即为混凝土拌合物的坍落度值。

（4）从开始装料到坍落度筒提起，整个过程应在 150s 内完成。若坍落度筒提起后，混凝土试体发生崩坍或一边剪坏现象，则应重新取样测定坍落度；如第二次仍出现这种现象，则表示该拌合物和易性不好。

（5）在测定坍落度过程中，应注意观察其黏聚性与保水性。

3）试验结果

（1）稠度：以坍落度表示，单位为 mm，精确至 5mm。

（2）黏聚性：以捣棒轻敲混凝土锥体侧面，如锥体逐渐下沉，就表示黏聚性良好；如锥体倒塌、崩裂或离析，就表示黏聚性不好。

（3）保水性：提起坍落度筒后如底部有较多稀浆析出，骨料外露，就表示保水性不好；如无稀浆析出或只有少量稀浆析出，就表示保水性良好。

2. 维勃稠度测定

1）主要仪器设备

（1）维勃稠度仪：其振动频率为(50±3)Hz，装有空容器时台面振幅应为(0.5±0.1)mm。

（2）秒表，其他仪器同坍落度试验。

2）试验步骤

（1）将维勃稠度仪放置在坚实水平的基面上。用湿布将容器、坍落度筒、装料漏斗内壁及其他用具擦湿。就位后,将测杆、装料漏斗和容器调整到同一轴线上,然后拧紧固定螺钉。

(2)将混凝土拌合料经装料漏斗分三层装入坍落度筒,装料与捣实方法同坍落度试验。

(3)将装料漏斗转离,垂直平稳地提起坍落度筒,应注意不使混凝土试体产生横向扭动。

(4)将圆盘转到混凝土试体上方,放松测杆螺钉,降下透明圆盘,使其轻轻接触到混凝土试体顶面,拧紧定位螺钉。

(5)开启振动台,同时用秒表计时,当振至透明圆盘的底面被水泥浆布满的瞬间关闭振动台,并停表计时。

3)试验结果

以秒表读出的时间(s)为该混凝土拌合物的维勃稠度值。

6.2.2 普通混凝土立方体抗压强度测定

1. 试验目的

测定混凝土立方体抗压强度,根据测定结果确定混凝土的强度等级,校核混凝土配合比,并为控制施工质量提供依据。

2. 主要仪器设备

(1)压力试验机;

(2)混凝土搅拌机;

(3)振动台;

(4)试模(图 6-21);

(5)标准养护室;

(6)捣棒、金属直尺等。

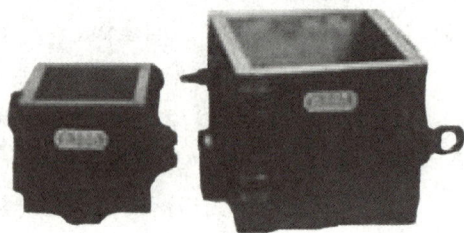

图 6-21　混凝土试模

3. 试件制作

(1)制作试件前,应检查试模,拧紧螺栓,并清刷干净,在其内壁涂上一薄层矿物油脂。一般以 3 个试件为一组。

(2)试件的成型方法应根据混凝土拌合物的稠度来确定。

坍落度大于 70mm 的混凝土拌合物采用人工捣实成型。将搅拌好的混凝土拌合物分两层装入试模,每层装料的厚度大致相同。插捣时,用钢制捣棒按螺旋方向从边缘向中心均匀进行。插捣底层时,捣棒应达到试模底面;插捣上层时,捣棒应贯穿下层深度 20～30mm。此外,还要用镘刀沿试模内侧插捣数次。每层的插捣次数应根据试件的截面而定,一般每 $100cm^2$ 截面不应少于 12 次。捣实后,刮去多余的混凝土,并用镘刀抹平。

坍落度小于 70mm 的混凝土拌合物采用振动台成型。将搅拌好的混凝土拌合物一次装入试模,装料时,用镘刀沿试模内壁略加插捣,并使混凝土拌合物稍有富余,然后将试模放到振动台上。振动时,应防止试模在振动台上自由跳动。振动持续到混凝土表面出浆为止,随后刮去多余的混凝土,并用镘刀抹平。

4. 试件养护

采用标准养护的试件成型后,应覆盖表面,以防止水分蒸发,并在温度(20±5)℃下静置24～48h,然后拆模编号。再将拆模后的试件立即放在温度为(20±2)℃、湿度为95%以上的标准养护室的架子上养护,彼此相隔10～20mm。

5. 试验步骤

(1)试件从养护室取出后,应尽快进行试验,以免试件内部的温湿度发生显著变化。

(2)先将试件擦拭干净,然后测量尺寸,并检查外观。试件尺寸测量精确到1mm,并据此计算试件的承压面积。

(3)将试件安放在试验机的下压板上,试件的承压面应与成型时的顶面垂直,试件的中心应与试验机下压板中心对准。开动试验机,当上压板与试件接近时,调整球座,使接触均衡。

(4)混凝土试件的试验应连续而均匀地加荷,若混凝土强度等级小于C30时,加荷速度为0.3～0.5MPa/s;若混凝土强度等级大于或等于C30时,则加荷速度为0.5～0.8MPa/s。当试件接近破坏而开始迅速变形时,停止调整试验机油门,直到试件破坏,并记录破坏荷载。

(5)试件受压完毕,应清除上、下压板上黏附的杂物,继续进行下一次试验。

6. 试验结果计算与处理

(1)混凝土立方体试件抗压强度按式(6-40)计算(精确至0.1MPa):

$$f_{cu} = \frac{P}{A} \tag{6-40}$$

式中:f_{cu}——混凝土立方体试件的抗压强度值,MPa;

　　P——试件破坏荷载,N;

　　A——试件承压面积,mm^2。

(2)以3个试件测值的算术平均值作为该组试件的抗压强度值。若3个测值中,最大值或最小值中有1个与中间值的差值超过中间值的15%,则把最大值或最小值舍去,取中间值作为该组试件的抗压强度值。若最大值和最小值与中间值的差值均超过中间值的15%,则该组试件的试验结果作废。

6.2.3　混凝土非破损测试

混凝土非破损检验方法又称为无损检验,它可以对同一试件进行多次重复测试而不损坏试件,可以直接而迅速地测定混凝土的强度、内部缺陷的位置和大小,还可以判断混凝土结构物遭受破坏的程度等。这些功能是破损检验方法不具备的,因而无损检验在工程中得到普遍的重视和应用。

用于混凝土无损检验的方法很多,通常有超声波法、回弹法、拔出法、取芯法、放射线法、谐振法、电测法及表面波法等,还可以采用两种或两种以上的综合方法。

1. 混凝土强度回弹法检验

采用附有拉力弹簧和一定尺寸的金属弹击杆的中型回弹仪,以一定的能量弹击混凝土表面,以弹击后回弹的距离值表示被测混凝土表面的硬度。根据混凝土表面硬度与强度的关系估算混凝土的抗压强度,作为检验混凝土质量的一种辅助手段。

1)主要仪器设备

(1)中型回弹仪。标称动能为 2.207J,其构造见图 6-22。

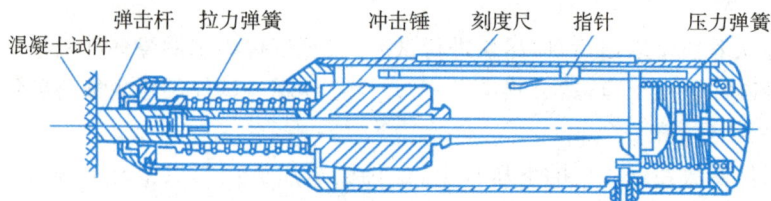

图 6-22　回弹仪构造图

(2)钢钻。洛氏硬度 HRC 为 60±2。

2)试验步骤

(1)回弹仪率定。将回弹仪垂直向下在钢钻上弹击,取三次的稳定回弹值计算平均值。弹击杆应分四次旋转,每次旋转约 90°,弹击杆每旋转一次的率定平均值均应符合 80±2 的要求,否则不能使用。

(2)混凝土构件测区与测面布置。每一构件应至少选取 10 个测区,相邻两测区间距不超过 2m,测区应均匀分布,并具有代表性(测区宜选在侧面为好)。每个测区宜有两个相对的测面,每个测面的尺寸约为 20cm×20cm。

(3)测面应平整光滑,必要时可用砂轮作表面加工,测面应自然干燥。每个测面上布置 8 个测点,若一个测区只有一个测面,则应选 16 个测点,测点应均匀分布。

(4)将回弹仪垂直对准混凝土表面并轻压回弹仪,使弹击杆伸出、挂钩挂上弹击锤;将回弹仪弹击杆垂直对准测试点,缓慢均匀地施压,待弹击锤脱钩冲击弹击杆后,弹击锤即带动指针向后移动直至到达一定位置时,即读出回弹值(精确至 1)。

3)试验结果处理

(1)回弹值计算。从测区的 16 个回弹值中分别剔除 3 个最大值和 3 个最小值,取其余 10 个回弹值的算术平均值(精确至 0.1),作为该测区水平方向测试的混凝土平均回弹值。

(2)回弹值测试角度及浇筑面修正。若测试方向非水平方向和浇筑面或底面时,按有关规定先进行角度修正,然后进行浇筑面修正。

(3)碳化深度修正。混凝土表面碳化后其硬度提高,回弹值将增大,当碳化深度大于或等于 0.5mm 时,回弹值应按有关规定进行修正。

(4)根据室内试验建立的强度与回弹值关系曲线,查得构件测区混凝土强度值。在无专用测强曲线和地区测强曲线的情况下,可按国家行业标准《回弹法检测混凝土抗压强度技术规程》(JGJ/T 23—2011)中的统一测强曲线,由回弹值与碳化深度求得测区混凝土强度。

(5)计算构件混凝土强度平均值(精确至 0.1MPa)和强度标准差(精确至 0.01MPa),最后计算出构件混凝土强度推定值(MPa,精确至 0.1MPa)。

2. 混凝土超声波检验

由于超声波在组成材料相同的混凝土中的传播速度(简称为波速)与混凝土强度之间

存在较好的相关性,从而可据此来估测混凝土的强度或评定构件混凝土的均匀性。一般规律为混凝土密实度越大,强度越高,则波速也越大。

1) 主要仪器设备

(1) 非金属超声波检测仪。声时范围为 $0.5\sim9999\mu s$,精确度为 $0.1\mu s$。

(2) 换能器。频率在 $50\sim100kHz$。

2) 试验步骤

(1) 超声仪零读数校正

在测试前需校正超声波传播时间(即声时)的零点 t_0,一般用附有标定传播时间 t_1 的标准块,测读超声波通过标准块的时间 t_2,则 $t_0=t_2-t_1$。

对于小功率换能器,当仪器性能允许时,可将收、发换能器用耦合剂(黄油或凡士林)直接耦合,调整零点或取初读数 t_0。

(2) 建立混凝土强度-波速曲线

① 制作一批不同强度的混凝土立方体试件,数量不少于 30 块,试件边长为 150mm,可采用不同配合比或不同龄期的混凝土试件。

② 超声波测试,每个试件的测试位置如图 6-23 所示,在收、发换能器的圆面上涂一层耦合剂,并紧贴在试件两测面的相应测点上。调节衰减与增益,使所有被测试件接收信号的首波的波幅处于相同的高度,并将时标点调至首波的前沿,读取声时值。每个混凝土试件以 5 个点测值的平均值作为超声传播时间(t)的测试结果。

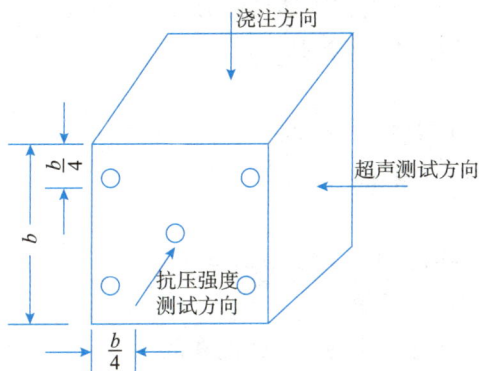

图 6-23 试件的超声波测试位置

③ 沿超声波传播方向量试件边长(精确至 1mm),取 4 处边长的平均值作为传播距离 L。

④ 对测试波速的混凝土试件立即进行抗压强度试验,求得抗压强度 f_{cu}(MPa)。

⑤ 计算波速 V,并由 f_{cu} 及 V 建立强度-波速关系曲线。

(3) 现场测试

① 在建筑物混凝土构件的相对两面均匀地划出网格,网格的边长一般为 $20\sim100cm$,网格的交点即为测点,相对两测点的距离即为超声波传播路径的长度。

② 测试各相对两测点超声波声时,并计算波速。

③ 按比例绘制出被测件的外形及表面网格分布图,将测试波速标于图中各测点处,可以在数值偏低的部位加密测点,进行补测。

④ 根据构件中钢筋分布及含水率等对波速进行修正。

⑤ 根据试验建立的混凝土强度与波速的专用曲线,换算出各测点处的混凝土强度值。

⑥ 按数理统计方法计算出混凝土强度平均值、标准差和变异系数三个统计特征值,用以比较混凝土各部位的均匀性。

自我测验

一、填空题

1. 混凝土拌合物的和易性包括_____、_____和_____三方面的含义。

2. 测定混凝土拌合物和易性的方法有_____法和_____法。

3. 在相同条件下,碎石混凝土的和易性比卵石混凝土的和易性_____。

4. 普通混凝土配合比设计中要确定的三个参数为_____、_____和_____。

5. 水泥混凝土的基本组成材料有_____、_____、_____和_____。

6. 混凝土按其强度的大小进行分类,包括_____混凝土、_____混凝土和_____混凝土。

7. 试验室配合比设计中,应采用三组不同 W/B 进行水泥混凝土强度检验。一组为计算 W/B,其余两组应较计算 W/B 增减_____。

8. 粗骨料的最大粒径不得大于钢筋最小净距的_____。

9. 国家标准规定,对非标准尺寸的立方体试件,可采用折算系数将其强度值折算成标准试件的强度值,边长为 100mm 的立方体试件的折算系数是_____。

10. 混凝土配合比设计过程主要包括_____、_____、_____和_____。

二、名词解释

1. 砂率   2. 混凝土外加剂   3. 混凝土拌合物和易性   4. 混凝土碱-骨料反应

5. 活性混合材料   6. 混凝土抗压强度标准值

三、判断题

1. 级配好的骨料,其表面积小,空隙率小,最省水泥。   （　）

2. 在拌制混凝土时,砂越细越好。   （　）

3. 混凝土强度试验中,试件尺寸越大,强度越低。   （　）

4. 维勃稠度值越大,测定的混凝土拌合物的流动性越小。   （　）

5. 在混凝土中加掺合料或引气剂,可改善混凝土的黏聚性和保水性。   （　）

6. 普通混凝土的强度等级是根据 3d 和 28d 的抗压强度、抗折强度确定的。   （　）

7. 混凝土的强度标准差 σ 值越小,表明混凝土质量越稳定,施工水平越高。 （　）

8. 对四种基本材料进行混凝土配合比计算,用体积法计算砂石用量时,必须考虑混凝土内 1% 的含气量。   （　）

9. 碳化会使混凝土的碱度降低。   （　）

10. 混凝土中水泥用量越多,混凝土的密实度及强度越高。   （　）

四、单选题

1. 混凝土的（　）强度最大。

　　A. 抗拉　　　　　B. 抗压　　　　　C. 抗弯　　　　　D. 抗剪

2. 混凝土配合比设计中,水胶比的值是根据混凝土的(　　)要求来确定的。

    A. 强度及耐久性　　　　　　　B. 强度

    C. 耐久性　　　　　　　　　　D. 和易性与强度

3. 炎热夏季大体积混凝土施工时,必须加入的外加剂是(　　)。

    A. 速凝剂　　　　　　　　　　B. 缓凝剂

    C. $CaSO_4$　　　　　　　　　　D. 引气剂

4. 选择混凝土骨料时,应使其(　　)。

    A. 总表面积大,空隙率大　　　B. 总表面积小,空隙率大

    C. 总表面积小,空隙率小　　　D. 总表面积大,空隙率小

5. 欲增大混凝土拌合物的流动性,下列措施中最有效的为(　　)。

    A. 适当加大砂率　　　　　　　B. 加水泥浆(水胶比 W/B 不变)

    C. 加大水泥用量　　　　　　　D. 加减水剂

6. 厚大体积混凝土工程适宜选用(　　)。

    A. 高铝水泥　　　　　　　　　B. 矿渣水泥

    C. 硅酸盐水泥　　　　　　　　D. 普通硅酸盐水泥

7. 下列材料中,属于非活性混合材料的是(　　)。

    A. 粉煤灰　　　B. 矿渣　　　C. 火山灰　　　D. 石灰石粉

8. 测试混凝土静力受压弹性模量时,标准试件的尺寸为(　　)。

    A. 150mm×150mm×150mm　　B. 40mm×40mm×160mm

    C. 70.7mm×70.7mm×70.7mm　D. 150mm×150mm×300mm

9. 当混凝土拌合物流动性偏小时,应增加(　　)。

    A. 水泥　　　B. 水　　　C. 水泥和水　　　D. 砂和石子

10. 在原材料质量不变的情况下,决定混凝土强度的主要因素是(　　)。

    A. 水泥用量　　　　　　　　　B. 砂率

    C. 单位用水量　　　　　　　　D. 水胶比

五、问答题

1. 某混凝土搅拌站原使用砂的细度模数为 2.5,后改用细度模数为 2.1 的砂。改砂后,原混凝土配方不变,但混凝土坍落度明显变小。请分析原因。

2. 哪些措施可以改善混凝土拌合物的和易性?

3. 普通混凝土由哪些材料组成? 它们在混凝土中各起什么作用?

4. 混凝土水胶比的大小对混凝土的哪些性质有影响? 哪些因素可以决定水胶比的大小?

5. 混凝土配合比设计有哪些基本要求?

6. 当混凝土拌合物坍落度达不到要求时,如何进行调整?

7. 如何采取措施提高混凝土的耐久性?

8. 哪些因素影响混凝土的和易性?

9. 什么是混凝土的碱-骨料反应? 其对混凝土有什么危害?

10. 哪些因素影响混凝土的强度?

六、计算题

1. 已知混凝土试拌调整合格后各材料用量如下：水泥 5.72kg，砂子 9.00kg，石子 18.40kg，水 4.30kg。并测得拌合物的表观密度为 $2400kg/m^3$。

（1）试求其基准配合比（以 $1m^3$ 混凝土中各材料用量表示）。

（2）若采用实测强度为 45MPa 的普通水泥、河砂、卵石来配制，试估算该混凝土的 28d 强度（$A=0.46$，$B=0.07$）。

2. 已知混凝土的施工配合比为 1∶2.40∶4.40∶0.45，且实测混凝土拌合物的表观密度为 $2400kg/m^3$。现场砂的含水率为 2.5%，石子的含水率为 1%。试计算其试验室配合比（以 $1m^3$ 混凝土中各材料的用量表示，准确至 1kg）。

3. 某工程设计要求混凝土强度等级为 C30，现场施工拟用原料如下：水泥，42.5 普通水泥，$\rho_c=3.1g/cm^3$，水泥实际强度为 46.8MPa；中砂，$\rho_s=2620kg/m^3$，砂的含水率为 3%；碎石，$\rho_g=2710kg/m^3$，石子的含水率为 1%。混凝土的单位用水量为 $160kg/m^3$，砂率为 33%。

（1）试计算混凝土的初步配合比。

（2）设初步配合比就是试验室配合比，求施工配合比。

4. 某工厂厂房钢筋混凝土梁，设计要求混凝土强度等级为 C30，坍落度指标为 $30\sim50mm$，混凝土单位用水量为 180kg，混凝土强度标准差 $\sigma=5.0MPa$；水泥富余系数 $\beta=1.1$，水泥标号 42.5，$\rho_c=3.1g/cm^3$；砂 $\rho_s=2600kg/m^3$；碎石，连续级配、最大粒径为 30mm，$\rho_g=2700kg/m^3$，砂率为 31%。

（1）试计算混凝土的初步配合比。

（2）若初步配合比经调整试配时，加入 5% 的水泥浆后满足和易性要求，并测得混凝土拌合物的体积密度为 $2450kg/m^3$，求其基准配合比。

项目 7 墙体材料的性能与检测

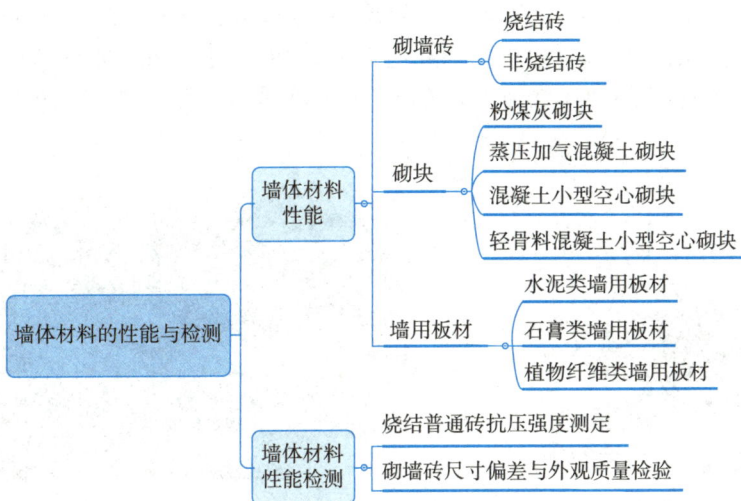

知识目标

1. 熟知墙体材料的种类及其应用;
2. 熟知墙体材料的技术标准及其技术性能检测;
3. 熟知烧结普通砖的性能;
4. 熟知各种砌墙砖的应用;
5. 知道墙用砌块、墙用板材的性能及应用。

技能目标

1. 能够根据工程实际需要合理选择砌墙砖、墙用砌块和墙用板材的种类;
2. 能够对砌墙砖的强度进行试验检测;
3. 能够对砌墙砖评定强度等级。

任务 7.1 墙体材料性能

墙体材料具有承重、分隔、遮阳、避雨、挡风、绝热、隔声、吸声和隔断光线等作用,因此,合理地选择墙体材料,对建筑物的功能、安全以及造价等均具有重要意义。目前,用于墙体的材料主要有砌墙砖、砌块和墙用板材三大类。

7.1.1 砌墙砖

砌墙砖可分为普通砖和空心砖两大类。普通砖是没有孔洞或者孔洞率小于25%的砖;而孔洞率大于或等于25%,孔的尺寸小而数量多者又称为多孔砖,常用于承重部位;孔洞率大于或等于40%,孔的尺寸大而数量少的砖称为空心砖,常用于非承重墙。

砌墙砖根据生产工艺又有烧结砖与非烧结砖之分,经焙烧制成的砖为烧结砖,不经焙烧而制成的砖均为非烧结砖。烧结砖按主要原料分类,主要有黏土砖(N)、页岩砖(Y)、煤矸石砖(M)、粉煤灰砖(F)等;按砖的规格、孔洞率、孔的尺寸大小和数量,烧结砖分为普通砖、多孔砖和空心砖,如图7-1和图7-2所示。非烧结砖主要有蒸养(压)粉煤灰砖、炉渣砖和灰砂砖等。

图7-1 烧结普通砖

图7-2 烧结多孔砖和空心砖

1. 烧结砖

1) 烧结普通砖

(1) 烧结普通砖的生产。以黏土、页岩、煤矸石、粉煤灰等为原料烧制普通砖时,其生产工艺基本相同。生产工艺过程如下:采土→调制→制坯→干燥→焙烧→成品。烧结普通砖规格尺寸为240mm×115mm×53mm,无孔,或孔洞率小于15%。砖砌体用砖量通常以砖的块数来计量,普通砖的长、宽、高分别加上10mm的灰缝尺寸,则4块砖长、8块砖宽或16块砖厚尺寸均为1m。因此,$1m^3$砖砌体需用普通砖为512块,砖砌体(如墙体)的用砖量即可推算。

砖坯在干燥过程中的体积收缩称为干缩,在焙烧过程中继续收缩称为烧缩。焙烧是生产烧结普通砖的重要环节。要特别控制砖的焙烧温度,以免出现欠火砖或过火砖。欠火砖是由于焙烧温度过低,砖的孔隙率很大,其强度低、耐久性差。过火砖是由于焙烧温度过高,砖坯产生软化变形,使砖的孔隙率小,其外形尺寸易变形、不规整。

当黏土中含有石灰质($CaCO_3$)时,经焙烧制成的黏土砖易发生石灰爆裂现象。当黏土中含有可溶性盐类时,会使砖砌体发生盐析现象(也称为泛霜)。普通黏土砖可烧成红色砖(红砖)或灰色砖(青砖)。它们的差别形成于不同的焙烧环境:当黏土砖处于氧化气氛的焙烧环境中时,则成红砖;当黏土砖处于还原气氛的焙烧环境中时,则成青砖。

（2）烧结普通砖的技术要求。根据《烧结普通砖》(GB/T 5101—2017)，烧结普通砖的外形为直角六面体。

① 尺寸允许偏差。烧结普通砖的标准尺寸是 240mm×115mm×53mm。通常将 240mm×115mm 面称为大面，将 240mm×53mm 面称为条面，将 115mm×53mm 面称为顶面。为保证砌筑质量，砖的尺寸允许偏差必须符合表 7-1 的规定。

表 7-1　烧结普通砖的尺寸允许偏差　　单位:mm

公称尺寸	指标	
	样本平均偏差	样本极差
长度 240	±2.0	≤6.0
宽度 115	±1.5	≤5.0
厚度 53	±1.5	≤4.0

② 外观质量。烧结普通砖的外观质量应符合表 7-2 的规定。

表 7-2　烧结普通砖的外观质量要求　　单位:mm

项　目	指标
弯曲	≤2
两条面高度差	≤2
杂质凸出高度	≤2
缺棱掉角的三个破坏尺寸，不得同时	>5
裂纹长度　大面上宽度方向及其延伸至条面的长度	≤30
裂纹长度　大面上长度方向及其延伸至顶面的长度或条面上水平裂纹的长度	≤50
完整面，不得少于	一条面和一顶面

注：凡有下列缺陷之一者，不得称为完整面。
① 缺损在条面或顶面上造成的破坏面尺寸同时大于 10mm×10mm。
② 条面或顶面上的裂纹宽度大于 1mm，其长度超过 30mm。
③ 压陷、粘底、焦花在条面或顶面上的凹陷或突出超过 2mm，区域尺寸同时大于 10mm×10mm。

③ 强度等级。烧结普通砖按抗压强度划分为 MU30、MU25、MU20、MU15、MU10 五个强度等级。各等级的强度标准应符合表 7-3 的规定。

表 7-3　烧结普通砖和烧结多孔砖强度等级　　单位:MPa

强度等级	抗压强度平均值 $\bar{f}$	抗压强度标准值 f_k
MU30	≥30.0	≥22.0
MU25	≥25.0	≥18.0
MU20	≥20.0	≥14.0
MU15	≥15.0	≥10.0
MU10	≥10.0	≥6.5

④ 抗风化能力。抗风化能力是指在干湿变化、温度变化、冻融变化等物理因素作用下,材料不被破坏,并长期保持其原有性质的能力。

烧结普通砖的抗风化能力通常以抗冻性、吸水率及饱和系数等指标来判别。按《烧结普通砖》(GB/T 5101—2017)规定,严重风化区中的黑龙江、吉林、辽宁、内蒙古、新疆等省(区市)的砖,必须进行冻融试验。其他省区的砖的抗风化性能符合规范规定时,可不做冻融试验,否则必须进行冻融试验。冻融试验后,每块砖样不允许出现裂纹、分层、掉皮、掉角等现象,质量损失不得大于2%。

⑤ 泛霜。泛霜(也叫起霜、盐析、盐霜等),是指可溶性盐类(如硫酸钠等盐类)在砖或砌块表面的析出现象,一般呈白色粉末、絮团或絮片状。这些结晶粉状物不仅有损于建筑物的外观,而且结晶膨胀会引起砖表层变得疏松,甚至剥落。

⑥ 石灰爆裂。石灰爆裂是指烧结砖的原料中夹杂着石灰石,焙烧时被烧成生石灰块,在使用过程中,生石灰吸水熟化转变为熟石灰,体积膨胀而引起砖裂缝,严重时会使砖砌体强度降低,直至破坏的现象。优等品不允许出现最大破坏尺寸大于2mm的爆裂区域;一等品不允许出现最大破坏尺寸大于10mm的爆裂区域,在2~10mm间的爆裂区域,每组砖样不得多于15处;合格品不允许出现最大破坏尺寸大于15mm的爆裂区域,在2~15mm间的爆裂区域,每组砖样不得多于15处,其中大于10mm的爆裂区域不得多于7处。

(3) 烧结普通砖的应用。烧结普通砖是传统的墙体材料,具有较高的强度和耐久性,又由于多孔而具有保温绝热、隔音吸声等优点,因此适宜做建筑围护结构,大量应用于砌筑建筑物的内墙、外墙、柱、拱、烟囱、沟道及其他构筑物,也可在砌体中置适当的钢筋或钢丝以代替混凝土柱和过梁。

2) 烧结多孔砖和烧结空心砖

用多孔砖和空心砖代替实心砖,可使建筑物的自重减轻1/3左右,节约黏土20%~30%,节省燃料10%~20%,且烧成率高,造价降低20%,施工效率提高40%,并能改善砖的绝热和隔声性能,在相同的热工性能要求下,用空心砖砌筑的墙体厚度可减薄半砖左右。所以,推广使用多孔砖、空心砖也是加快我国墙体材料改革,促进墙体材料工业技术进步的措施之一。

(1) 烧结多孔砖。烧结多孔砖是以煤矸石、粉煤灰、页岩或黏土为主要原料,经焙烧而成的孔洞率等于或大于33%,孔的尺寸小而数量多的烧结砖常用于建筑物的承重部位。按《烧结多孔砖和多孔砌块》(GB 13544—2011)规定,烧结多孔砖的外形为直角六面体,砖的大面有矩形孔或矩形条孔,孔的四个角为过渡圆角而非直角,孔小而多。在与砂浆的结合面上,设有增加结合力的粉刷槽和砌筑砂浆槽。砖的长、宽、高尺寸应符合290mm、240mm、190mm、180mm、140mm、115mm、90mm等要求,主要规格有190mm×190mm×90mm(M型)和240mm×115mm×90mm(P型),其他规格尺寸由供需双方确定。图7-3所示为部分地区生产的多孔砖规格和孔洞形式。砖的尺寸允许偏差和外观质量应符合规范规定。

① 强度等级。《烧结多孔砖和多孔砌块》(GB 13544—2011)规定,烧结多孔砖按抗压强度划分为MU30、MU25、MU20、MU15和MU10五个强度等级。各强度等级的抗压强

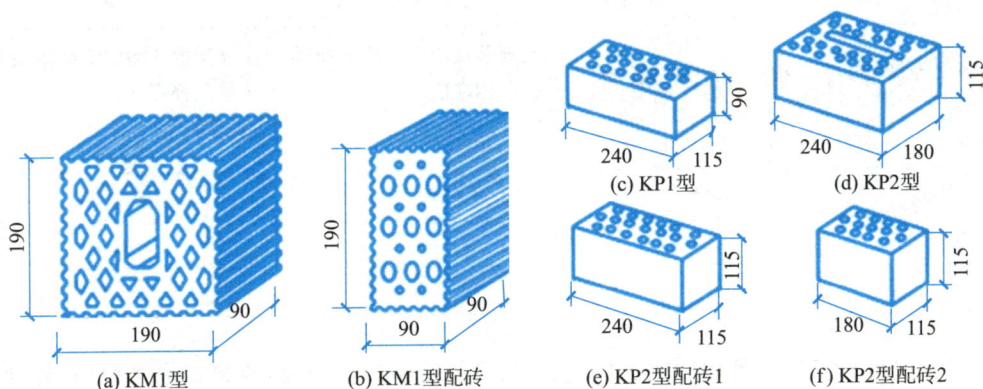

图 7-3　几种多孔砖的规格和孔洞形式(单位:mm)

度应符合表 7-3 中抗压强度平均值和抗压强度标准值两项指标的规定,否则为不合格品。

②烧结多孔砖的应用。M 型砖应符合建筑模数,使设计规范化、系列化;P 型砖便于与普通砖配套使用。烧结多孔砖的孔洞尺寸小而数量多,分布均匀,非孔洞部分较密实,强度较高。使用时,孔洞应垂直于承压面,以充分利用砖的抗压强度。因此,烧结多孔砖的整体强度也较高,并且绝热性能优于普通砖,常用于砌筑六层以下建筑物的承重墙。

(2)烧结空心砖。烧结空心砖是以黏土、页岩、煤矸石为主要原料,经焙烧而成的孔洞率等于或大于 40%的砖。其孔尺寸大而数量少,且平行于大面和条面,使用时,大面受压,孔洞与承压面平行,因而砖的强度不高,如图 7-4 所示。

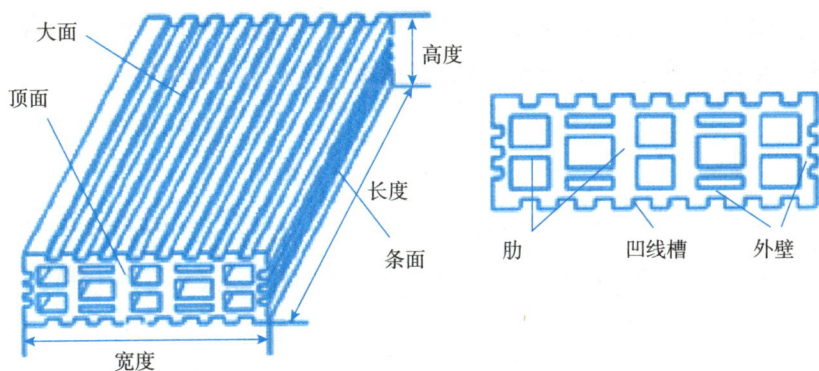

图 7-4　烧结空心砖

①烧结空心砖的规格尺寸。《烧结空心砖和空心砌块》(GB/T 13545—2014)规定,烧结空心砖的外形为直角六面体,砖的顶面有矩形条孔,孔大而少,平行于大面和条面。在与砂浆的结合面上,设有用于增加结合力的深度为 1mm 以上的凹线槽。砖的长、宽、高尺寸应符合 390mm、290mm、240mm、190mm、180(175)mm、140mm、115mm、90mm 等要求,其他规格尺寸由供需双方确定。

②强度等级。根据规范规定,烧结空心砖按抗压强度分为 MU10.0、MU7.5、MU5.0及 MU3.5 四个强度等级。各强度等级的抗压强度应符合表 7-4 的规定,否则为不合格品。

表 7-4　烧结空心砖的强度等级　　　　　　　　　　　　　　单位：MPa

强度等级	抗压强度平均值 $\bar{f}$	变异系数 $\delta \leqslant 0.21$ 时抗压强度标准值 f_k	变异系数 $\delta > 0.21$ 时单块最小抗压强度 f_{min}
MU10.0	$\geqslant 10.0$	$\geqslant 7.0$	$\geqslant 8.0$
MU7.5	$\geqslant 7.5$	$\geqslant 5.0$	$\geqslant 5.8$
MU5.0	$\geqslant 5.0$	$\geqslant 3.5$	$\geqslant 4.0$
MU3.5	$\geqslant 3.5$	$\geqslant 2.5$	$\geqslant 2.8$

对于强度、密度、抗风化性能、放射性物质含量合格的空心砖，应根据尺寸偏差、外观质量、空洞排列及其结构、泛霜、石灰爆裂及吸水率等方面判别其是否合格。

③ 烧结空心砖的应用。烧结空心砖的质量较轻，强度不高，因而多用于非承重墙。使用空心砖，既可提高施工效率，降低造价，又可减轻墙体自重，改善墙体的热工性能。

2. 非烧结砖

不经焙烧而制成的砖均为非烧结砖，如碳化砖、免烧免蒸砖、蒸养（压）砖等，目前应用较广的是蒸养（压）砖。这类砖是以含钙材料（石灰、电石渣等）和含硅材料（砂子、粉煤灰、煤矸石灰渣、炉渣等）与水拌合，经压制成型，在自然条件或人工水热合成条件（蒸养或蒸压）下反应生成以水化硅酸钙、水化铝酸钙为主要胶结料的硅酸盐建筑制品。其主要品种有蒸压粉煤灰砖、炉渣砖、蒸压灰砂砖等。

1）蒸压粉煤灰砖

根据《蒸压粉煤灰砖》（JC/T 239—2014）规定，蒸压粉煤灰砖的尺寸为 240mm×115mm×53mm，按抗压强度和抗折强度分为 MU30、MU25、MU20、MU15、MU10 五个强度等级，见表 7-5。

表 7-5　蒸压粉煤灰砖强度等级　　　　　　　　　　　　　　单位：MPa

强度等级	抗压强度		抗折强度	
	10 块平均值	单块值	10 块平均值	单块值
MU30	$\geqslant 30.0$	$\geqslant 24.0$	$\geqslant 4.8$	$\geqslant 3.8$
MU25	$\geqslant 25.0$	$\geqslant 20.0$	$\geqslant 4.5$	$\geqslant 3.6$
MU20	$\geqslant 20.0$	$\geqslant 16.0$	$\geqslant 4.0$	$\geqslant 3.2$
MU15	$\geqslant 15.0$	$\geqslant 12.0$	$\geqslant 3.7$	$\geqslant 3.0$
MU10	$\geqslant 10.0$	$\geqslant 8.0$	$\geqslant 2.5$	$\geqslant 2.0$

注：强度等级以蒸压养护后 1d 的强度为准。

蒸压粉煤灰砖可用于工业与民用建筑的基础、墙体，但用于基础或容易受干湿交替或冻融作用部位时，必须使用优等品或一等品。在长期受热（200℃以上）、急冷、急热和有酸性介质侵蚀的环境，禁止使用蒸压粉煤灰砖。

2）炉渣砖

炉渣砖是以煤燃烧后的炉渣（煤渣）为主要原料，加入适量的石灰或电石渣、石膏等材料,经混合、搅拌、成型、蒸汽养护等环节制成的砖。

根据《炉渣砖》(JC/T 525—2007)的规定,煤渣砖的公称尺寸为 240mm×115mm×53mm,按其抗压强度分为 MU25、MU20、MU15 三个强度级别,见表 7-6。

表 7-6　炉渣砖强度等级　　　　　　　　　　　　　　单位:MPa

强度等级	抗压强度平均值 $\bar{f}$	变异系数 $\delta \leqslant 0.21$ 时强度标准值 f_k	变异系数 $\delta \geqslant 0.21$ 时单块最小抗压强度 f_{min}
MU25	≥25.0	≥19.0	≥20.2
MU20	≥20.0	≥14.0	≥16.0
MU15	≥15.0	≥10.0	≥12.0

炉渣砖可用于工业与民用建筑的墙体和基础,用于基础或易受冻融和干湿交替作用的建筑部位时,必须使用 MU15 及 MU15 以上的砖。炉渣砖不得用于长期受热 200℃ 以上,或急冷急热,或有侵蚀性介质侵蚀的建筑部位。

3) 蒸压灰砂砖

根据《蒸压灰砂实心砖和实心砌块》(GB/T 11945—2019)的规定,蒸压灰砂砖(简称为灰砂砖)是以石灰和砂为主要原料,经坯料制备、压制成型,再经高压饱和蒸汽养护而成的砖。其外形为直角六面体,规格尺寸为 240mm×115mm×53mm,按抗压强度分为 MU30、MU25、MU20、MU15、MU10 五个强度级别,见表 7-7。

表 7-7　灰砂砖的强度等级　　　　　　　　　　　　　单位:MPa

强度等级	抗 压 强 度	
	平均值	单块值
MU30	≥30.0	≥25.5
MU25	≥25.0	≥21.2
MU20	≥20.0	≥17.0
MU15	≥15.0	≥12.8
MU10	≥10.0	≥8.5

与其他墙体材料相比,灰砂砖强度较高,蓄热能力显著,隔声性能十分优越,属于不可燃建筑材料,可用于多层混合结构的承重墙体。其中,MU15、MU20、MU25 灰砂砖可用于基础及其他部位,MU10 可用于防潮层以上的建筑部位。长期处在高于 200℃ 的温度下,受急冷、急热或有酸性介质的环境禁止使用蒸压灰砂砖。

7.1.2　砌块

砌块是一种比砌墙砖形体大的新型墙体材料,外形多为直角六面体,也有各种异形砌块。砌块系列中,主规格的长度、宽度或高度有一项或一项以上分别大于 365mm、240mm 或 115mm,但高度不超过长度或宽度的 6 倍,长度不超过高度的 3 倍。砌块具有适应性强、原料来源广泛、可充分利用地方资源和工业废料、砌筑方便灵活等特点,同时可提高施工效率及施工的机械化程度,减轻房屋自重,改善建筑物功能,降低工程造价。

砌块是以水泥、矿物掺合料、砂、石、水等为原材料,经搅拌、振动成型、养护等工艺制成的,包括空心砌块和实心砌块。砌块可以按位置、作用、类型的不同进行分类。

主块型砌块:外形为直角六面体,长度尺寸为 400mm 减砌筑时竖灰缝厚度,砌块高度尺寸为 200mm 减砌筑时水平灰缝厚度,条面封闭完好的砌块。

辅助砌块:与主块型砌块配套使用的、特殊形状与尺寸的砌块,分为空心和实心两种;包括各种异形砌块,如圈梁砌块、一端开口的砌块、七分头块、半块等。

免浆砌块:砌块砌筑(垒砌)成墙片的过程中,无须使用砌筑砂浆,块与块之间主要靠榫槽结构相连的砌块。

砌块按有无孔洞分为实心砌块与空心砌块;按原材料不同分为水泥混凝土砌块、粉煤灰砌块、加气混凝土砌块、轻骨料混凝土砌块等;按大小分为中型砌块和小型砌块,前者用小型起重机械施工,后者可用手工直接砌筑。

1. 粉煤灰砌块

粉煤灰砌块是以粉煤灰、石灰、石膏和骨料(炉渣、矿渣)等为原料,经配料、加水搅拌、振动成型、蒸汽养护所制成的密实砌块。粉煤灰砌块的外形尺寸为 880mm×380mm×240mm 和 880mm×430mm×240mm 两种。砌块的端面应加灌浆槽,坐浆面(又叫铺浆面)宜设抗切槽。

粉煤灰砌块适用于工业与民用建筑的墙体和基础,但不宜用于具有酸性侵蚀介质的建筑部位,也不宜用于经常处于高温(如炼钢车间)环境下的建筑物。

2. 蒸压加气混凝土砌块

蒸压加气混凝土砌块(简称为加气混凝土砌块)是以钙质材料(水泥、石灰等)、硅质材料(矿渣、砂、粉煤灰等)以及加气剂(铝粉)为基本原料,经配料、搅拌、浇筑、发气、切割和蒸压养护等工艺制成的多孔、直角六面体块状墙体材料,代号为 AAC-B。

1)加气混凝土砌块的技术要求

根据《蒸压加气混凝土砌块》(GB/T 11968—2020)规定,其主要技术指标如下。

(1)规格。砌块的规格尺寸见表 7-8。

表 7-8　砌块的规格尺寸　　　　　　　　　　　　　　　　　单位:mm

长度 L	宽度 B	高度 H
600	100,120,125 150,180,200 240,250,300	200,240,250,300

注:如需要其他规格,可由供需双方协商解决。

(2)强度等级与密度等级。根据砌块的 100mm 边长立方体抗压强度划分为 A1.5、A2.0、A2.5、A3.5、A5.0 五个强度等级,A1.5、A2.0 适用于建筑保温。根据砌块的干密度划分为 B03、B04、B05、B06、B07 五个级别,B03、B04 适用于建筑保温。根据尺寸偏差分为Ⅰ型和Ⅱ型,Ⅰ型适用于薄灰缝砌筑,Ⅱ型适用于厚灰缝砌筑。

(3)尺寸允许偏差和外观质量要求。砌块按其尺寸偏差、外观质量、干密度、抗压强度和抗冻性分为优等品（A）和合格品（B）两个质量等级。砌块的强度等级、导热系数、抗冻性等技术要求应符合现行国家标准《蒸压加气混凝土砌块》（GB/T 11968—2020）的有关规定。

（4）产品标记。按产品代号（ACB）、强度等级、密度等级、规格尺寸、质量等级和标准编号顺序编写。如强度等级为 A3.5 级、干密度为 B05 级、规格尺寸为 600mm×200mm×250mm、质量等级为优等品的蒸压加气混凝土砌块，可标记为 ACB A3.5 B05 600×200×250A GB 11968—2020。

2）加气混凝土砌块的应用

加气混凝土砌块具有体积密度小、保温及耐火性能好、抗震性能强、易于加工、施工方便等特点，适用于低层建筑的承重墙，多层建筑的隔墙和高层框架结构的填充墙，也可用于复合墙板和屋面结构中，如图 7-5 所示。在无可靠的防护措施时，不得用于风中、高湿度以及有侵蚀介质的环境中，也不得用于建筑物的基础和温度长期高于 80℃ 的建筑部位。

图 7-5　加气混凝土砌块及应用

3. 混凝土小型空心砌块

1）混凝土小型空心砌块的技术要求

根据《普通混凝土小型砌块》（GB/T 8239—2014）规定，其主要技术指标如下。

（1）规格。常用的混凝土砌块外形及主块型砌块各部位的名称如图 7-6 所示，砌块的外形宜为直角六面体，常用块型的规格尺寸见表 7-9。

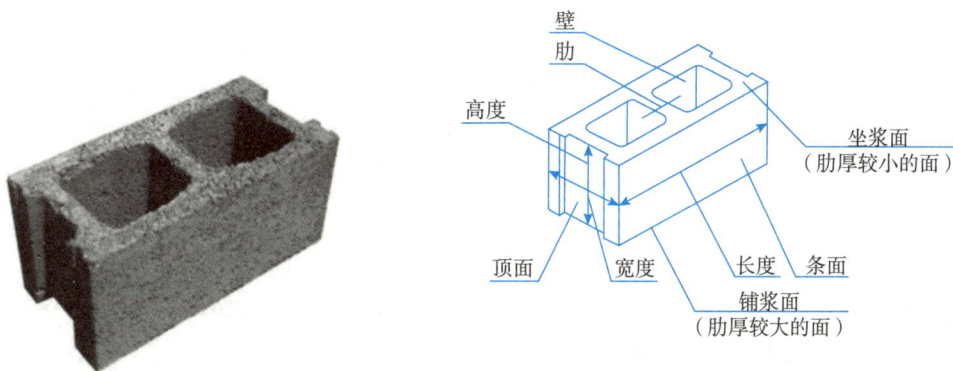

图 7-6　小型空心砌块

表 7-9　砌块的规格尺寸　　　　　　　　　　　　　　单位：mm

长　度	宽　　度	高　　度
390	90、120、140、190、240、290	90、140、190

注：其他规格尺寸可由供需双方协商确定。采用薄灰缝砌筑的块形，相关尺寸可作相应调整。

（2）种类。砌块按空心率分为空心砌块（空心率不小于 25％，代号为 H）和实心砌块（空心率小于 25％，代号为 S）。砌块按使用时砌筑墙体的结构和受力情况，分为承重结构用砌块（代号为 L，简称为承重砌块）和非承重结构用砌块（代号为 N，简称为非承重砌块）。常用的辅助砌块代号分别为：半块—50，七分头块—70，圈梁块—U，清扫孔块—W。

（3）强度等级与质量等级：混凝土小型空心砌块按抗压强度分为 MU5、MU7.5、MU10、MU15、MU20、MU25 六个强度等级，见表 7-10。

表 7-10　普通混凝土小型空心砌块强度等级　　　　　　　　　单位：MPa

强度等级	抗 压 强 度	
	平均值	单块最小值
MU5	≥5.0	≥4.0
MU7.5	≥7.5	≥6.0
MU10	≥10.0	≥8.0
MU15	≥15.0	≥12.0
MU20	≥20.0	≥16.0
MU25	≥25.0	≥20.0

2）应用

混凝土小型空心砌块适用于建造地震设计烈度为 8 度及 8 度以下地区的各种建筑墙体（建筑外墙填充、内墙隔断、内外墙承重），包括高层与大跨度的建筑，也可以用于围墙、挡土墙、桥梁、花坛等市政设施，应用范围十分广泛。

4. 轻骨料混凝土小型空心砌块

轻骨料混凝土小型空心砌块是由水泥、轻骨料、砂、水，经拌合成型、养护而制成的一种轻质墙体材料。其干表观密度不大于 1950kg/m³，按砌块孔的排数分为单排孔、双排孔、三排孔、四排孔等。

1）轻骨料混凝土小型空心砌块的技术要求

根据《轻集料混凝土小型空心砌块》（GB/T 15229—2011），其技术要求如下。

（1）规格：主规格尺寸为 390mm×190mm×190mm；其他规格尺寸可由供需双方商定。

（2）强度等级与密度等级：砌块密度等级分为 700、800、900、1000、1100、1200、1300、1400 八个等级；砌块抗压强度分为 MU2.5、MU3.5、MU5、MU7.5、MU10 五个等级。

2）轻骨料混凝土小型空心砌块的应用

轻骨料混凝土小型空心砌块是一种轻质高强、能取代普通黏土砖的最有发展前途的墙体材料之一，又因其具有绝热性能好、抗震性能好等优点，在各种建筑的墙体中得到广泛应用,特别是在绝热要求较高的围护结构中使用十分广泛。

7.1.3 墙用板材

随着建筑结构体系的改革,装配式大板体系、框架轻板体系和大开间多功能框架结构的发展,与之相适应的各种轻质和复合墙用板材也流行开来。以板材为墙体的建筑体系具有轻质、节能,施工方便、快捷,使用面积大,开间布置灵活等特点,因此具有广阔的发展前景。

1. 水泥类墙用板材

1) 蒸压加气混凝土板

蒸压加气混凝土板是由钙质材料(水泥+石灰或水泥+矿渣)、硅质材料(石英砂或粉煤灰)、石膏、铝粉、水和钢筋等制成的轻质墙体材料,分为外墙板和隔墙板两种。蒸压加气混凝土板含有大量微小且非连通的气孔,孔隙率为 $70\%\sim80\%$,因而具有自重轻、绝热性好[热导率为 $0.12W/(m \cdot K)$]、隔声、吸声、耐火等特性,并具有一定的承载能力,可用作单层或多层工业厂房的外墙,也可用作公共建筑及居住建筑的内隔墙和外墙。

2) 轻骨料混凝土墙板

轻骨料混凝土配筋墙板是以水泥为胶凝材料,陶粒或天然浮石等为粗骨料,陶砂、膨胀珍珠岩、浮石等为细骨料,经搅拌、成型、养护而制成的一种轻质墙板。其品种有浮石全轻混凝土墙板、页岩陶粒炉下灰混凝土墙板及粉煤灰陶粒珍珠岩砂混凝土墙板。轻骨料混凝土墙板生产工艺简单,能使墙的厚度减小,而且自重轻、强度高、绝热性能好,耐火、抗震性能优越,施工方便。浮石全轻混凝土墙板和页岩陶粒炉下灰混凝土墙板适用于装配式民用住宅大板建筑。粉煤灰陶粒珍珠岩砂混凝土墙板适用于整体预应力装配式板柱结构。

3) 玻璃纤维增强水泥板(GRC 板)

玻璃纤维增强水泥板是以耐碱玻璃纤维、低碱度水泥、轻骨料与水为主要原料制成的,有 GRC 轻质多孔条板和 GRC 平板。GRC 轻质多孔条板性能较好,安装方便,适用于民用与工业建筑的分室、分户、厨房、厕浴间、阳台等非承重的内外墙体部位;抗压强度大于10MPa 的板材,也可用于建筑加层和两层以下建筑的内、外承重墙体部位。GRC 平板具有密度低、韧性好、耐水、不燃、易加工等特点,可用作建筑物的内隔墙与吊顶板,经表面压花、被覆涂层后,也可用作外墙的装饰面板。

4) 水泥刨花板

水泥刨花板是以水泥和刨花(木材加工剩余物、小茎材、树桠材等)为主要原料生产的板材。此种板具有轻质、隔声、隔热、防火、防水、抗虫蛀以及可钉、可锯、可钻、可胶合、可装饰等性能,适用于建筑物的隔墙板、吊顶板、地板、门芯等。

2. 石膏类墙用板材

石膏类板材具有轻质、绝热、吸声、防火、尺寸稳定及可钉、可刨、施工安装方便等性能,在建筑工程中得到广泛的应用,是一种很有发展前景的新型建筑材料。

1）纸面石膏板

纸面石膏板是以建筑石膏为主要原料,掺入纤维、外加剂等作为板芯,以特制的护面纸作为面层的一种轻质板材,主要有普通纸面石膏板、耐水(火)纸面石膏板等。

普通纸面石膏板轻质、抗弯,抗冲击性能优异,防火、保温隔热、抗震性好,并具有隔音性较好和可调节室内湿度等优点。当与钢龙骨配合使用时,可作为 A 级不燃性装饰材料使用。普通纸面石膏板的耐火极限一般为 5～15min。此种板材的耐水性差,受潮后,强度明显下降,且会产生较大变形或较大的挠度。普通纸面石膏板适用于办公楼、影剧院、饭店、宾馆、候车室、候机楼、住宅等建筑的室内吊顶、墙面、隔断、内隔墙等的装饰。

耐水纸面石膏板主要用于厨房、卫生间等潮湿场合的装饰。其表面也需再处理,以提高其装饰性。耐火纸面石膏板主要用作防火等级要求高的建筑物的装饰材料,如影剧院、体育馆、幼儿园、展览馆、博物馆、候机(车)大厅、售票厅、商场、娱乐场所及其通道、楼梯间、电梯间等的吊顶、墙面、隔断等。

2）纤维石膏板

纤维石膏板是由建筑石膏、纤维材料、多种添加剂和水经特殊工艺制成的石膏板。此种板材具有较好的尺寸稳定性和防火、防潮、隔声性能,以及可钉、可锯、可装饰的二次加工性能,也可调节室内空气湿度,不产生有害人体健康的挥发性物质。纤维石膏板可用作工业与民用建筑中的隔墙、吊顶及预制石膏复合墙板,还可用来代替木材制作家具。

3）石膏空心条板

石膏空心条板是以建筑石膏为胶凝材料,适量加入各种轻质骨料(膨胀珍珠岩、膨胀蛭石等)和改性材料(粉煤灰、矿渣、石灰、外加剂等),经拌合、浇注、振捣成型、抽芯、脱模、干燥而成,孔数为 7～9,孔洞率为 30%～40%。该板生产时不用纸、不用胶,安装时不用龙骨,适用于工业与民用建筑的非承重内隔墙。

3. 植物纤维类墙用板材

1）纸面草板

纸面草板是用植物秸秆(稻草或麦草)做原料,不用切割粉碎,直接在成型机内以挤压加热的方式形成板芯,并在表面粘护面纸制成的。纸面草板自重轻,保温隔声性能好,抗弯强度较高,有较强的耐燃性和良好的大气稳定性,具有可锯、可钉、可钻等加工性,主要用于建筑物的内隔墙、外墙的内衬、门板、风景屏风、屋面板、活动房等,经表面防水或装饰处理后,可用于各种环境的装饰,是一种成本低廉的代木材料。

2）麦秸人造板

麦秸人造板是以麦秸为原料,加入少量无毒、无害的胶黏剂,经切割、锤碎、分级、拌胶、铺装成型、加压、锯边、砂光等工序制成的环保型建筑板材,不需护面纸。使用麦秸人造板,对保护森林资源、维持自然界生态平衡有重要意义。麦秸人造板具有轻质、坚固耐用、防蛀、抗水、阻燃、不散发甲醛以及机械加工性能好等特点,可广泛应用于建筑物的隔墙、外墙内衬、吊顶、屋顶、建筑装饰以及建筑模板、地板等。麦秸人造板与轻钢龙骨等材料配套使用,可以构成轻质复合墙体。这种墙体具有优良的绝热性能,可用于外墙保温和隔墙保温隔声以及屋顶的绝热。

任务7.2 墙体材料性能检测

7.2.1 烧结普通砖抗压强度测定

1. 试验目的

试验目的是通过检测烧结普通砖的抗压强度,评定烧结普通砖的强度等级。

2. 主要仪器设备

(1)压力试验机;

(2)抗压试件制备平台;

(3)锯砖机或切砖器、直尺、馒刀等。

3. 试样制备

(1)抽取10块砖样,切断或锯成两个半截砖,断开的半截砖长不得小于100mm,如图7-7所示。如果半截砖长不足100mm,应另取备用试样补足。

(2)在试样制备平台上,将已断开的半截砖放入室温的净水中浸10~20min后取出,并以断口相反方向叠放,两者中间用厚度不超过5mm的水泥净浆黏结。水泥净浆采用强度等级为32.5MPa的普通硅酸盐水泥调制,要求稠度适宜。上、下两面用厚度不超过3mm的同种水泥净浆抹平。制成的试件上、下两面应互相平行,并垂直于侧面,如图7-7所示。

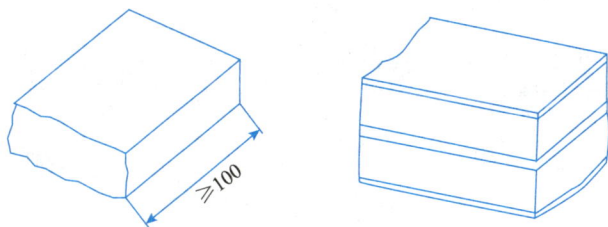

图7-7 烧结普通砖试样制备

4. 试件养护

制成的抹面试件应置于不低于10℃的不通风室内养护3d,再进行试验。

5. 试验步骤

(1)测量每个试件连接面或受压面的长、宽尺寸各两个,分别取其平均值,精确至1mm。

(2)将试件平放在加压板的中央,垂直于受压面加荷,加载应均匀平稳,不得发生冲击或振动。加荷速度以(5 ± 0.5)kN/s为宜,直至试件破坏为止,记录试件最大破坏荷载p。

6. 试验结果计算与处理

(1)计算每块试件的抗压强度(精确到0.1MPa):$f_i = \dfrac{p}{lb}$。

（2）计算 10 块试件的抗压强度算术平均值：$\bar{f}=\dfrac{f_1+f_2+\cdots+f_{10}}{10}$。

（3）计算 10 块试件的抗压强度标准差：$s=\sqrt{\dfrac{1}{9}\sum\limits_{i=1}^{10}(f_k-\bar{f})^2}$。

（4）计算强度变异系数：$\delta=\dfrac{s}{\bar{f}}$。

（5）计算 10 块试件的强度标准值：$f_k=\bar{f}-1.8s$。

（6）强度等级评定：当变异系数 $\delta\leqslant0.21$ 时，用抗压强度平均值 $\bar{f}$ 和抗压强度标准值 f_k 两项指标来评定烧结普通砖的强度等级；当变异系数 $\delta>0.21$ 时，用抗压强度平均值 $\bar{f}$ 和单块砖最小抗压强度值 f_{min} 两项指标来评定烧结普通砖的强度等级。

7.2.2　砌墙砖尺寸偏差与外观质量检验

1. 主要仪器设备

砖用卡尺（图 7-8），分度值为 0.5mm；钢直尺，分度值为 1mm。

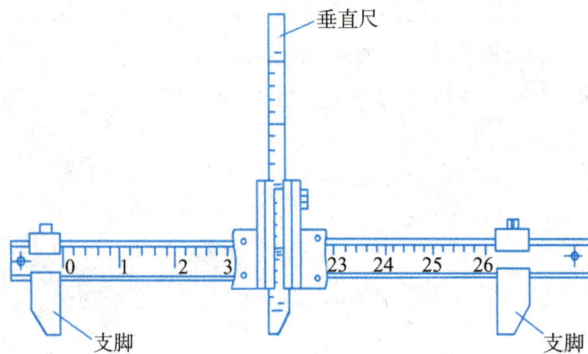

图 7-8　砖用卡尺

2. 测量方法

长度应在砖的两个大面的中间处分别测量两个尺寸；宽度应在砖的两个大面的中间处分别测量两个尺寸；高度应在砖的两个条面的中间处分别测量两个尺寸，如图 7-9 所示。当被测处有缺损或凸出时，可在其旁边测量，但应选择不利的一侧。所测数据应精确至 0.5mm。

3. 尺寸偏差检验

1）检验样品

检验样品数量为 20 块。

2）结果表示

每一方面尺寸以两个测量值的算术平均值表示，精确至 1mm。

3）计算样本平均偏差和样本极差

样本平均偏差是 20 块砖样规格尺寸的算术平均值减去其公称尺寸的差值；样本极差是抽检的 20 块砖样中最大测定值与最小测定值之差值。

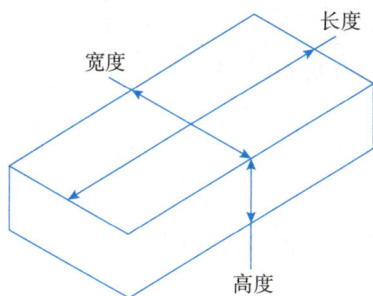

图 7-9 尺寸量法

4. 外观质量检验

1）缺损检验

缺棱掉角在砖上造成的破损程度，以破损部分对长、宽、高三个棱边的投影尺寸来度量，称为破坏尺寸。

缺损造成的破坏面，指缺损部分对条、顶面（空心砖为条、大面）的投影面积，空心砖内壁残缺及肋残缺尺寸，以长度方向的投影尺寸来度量。

2）裂纹检验

裂纹分为长度方向、宽度方向和水平方向三种，以被测方向的投影长度表示。如果裂纹从一个面延伸至其他面上时，则累计其延伸的投影长度。多孔砖的孔洞与裂纹相通时，则将孔洞包括在裂纹内一并测量。裂纹长度以在三个方向上分别测得的最长裂纹作为测量结果。

3）弯曲检验

弯曲分别在大面和条面上测量，测量时，应将砖用卡尺的两只脚沿棱边两端放置，择其弯曲最大处将垂直尺推至砖面。不应将因杂质或碰伤造成的凹处计算在内。以弯曲中测得的较大者作为测量结果。

4）杂质凸出高度检验

杂质在砖面上造成的凸出高度，以杂质距砖面的最大距离表示。测量时，将砖用卡尺的两支脚置于凸出两边的砖平面上，以垂直尺测量。

5）色差检验

将检验样品装饰面朝上随机分为两排并列，在自然光下距离砖样 2m 处目测。

6）结果处理

外观测量以毫米为单位，不足 1mm 者，按 1mm 计。

📖 自我测验

一、填空题

1. 烧结普通砖的尺寸为_____。

2. 烧结普通砖按所用原材料不同，可分为_____、_____、_____等；按生产工艺不同，可分为_____和_____；按有无孔洞，又可分为_____和_____。

3. 建筑工程中常用的砌块有_____、_____、_____、_____等。

4. 目前所用的墙体材料有_____、_____和_____三大类。

5. 蒸压(养)砖根据所用原材料不同,有_____、_____、_____等。

二、名词解释

1. 泛霜　　2. 烧结砖　　3. 欠火砖　　4. 纸面石膏板

三、判断题

1. 多孔砖和空心砖都具有自重较小、绝热性较好的优点,故它们均适合用来砌筑建筑物的内、外墙体。　　　　　　　　　　　　　　　　　　　　　　　　　　　　(　　)

2. 欠火砖吸水率大,过火砖吸水率小。　　　　　　　　　　　　　　　　(　　)

3. 加气混凝土砌块适用于低层建筑的承重墙以及多层建筑的间隔墙。　　(　　)

4. 烧结空心砖可以用于六层以下的承重墙。　　　　　　　　　　　　　　(　　)

5. 烧结空心砖的孔洞率不小于33%。　　　　　　　　　　　　　　　　(　　)

四、单选题

1. 普通混凝土小型空心砌块的空心率不小于(　　)%。
   　　A. 25　　　　　　　B. 20　　　　　　　C. 15　　　　　　　D. 30

2. 混凝土小型空心砌块按抗压强度分为(　　)个等级。
   　　A. 3　　　　　　　B. 4　　　　　　　C. 5　　　　　　　D. 6

3. 评定烧结普通砖强度等级的依据是(　　)。
   　　A. 抗压强度的平均值　　　　　　　B. 抗折强度的平均值
   　　C. 抗压强度的单块最小值　　　　　D. 抗折强度的单块最小值

4. 利用空心砖、工业废渣砖等可以(　　)。
   　　A. 大幅提高产量　　　　　　　　　B. 保护农田
   　　C. 节省能源　　　　　　　　　　　D. 提高施工效率

5. 黏土砖在砌墙前要浇水润湿,其目的是(　　)。
   　　A. 把砖冲洗干净　　　　　　　　　B. 保证砌筑砂浆的稠度
   　　C. 增加砂浆与砖的黏结力　　　　　D. 减少收缩

6. 普通纸面石膏板的代号为(　　)。
   　　A. P　　　　　　　B. S　　　　　　　C. H　　　　　　　D. SH

7. 下列不属于加气混凝土砌块特点的是(　　)。
   　　A. 轻质　　　　　　　　　　　　　B. 保温隔热
   　　C. 韧性好　　　　　　　　　　　　D. 抗冻性好

五、问答题

1. 烧结普通砖有哪些技术要求?

2. 什么是蒸压灰砂砖和蒸压粉煤灰砖?它们的应用范围有哪些?

3. 烧结多孔砖和空心砖与烧结普通砖相比有什么优点?

4. 为什么要限制烧结黏土砖,以及发展新型墙体材料?

5. 墙板是如何分类的?什么是复合墙板?复合墙板有哪些品种?它们的应用范围有哪些?

六、计算题

某工地送来一组烧结多孔砖，试件成型后进行抗压试验，测得破坏荷载如表 7-11 所示。

表 7-11 抗压试验破坏荷载

砖编号	1	2	3	4	5	6	7	8	9	10
破坏荷载/kN	298	393	310	320	360	290	330	410	220	332

试计算烧结多孔砖的强度等级(尺寸为 240mm×115mm×90mm)。

项目 8 建筑钢材的性能与检测

学习思维导图

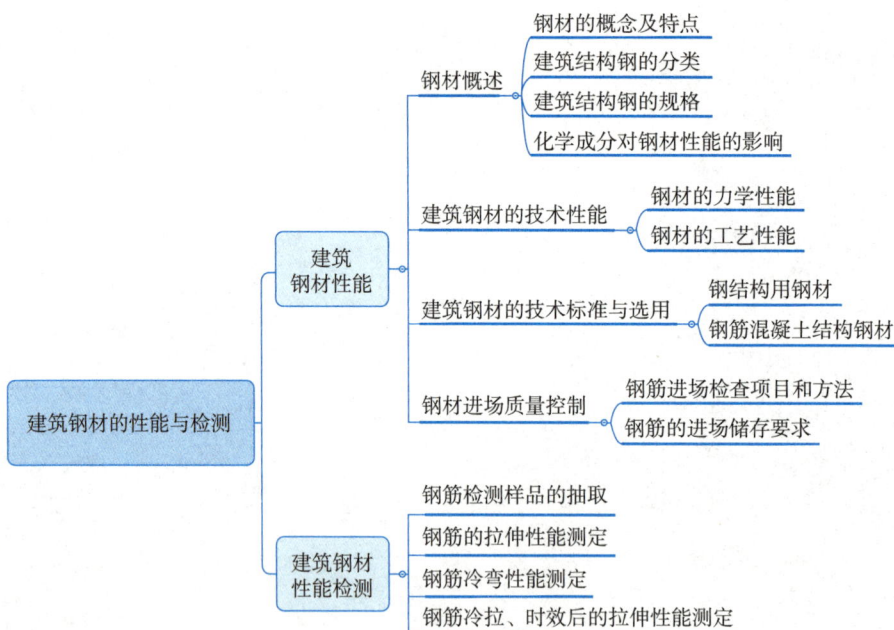

```
                                        ┌── 钢材的概念及特点
                              ┌ 钢材概述 ┤── 建筑结构钢的分类
                              │         ├── 建筑结构钢的规格
                              │         └── 化学成分对钢材性能的影响
                              │
                              │ 建筑钢材的技术性能 ┬── 钢材的力学性能
              ┌ 建筑          │                  └── 钢材的工艺性能
              │ 钢材性能 ─────┤
              │              │ 建筑钢材的技术标准与选用 ┬── 钢结构用钢材
建筑钢材的性能与检测          │                        └── 钢筋混凝土结构钢材
              │              │
              │              └ 钢材进场质量控制 ┬── 钢筋进场检查项目和方法
              │                               └── 钢筋的进场储存要求
              │
              │              ┌── 钢筋检测样品的抽取
              └ 建筑钢材      ├── 钢筋的拉伸性能测定
                性能检测 ─────┤── 钢筋冷弯性能测定
                             └── 钢筋冷拉、时效后的拉伸性能测定
```

知识目标

1. 了解钢材的分类、优缺点及工程应用,钢材中主要元素及其对钢材性能的影响;
2. 了解建筑结构钢的规格及应用;
3. 熟知钢材的力学性能,熟知冷加工时效处理的方法、目的和应用;
4. 了解各种钢的牌号表示方法、意义及工程应用;
5. 了解钢材验收内容、验收方法、运输及储存注意事项。

技能目标

1. 能根据工程特点选择钢材;
2. 能够进行钢材的拉伸性能试验;
3. 能够进行钢材的冷弯性能试验;
4. 知道各种钢材的性能指标及区别。

任务8.1 建筑钢材性能

钢材是一种重要的建筑材料,广泛应用于建筑工程的钢结构和钢筋混凝土结构中。建筑用钢材包括各种型钢、钢板、钢带、钢管、钢筋、钢丝、钢绞线等。建筑钢材组织均匀密实、强度和硬度高、塑性和韧性好,常温下能承受较大的冲击荷载和振动荷载;能铸成各种形状的铸件和轧制成各种形状的钢材;能进行切割、焊接、铆接、冷加工和热处理等各种形式的加工。

采用各种型钢和钢板制作的钢结构,具有自重轻、强度高,适用于大跨度的桥梁、工业厂房、机场、运动场馆及超高层建筑等建筑工程;钢筋与混凝土组成的钢筋混凝土结构,虽然自重大,但节约钢材,且由于混凝土的保护作用克服了钢材易锈蚀、维护费用高的缺点。

钢材最大的缺点就是耐高温性差,长期受高温作用时,钢材会因软化而失去其承载能力,因此,钢结构应注意防火。

8.1.1 钢材概述

1. 钢材的概念及特点

钢材是以铁为主要元素,含碳量一般在2%以下,并含有其他元素的材料。建筑钢材主要是指用于钢结构中的各种型材(如角钢、槽钢、工字钢、圆钢等)、钢板、钢管以及用于钢筋混凝土结构中的各种钢筋、钢丝等。建筑上由各种型钢组成的钢结构安全性大,自重较轻,适用于大跨度和高层结构。但由于各部门都需要大量的钢材,因此钢结构的大量应用在一定程度上受到了限制。作为一种建筑材料,钢材的主要优点如下。

1)强度高

强度高,表现为抗拉强度、抗压强度、抗弯强度及抗剪强度都很高,在建筑中可用作各种构件和零部件。在钢筋混凝土中,钢材能弥补混凝土抗拉性能、抗弯性能、抗剪性能和抗裂性能较低的缺点。

2)塑性好

在常温下,钢材能承受较大的塑性变形。钢材能承受冷弯、冷拉、冷拔、冷轧、冷冲压等各种冷加工。冷加工能改变钢材的断面尺寸和形状,并改变钢材的性能。

3)品质均匀、性能可靠

钢材性能的利用效率比其他非金属材料高。此外,钢材的韧性高,能经受冲击作用;可以焊接或铆接,便于装配;能进行切削、热轧和锻造;通过热处理方法,可以在相当大的程度上改变或控制钢材的性能。

2. 建筑结构钢的分类

根据脱氧方法、化学成分和品质不同,钢可分成不同的种类。

1)按脱氧方法分类

将生铁(及废钢)在熔融状态下进行氧化,除去过多的碳及杂质即得钢液。钢液在氧化过程中会含有较多FeO,故在冶炼后期,应加入脱氧剂(锰铁、硅铁、铝等)进行脱氧,才能浇铸成合格的钢锭。脱氧程度不同,钢材的性能就不同。因此,钢又可分为沸腾钢、镇静钢和特殊镇静钢。

(1)沸腾钢。仅用弱脱氧剂锰铁进行脱氧,属脱氧不完全的钢。其组织不够致密,有气泡夹杂,所以质量较差,但成品率高,成本低。

(2)镇静钢。用必要数量的硅、锰和铝等脱氧剂进行彻底脱氧的钢。其组织致密,化学成分均匀,性能稳定,是质量较好的钢种。由于镇静钢产出率较低,故成本较高,适用于承受振动冲击荷载或重要的焊接钢结构中。

(3)特殊镇静钢。特殊镇静钢质量和性能均高于镇静钢,成本也高于镇静钢。

2)按化学成分分类

钢按化学成分不同分为碳素钢和合金钢。

(1)碳素钢。碳素钢按含碳量的不同又分为低碳钢(碳含量<0.25%)、中碳钢(碳含量为0.25%~0.6%)和高碳钢(碳含量>0.6%)。

(2)合金钢。合金钢是在碳素钢中加入某些合金元素(锰、硅、钒、钛等),用于改善钢的性能或使其获得某些特殊性能。合金钢按合金元素含量不同分为低合金钢(合金元素含量<5%)、中合金钢(合金元素含量为5%~10%)和高合金钢(合金元素含量>10%)。

3)按品质分类

根据钢材中硫、磷的含量,钢材可分为普通钢、优质钢、高级优质钢和特级优质钢。

3. 建筑结构钢的规格

钢结构常用的钢材规格主要有钢板(钢带)、型钢、冷弯薄壁型钢和压型钢板。

1)常用钢板

钢板是指平板状、矩形的,可直接轧制或由宽钢带剪切而成的钢材。一般情况下,钢板是指一种宽厚比和表面积都很大的扁平钢材,如图8-1所示。

图 8-1 常用钢板

根据钢板的薄厚程度,钢板大致可分为薄钢板(厚度≤4mm)和厚钢板(厚度>4mm)两种,在实际工作中,常将厚度为4~20mm的钢板称为中板;将厚度为20~60mm的钢板称为厚板;将厚度>60mm的钢板称为特厚钢板。

2)常用型钢

钢结构常用型钢是热轧型钢,主要有钢筋、H型钢、T型钢、工字钢、槽钢、角钢、钢管、钢筋,如图8-2所示。

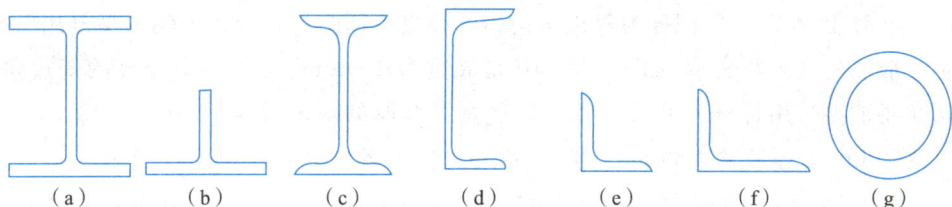

(a)　(b)　(c)　(d)　(e)　(f)　(g)

图 8-2　各类型钢的截面形式

（1）H 型钢（图 8-3）和 T 型钢（图 8-4）。H 型钢和 T 型钢是近年来我国推广应用的新型热轧型钢，其内、外表面平行，便于和其他构件连接，因此只需少量加工，便可直接用作柱、梁和屋架杆件。H 型钢和 T 型钢均分为宽、中、窄三种类别，其代号分别为 HW、HM、HN 和 TW、TM、TN。宽翼缘 H 型钢的翼缘宽度 B 与其截面高度 H 一般相等，中翼缘的 $B \approx (1/2 \sim 2/3)H$，窄翼缘的 $B \approx (1/3 \sim 1/2)H$。

图 8-3　H 型钢

图 8-4　T 型钢

（2）工字钢（图 8-5）。工字钢有普通工字钢和轻型工字钢之分，分别用符合 I 和 QI 级号数表示，号数代表截面高度的厘米数。工字钢由于宽度方向的惯性矩和回转半径比高度方向小很多，因此在应用上有一定的局限性，一般用于单向受弯构件。

（3）槽钢（图 8-6）。槽钢分为普通槽钢和轻型槽钢，以腹板厚度区分，常用作格构式的肢件和檩条等，型号用符号[或 Q[及号数表示，号数代表截面高度的厘米数。

图 8-5　工字钢

图 8-6　槽钢

(4) 角钢(图 8-7)。角钢分为等边角钢和不等边角钢两种。等边角钢的型号用符号 L 和肢宽×肢厚的毫米数表示,如 L100×10 是肢宽为 100mm、肢厚为 10mm 的等边角钢。不等边角钢的型号用符号 L 和长肢宽×短肢宽×肢厚的毫米数表示,如 L100×80×8 是长肢宽为 100mm、短肢宽为 80mm、肢厚为 8mm 的不等边角钢。

(5) 钢管(图 8-8)。钢管分为无缝钢管和电焊钢管两种,型号用 ϕ 和外径×壁厚的毫米数表示,如 ϕ219×14 是外径为 219mm、壁厚为 14mm 的钢管。

图 8-7　角钢

图 8-8　钢管

(6) 钢筋。钢筋是指钢筋混凝土用钢材和预应力钢筋混凝土用钢材,其横截面为圆形,有时为带有圆角的方形,包括光圆钢筋、带肋钢筋、扭转钢筋。钢筋混凝土用钢筋是指钢筋混凝土配筋用的直条或盘条状钢材,其外形分为光圆钢筋和变形钢筋两种,交货状态为直条和盘圆两种。

3) 冷弯薄壁型钢和压型钢板

建筑中使用的冷弯型钢(图 8-9)常用厚度为 1.5~5.0mm 薄钢板或钢带经冷轧(弯)或模压而成,故也称为冷弯薄壁型钢,还有用于厚钢板(大于 6mm)冷弯成的方管、矩形管、圆管等,称为冷弯厚壁型钢。压型钢板是冷弯型钢的另一种形式,它是用厚度 0.3~2.0mm 的镀锌或镀铝锌钢板、彩色涂层钢板经冷轧(压)成的各种类型的波形板,图 8-10 所示为其中数种。冷弯型钢和压型钢板(图 8-11)分别用于轻钢结构的承重构件和屋面、墙面构件。冷弯型钢和压型钢板都属于高效经济截面,由于壁薄,截面以几何形状展开,截面惯性矩大,刚度好,故能高效地发挥材料的作用,节约钢材。

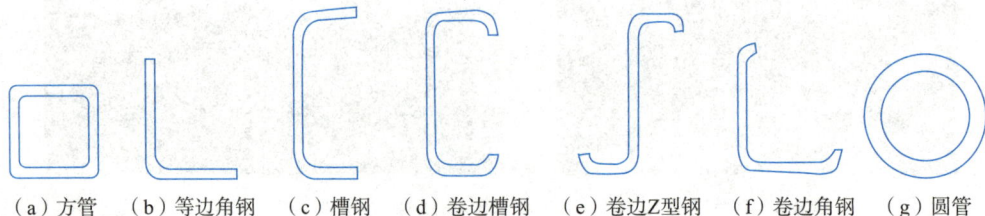

(a)方管　　(b)等边角钢　　(c)槽钢　　(d)卷边槽钢　　(e)卷边Z型钢　　(f)卷边角钢　　(g)圆管

图 8-9　各类冷弯薄壁型钢截面形式

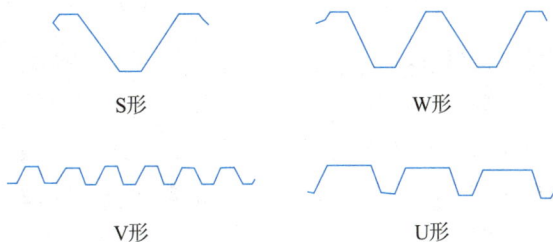

图 8-10　各类压型钢板截面形式

图 8-11　压型钢板

4. 化学成分对钢材性能的影响

钢是铁碳合金,原料、燃料、冶炼过程等因素使钢材中存在大量的其他元素,如硅、锰、硫、磷、氧、氮等。为了改善钢材的技术性能,常常加入一些合金元素,如锰、硅、矾、钛等。

1)碳

碳是影响钢材技术性质的主要元素。当含碳量低于 0.8% 时,随着含碳量的增加,钢材的抗拉强度和硬度提高,而塑性及韧性降低;但当含碳量在 1.0% 以上时,随着含碳量的增加,钢材的强度反而下降。同时,还将使钢材的冷弯、焊接及抗腐蚀等性能降低,并增加钢的冷脆性和时效敏感性。

2)磷、硫

磷、硫是钢材中的有害元素。磷与碳相似,能使钢的塑性和韧性下降,特别是低温下冲击韧性,常把这种现象称为冷脆性。磷还会使钢材的冷弯性能降低,可焊性变差。但磷可使钢材的强度、耐蚀性提高。硫在钢材中以 FeS 形式存在,钢材热加工时易引起钢的脆裂,称为热脆性。硫的存在还使钢的冲击韧性、疲劳强度、可焊性及耐蚀性降低。

3)氧、氮

氧、氮也是钢材中的有害元素,显著降低钢的塑性和韧性,以及冷弯性能和可焊性。

4)硅、锰

硅和锰在炼钢时的作用是脱氧去硫。硅是钢材的主要合金元素,含量在 1% 以内,可提高强度,对塑性和韧性没有明显影响。当含硅量超过 1% 时,冷脆性增加,可焊性变差。锰能消除钢材的热脆性,改善热加工性能,显著提高钢材的强度,但其含量不得大于 1%,否则可降低塑性及韧性,可焊性变差。

5)铝、钛、钡、铌

铝、钛、钡、铌均是炼钢时的脱氧剂,适当加入钢中,可改善钢的组织,细化晶粒,显著提高钢的强度和改善韧性。

8.1.2 建筑钢材的技术性能

钢材在建筑结构中的受力比较复杂,除了主要承受拉力、压力、弯曲、冲击等荷载,施工中还要经常对钢材进行切断、冷弯、焊接等加工。因此,钢材的力学性能、工艺性能和化学成分既是设计和施工人员选用它的主要依据,也是生产钢材企业控制材质的重要参数。

1. 钢材的力学性能

1) 拉伸性能

拉伸是建筑钢材的主要受力形式,所以拉伸性能是表示钢材性能和选用钢材的重要指标。将低碳钢(软钢)制成一定规格的试件,放在材料试验机上进行拉伸试验,可以绘出如图 8-12 所示的应力-应变关系曲线。从图中可以看出,低碳钢受拉至断裂,经历了四个阶段:弹性阶段(OB)、屈服阶段(BC)、强化阶段(CD)和颈缩阶段(DE)。

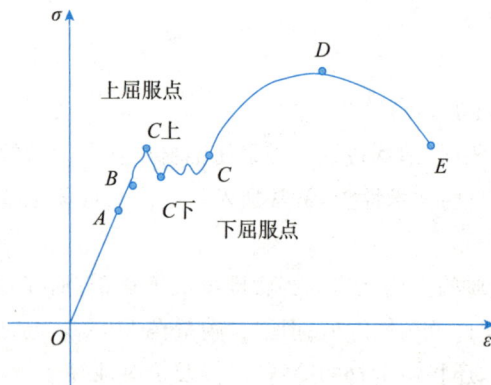

图 8-12　低碳钢拉伸时应力-应变曲线

(1) 弹性阶段(OB)。弹性阶段中,OA 段为直线。在 OA 段中,应变随应力增大而增大,应力与应变成正比例关系,即

$$\frac{\sigma}{\varepsilon} = \tan\alpha = E \tag{8-1}$$

式中:E——弹性模量,弹性模量反映钢材抵抗弹性变形的能力,是钢材在受力条件下计算钢材结构变形的重要指标。A 点对应的应力称为比例极限,用符合 σ_p 表示。

AB 段为曲线段,应力与应变不再成正比关系,但钢材仍表现出弹性性质,B 点对应的应力称为弹性极限,用符号 σ_e 表示。在应变曲线上 A、B 两点很接近,所以在实际应用时,往往将两点看作一点。

(2) 屈服阶段(BC)。加载超过 B 点后,应力、应变不再成正比关系,开始出现塑性变形,应力的增长滞后于应变的增长,当应力达 C 上点后(上屈服点),瞬时下降至 C 下(下屈服点),变形迅速增加,此时外力大致在恒定的位置上波动,直到 C 点,这就是所谓的屈服现象,似乎钢材不能承受外力而屈服,所以 BC 段称为屈服阶段。C 下对应的应力称为屈服点(屈服强度),用 σ_s 表示。由于钢材受力达到屈服点后将产生较大的塑性变形,已不能满足正常使用要

求,因此屈服强度 σ_s 是结构设计中钢材强度取值的依据,是工程结构计算中的重要参数。

(3) 强化阶段(CD)。当应力超过屈服强度后,由于钢材内部组织结构发生了改变,所以钢材抵抗塑性变形的能力又重新提高,$C \rightarrow D$ 呈上升曲线,称为强化阶段。对应于最高点 D 的应力值(σ_b)称为极限抗拉强度,简称为抗拉强度。

显然,σ_b 是钢材受拉时所能承受的最大应力值,屈服强度和抗拉强度之比(即屈强比 $=\sigma_s/\sigma_b$)是反映钢材的利用率和结构安全可靠程度的指标。屈强比越小,钢材的安全可靠程度越高,但屈强比过小又说明钢材强度的利用率偏低,造成钢材浪费。建筑结构合理的屈强比一般为 $0.60 \sim 0.75$。

《混凝土结构工程施工质量验收规范》(GB 50204—2015)规定:钢筋的抗拉强度实测值与屈服强度实测值的比值不应小于 1.25,钢筋的屈服强度实测值与强度标准值的比值不应大于 1.3。

(4) 颈缩阶段(DE)。试件受力达到最高点 D 点后,其抵抗变形的能力明显降低,变形迅速发展,应力逐渐下降,试件被拉长,在有杂质或缺陷处,断面急剧缩小,直至断裂。故 DE 段称为颈缩阶段。在工程中,钢材的塑性通常用伸长率 δ(或断面收缩率)和冷弯性能来表示。

① 将拉断后的试件拼合起来,测定出标距范围内的长度 l_1(mm),l_1 与试件原标距 l_0(mm)之差为塑性变形值,此差值与 l_0 之比称为伸长率(δ)。

$$\delta = \frac{l_1 - l_0}{l_0} \times 100\% \tag{8-2}$$

② 断面收缩率是指试件拉断后,颈缩处横截面面积的减缩量占原横截面面积的百分率,符号 φ,常用%表示。

伸长率 δ 是衡量钢材塑性的一个重要指标,δ 越大,说明钢材的塑性越好。而一定的塑性变形能力可保证应力重新分布,避免应力集中,从而使钢材的结构安全性越大。

通常以 δ_5 和 δ_{10} 分别表示 $l_0 = 5d_0$ 和 $l_0 = 10d_0$ 时的伸长率。对于同一种钢材,其 δ_5 大于 δ_{10}。

中、高碳钢(硬钢)的拉伸曲线与低碳钢不同,屈服现象不明显,难以测定屈服点,则规定产生残余变形为原标距长度的 0.2% 时所对应的应力值,作为硬钢的屈服强度,也称为条件屈服点,用 $\sigma_{0.2}$ 表示,见图 8-13。

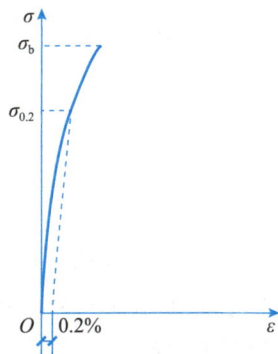

图 8-13　中碳钢、高碳钢(硬钢)拉伸时应力-应变曲线图

2）冲击韧性

冲击韧性是指钢材抵抗冲击荷载而不破坏的能力。冲击韧性指标是通过标准试件的弯曲冲击韧性试验确定的,如图 8-14 所示,以摆锤冲击试件刻槽的背面,使试件承受冲击弯曲而断裂。将试件冲断的缺口处单位截面积上所消耗的功作为钢材的冲击韧性指标,用 a_K 表示。a_K 值越大,钢材的冲击韧性越好。

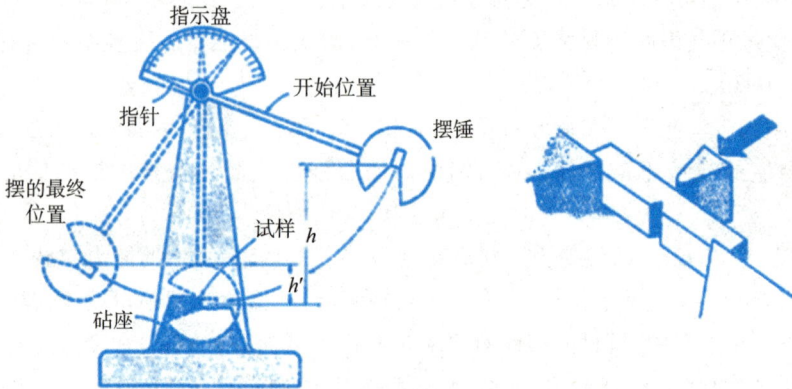

图 8-14　冲击韧性试验示意图

影响冲击韧性的因素有钢的化学组成、晶体结构、表面状态、轧制质量以及温度(K)和时效作用等。随着环境温度的降低,钢的冲击韧性也降低,当达到某一负温时,钢的冲击韧性值(a_K)突然发生明显降低,此为钢的低温冷脆性(图 8-15),此刻温度称为脆性临界温度。随着时间的推移,钢的强度会提高,而塑性和韧性降低的现象称为时效。

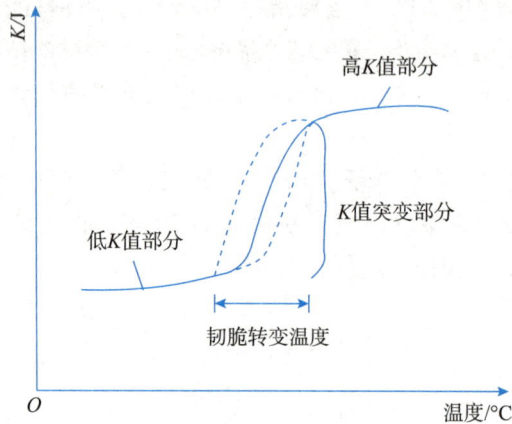

图 8-15　温度(K)对冲击韧性的影响

3）硬度

钢材的硬度是指其表面抵抗重物压入产生塑性变形的能力。测定硬度的方法有布氏法和洛氏法,较常用的方法是布氏法,其硬度指标为布氏硬度值(HB),如图 8-16 所示。

布氏法是利用直径为 D(mm)的淬火钢球,以一定的荷载 F(N)将其压入试件表面,得到直径为 D(mm)的压痕,以压痕表面积 S(mm^2)除以荷载 F,所得的应力值即为试件的布

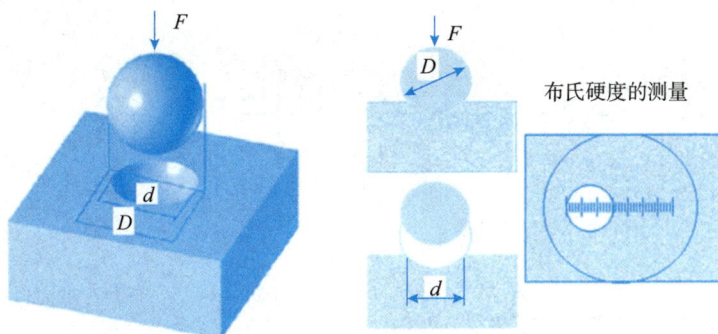

图 8-16　布氏硬度测定示意图

氏硬度值 HB,以不带单位的数字表示。

4)疲劳强度

钢材受交变荷载反复作用时,在应力远低于屈服强度的情况下突然发生破坏的现象称为疲劳破坏。疲劳破坏是在低应力状态下突然发生的,所以危害性极大。评价疲劳破坏的指标是疲劳强度,又称为疲劳极限。一般把钢材承受交变荷载 $10^6 \sim 10^7$ 次时不发生破坏的最大应力作为疲劳极限。一般来说,钢材的抗拉强度高,其疲劳极限也较高。

2. 钢材的工艺性能

1)冷弯性能

冷弯性能用于评价钢材在常温下承受弯曲变形的能力。评价指标为"弯曲角度、弯心直径(d)与钢筋直径(a)或试件厚度的比值"。钢材冷弯试验如图 8-17 所示。将直径(或厚度)为 a 的试件,采用标准规定的弯心直径 $d(d=na$,n 为整数)弯曲到规定的角度时($180°$ 或 $90°$),若在弯曲处的拱面和两侧面均无裂纹、断裂和起层等现象出现,即认为钢材的冷弯性能合格。

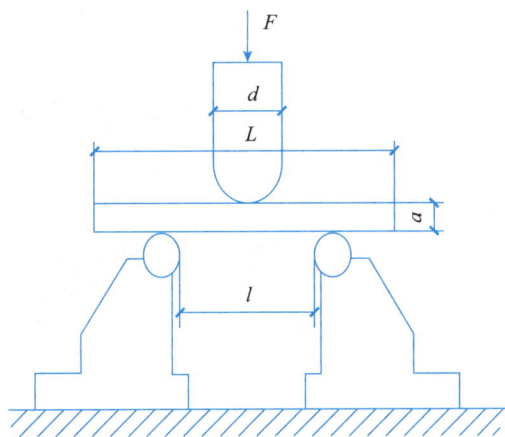

图 8-17　冷弯试验

我国现行国家标准把钢材的弯曲分成如图 8-18 所示的三种类型:达到某规定的角度 α 的弯曲,如图 8-18(a)所示;绕着弯心弯到两面平行,如图 8-18(b)所示;绕着弯心弯到两面重合,如图 8-18(c)所示。

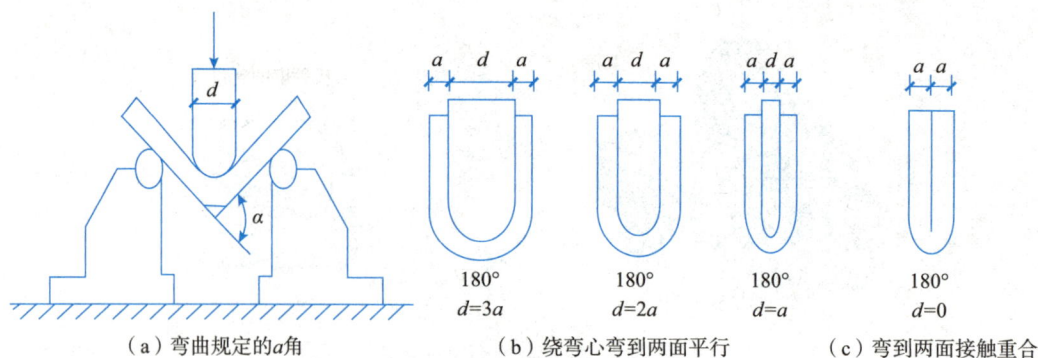

图 8-18　钢材的弯曲类型

2）可焊性能

焊接是把两块金属局部加热,并使其接缝部分迅速呈熔融或半熔融状态而牢固地连接起来的操作。焊接是钢结构的主要连接形式,在建筑工程的钢结构中,90%以上都是焊接结构。焊接质量取决于钢材母材与焊接材料间的可焊性、母材中的化学成分及焊接工艺水平。

3）冷加工强化处理

将钢材在常温下进行冷拉、冷拔或冷轧等,使之产生塑性变形,从而提高屈服强度、节约钢材,这个过程称为冷加工。经冷加工处理后的钢材,其塑性和韧性会降低。

冷拉是将热轧钢筋用冷拉设备强力进行拉伸,钢筋经冷拉后屈服强度提高,弹性模量降低,材质变硬。

冷拔是将光圆钢筋通过硬质合金拔丝模孔强行拉拔。每次拉拔断面缩小应在10%以下。钢筋在冷拔过程中,不仅受拉,还受到挤压作用,因此冷拔的作用比冷拉的作用强烈。经过一次或多次冷拔后的钢筋,表面光洁度高,屈服强度提高,但塑性降低,具有硬钢的性质。

4）时效

钢材经冷加工后,在常温下存放 15~20d,使其屈服强度进一步提高,而塑性及韧性却进一步降低,这个过程称为自然时效。或者通电加热至 100~200℃,保持 2h 左右,使其屈服强度进一步提高,而塑性及韧性却进一步降低,这个过程称为人工时效。经时效处理后,钢材可基本恢复弹性模量。因时效而导致钢材性能改变的程度称为时效敏感性。时效敏感性大的钢材,经时效后,其韧性、塑性改变较大。因此,承受振动、冲击荷载作用的重要结构(如吊车梁、桥梁)应选用时效敏感性小的钢材。

5）钢材的热处理

钢材的热处理是指按照一定的方法将钢材加热至一定的温度,保持一定的时间,再以一定的速度和方式冷却,使内部晶体组织和显微结构按要求改变,或者消除钢中的内应力,获得所需力学性能的过程。例如,钢材淬火后随即进行高温回火处理,称为调质处理,使钢材的强度、塑性、韧性等性能均得以改善。

8.1.3 建筑钢材的技术标准与选用

建筑钢材可分为钢结构用钢材(各种型钢、钢板、钢管等)和钢筋混凝土结构用钢材(各种钢筋、钢丝等)两大类,它们的性能主要取决于所用的钢种及其加工方式。

1. 钢结构用钢材

钢结构用钢材主要包括碳素结构钢和低合金高强度结构钢。

1) 碳素结构钢

(1) 碳素结构钢牌号的表示方法。根据《碳素结构钢》(GB/T 700—2006)的规定,碳素结构钢牌号由代表屈服强度的字母 Q、屈服强度数值、质量等级代号、脱氧方法等四个部分按顺序组成。

碳素结构钢按屈服强度的数值,分为 195MPa、215MPa、235MPa、275MPa 四种;按硫、磷杂质的含量由多到少,分为 A、B、C、D 四个质量等级;按脱氧方法不同,分别用 F 表示沸腾钢、Z 表示镇静钢、TZ 表示特殊镇静钢。

例如,Q235-A.F 表示屈服强度为 235MPa、质量等级为 A 的沸腾钢。

(2) 技术指标。碳素结构钢的技术要求包括化学成分、冶炼方法、力学性能、交货状态和表面质量等五个方面。碳素结构钢的化学成分、冷弯试验、力学性能指标应符合表 8-1~表 8-3 的规定。

表 8-1 碳素结构钢的化学成分

牌号	统一数字代号	质量等级	厚度或直径/mm	脱氧方法	化学成分(质量分数,%),不大于				
					C	Si	Mn	P	S
Q195	U11952	—	—	F、Z	0.12	0.30	0.50	0.035	0.040
Q215	U12152	A	—	F、Z	0.15	0.35	1.20	0.045	0.050
	U12155	B							0.045
Q235	U12352	A	—	F、Z	0.22	0.35	1.40	0.045	0.050
	U12355	B			0.22				0.045
	U12358	C		Z	0.17			0.040	0.040
	U12359	D		TZ				0.035	0.035
Q275	U12752	A	—	F、Z	0.24	0.35	1.50	0.045	0.050
	U12755	B	≤40	Z	0.21			0.045	0.045
			>40		0.22				
	U12758	C	—	Z	0.20			0.040	0.040
	U12759	D		TZ				0.035	0.035

表 8-2　碳素结构钢的冷弯试验指标

牌号	试样方向	冷弯试验($180°$, $B=2a$①)	
		钢材厚度（或直径）②/mm	
		≤60	>60～200
		弯心直径 d	
Q195	纵	0	—
	横	0.5a	
Q215	纵	0.5a	1.5a
	横	a	2.0a
Q235	纵	A	2.0a
	横	1.5a	2.5a
Q275	纵	1.5a	2.5a
	横	2.0a	3.0a

注：① B 为试样宽度，a 为试样厚度（或直径）。
② 钢材厚度（或直径）大于 100mm 时，弯曲试验由双方协商确定。

表 8-3　碳素结构钢的力学性能

牌号	等级	拉 伸 试 验											冲击试验温度/℃	V形冲击功（纵向）/J
		屈服点 σ_s/MPa					抗拉强度 σ_b/MPa	断后伸长率 δ/%						
		钢材厚度（直径）/mm						钢材厚度（直径）/mm						
		≤16	16～40	40～60	60～100	100～150	150～200		≤40	40～60	60～100	100～150	150～200		
		不小于							不小于					不小于
Q195	—	195	185	—	—	—	—	315～430	33	—	—	—	—	—	—
Q215	A	215	205	195	185	175	165	335～450	31	30	29	27	26	—	
	B													+20	27
Q235	A	235	225	215	215	195	185	370～500	26	25	24	22	21	—	
	B													+20	27
	C													0	
	D													-20	
Q275	A	275	265	255	245	225	215	410～540	22	21	20	18	17	—	
	B													+20	27
	C													0	
	D													-20	

（3）碳素结构钢的性能和应用。碳素结构钢各牌号中 Q195、Q215 强度较低，塑性、韧性较好，易于冷加工和焊接，常用作铆钉、螺钉、铁丝等；Q235 强度较高，塑性、韧性也较好，可焊性较好，是建筑工程中主要的牌号；Q275 强度高，塑性、韧性较差，可焊性较差且不易冷弯，多用于机械零件或制作螺栓，极少数用于混凝土配筋及钢结构中。同时，应根据工程结构的荷载情况、焊接情况及环境温度等因素来选择钢的质量等级和脱氧程度。

2）低合金高强度结构钢

低合金高强度结构钢是在低碳钢基础上，加入适量（总含量小于 5%）合金元素冶炼而成的。它比碳素结构钢具有更高的屈服强度，还有良好的塑性、冷弯性、可焊性、耐腐蚀性和低温冲击韧性,更适用于大跨度、重型、高层钢结构和桥梁工程。

(1) 牌号表示方法。根据《低合金高强度结构钢》(GB/T 1591—2018)的规定,钢的牌号由代表屈服强度"屈"字的汉语拼音首字母 Q、规定的最小上屈服强度数值、交货状态代号、质量等级符号(B、C、D、E、F)四个部分组成。

示例:Q355ND。其中,Q 表示钢的屈服强度的"屈"字汉语拼音的首字母;355 表示规定的最小上屈服强度数值,单位为 MPa;N 表示交货状态为正火或正火轧制;D 表示质量等级为 D 级。

当需方要求钢板具有厚度方向性能时,则在上述规定的牌号后加上代表厚度方向(Z向)性能级别的符号,如:Q355NDZ25。

(2) 技术指标。低合金高强度结构钢的技术要求包括化学成分、冶炼方法、力学性能、交货状态及表面质量五个方面。热轧低合金高强度结构钢化学成分、拉伸性能、伸长率和弯曲试验应符合表 8-4~表 8-7 的规定。

表 8-4　热轧低合金高强度结构钢的牌号及化学成分

牌号		化学成分(质量分数)/%												
		C		Si	Mn	P	S	Nb	V	Ti	Cr	Ni	Cu	Mo	N	B
钢级	质量等级	以下公称厚度或直径/mm						不大于								
		≤40	>40													
		不大于														
Q355	B	0.24		0.55	1.60	0.035	0.035	—	—	—	0.30	0.30	0.40	—	0.012	—
	C	0.20	0.22			0.030	0.030									
	D	0.20	0.22			0.025	0.025								—	
Q390	B	0.20		0.55	1.70	0.035	0.035	0.05	0.13	0.05	0.30	0.50	0.40	0.10	0.015	—
	C					0.030	0.030									
	D					0.025	0.025									
Q420	B	0.20		0.55	1.70	0.035	0.035	0.05	0.13	0.05	0.30	0.80	0.40	0.20	0.015	—
	C					0.030	0.030									
Q460	C	0.20		0.55	1.80	0.030	0.030	0.05	0.13	0.05	0.30	0.80	0.40	0.20	0.015	0.004

注:① 公称厚度大于 100mm 的型钢,碳含量可由供需双方协商确定。

② 公称厚度大于 30mm 的钢材,碳含量不大于 0.22%。

③ 对于型钢和棒材,其磷和硫含量上限值可提高 0.005%。

④ Q390、Q420 最高可到 0.07%,Q460 最高可到 0.11%。

⑤ 最高可到 0.20%。

⑥ 如果钢中酸溶铝 Als 含量不小于 0.015% 或全铝 Alt 含量不小于 0.020%,或添加了其他固氮合金元素,氮元素含量作限制,固氮元素应在质量证明书中注明。

⑦ 仅适用于型钢和棒材。

表 8-5　热轧低合金高强度结构钢拉伸性能

牌　号		上屈服强度/MPa　（不小于）								抗拉强度/MPa			
钢级	质量等级	公称厚度或直径/mm											
		≤16	16～40	40～63	63～80	80～100	100～150	150～200	200～250	250～400	≤100	100～150	150～250	250～400
Q355	B、C	355	345	335	325	0	295	285	275	—	470～630	450～600	450～600	—
	D									265				450～600
Q390	B、C、D	390	380	360	340	340	320	—	—	—	490～650	470～620		
Q420	B、C	420	410	390	370	370	350	—	—	—	520～680	500～650		
Q460	C	460	450	430	410	410	390	—	—	—	550～720	530～700		

注：① 当屈服不明显时,可用规定塑性延伸强度代替上屈服强度。
② 只适用于质量等级为 D 的钢板。
③ 只适用于型钢和棒材。

表 8-6　热轧低合金高强度结构钢伸长率

牌　号		断后伸长率 A/％　（不小于）						
钢级	质量等级	公称厚度或直径/mm						
		试样方向	≤40	40～63	63～100	100～150	150～250	250～400
Q355	B、C、D	纵向	22	21	20	18	17	17
		横向	20	19	18	18	17	17
Q390	B、C、D	纵向	21	20	20	19	—	—
		横向	20	19	19	18	—	—
Q420	B、C	纵向	20	19	19	19	—	—
Q460	C	纵向	18	17	17	17	—	—

注：① 只适用于质量等级为 D 的钢板。
② 只适用于型钢和棒材。

表 8-7　低合金高强度结构钢的弯曲试验

试　样　方　向	180°弯曲试验	
	D——弯曲压头直径,a——试样厚度或直径	
	公称厚度或直径/mm	
	≤16	16～100
对于公称宽度不小于 600mm 的钢板及钢带,拉伸试验取横向试样;其他钢材的拉伸试验取纵向试样	$D=2a$	$D=3a$

（3）低合金高强度结构钢的应用。在钢结构中，常采用低合金高强度结构钢轧制型钢、钢板来建造桥梁、高层及大跨度建筑。在重要的钢筋混凝土结构或预应力钢筋混凝土结构中，低合金高强度结构钢常用于加工热轧带肋钢筋。

2. 钢筋混凝土结构钢材

钢筋混凝土结构用的钢筋和钢丝，主要由碳素结构钢或低合金结构钢轧制而成。其主要品种有热轧钢筋、冷加工钢筋、钢筋混凝土用余热处理钢筋、预应力混凝土用钢丝和钢绞线。

1）热轧钢筋

用加热钢坯轧制的条形成品钢筋，称为热轧钢筋。热轧钢筋是建筑工程中用量最大的钢材品种之一，主要用于钢筋混凝土和预应力混凝土结构的配筋。按轧制外形分类，可分为热轧光圆钢筋和热轧带肋钢筋两类。

热轧光圆钢筋表面平整光滑，横截面为圆形。其强度较低，但塑性好，伸长率大、便于弯折成形，可焊性好，可用于中小型构件的受力筋以及构造筋。

热轧带肋钢筋表面常带有两条纵肋和沿长方向均匀分布的横肋。按肋纹的形状可分为月牙肋和等高肋，如图 8-19 所示。月牙肋和纵横肋不相交，等高肋则纵横相交。月牙肋筋有生产简便、强度高、应力集中、敏感性小、疲劳性能好等优点，但其与混凝土的黏结锚固性能稍逊于等高肋钢筋。

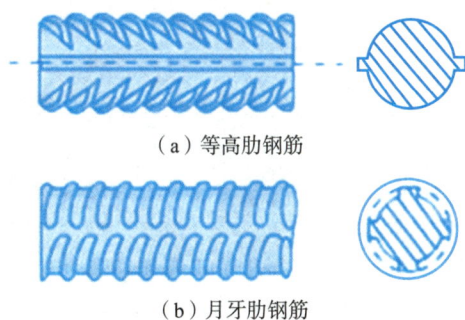

（a）等高肋钢筋

（b）月牙肋钢筋

图 8-19　等高肋钢筋和月牙肋钢筋

根据国家标准《钢筋混凝土用钢第一部分：热轧光圆钢筋》(GB 1499.1—2017)和《钢筋混凝土用钢第二部分：热轧带肋钢筋》(GB 1499.2—2018)规定，按屈服强度特征值，热轧光圈钢筋分为 300 级，见表 8-8，热轧带肋钢筋分为 400、500、600 级，见表 8-9，字母 H、P、R、B、F、E 分别为热轧、光圆、带肋、细晶粒、地震五个词的英文首字母，数值为屈服强度的最小值。热轧钢筋的力学性能特征值应符合表 8-10 的规定。钢筋应进行弯曲试验，按表 8-11规定的弯曲压头直径弯曲 180°后，钢筋受弯曲部位表面不得产生裂纹。

表 8-8　热轧光圆钢筋牌号的构成及其含义

产品名称	牌　号	牌号构成	英文字母含义
热轧光圆钢筋	HPB300	由 HPB+屈服强度特征值构成	HPB——热轧光圆钢筋的英文（hot rolled plain bars）缩写

表 8-9　热轧带肋钢筋牌号的构成及其含义

类　别	牌　号	牌号构成	英文字母含义
普通热轧钢筋	HRB400	由 HRB＋屈服强度特征值构成	HRB——热轧带肋钢筋的英文（hot-rolled ribbed bars）缩写。 E——"地震"的英文（earthquake）首位字母
	HRB500		
	HRB600		
	HRB400E	由 HRB＋屈服强度特征值＋E 构成	
	HRB500E		
细晶粒热轧钢筋	HRBF400	由 HRBF＋屈服强度特征值构成	HRBF——在热轧带肋钢筋的英文缩写后加"细"的英文（fine）首位字母。 E——"地震"的英文（earthquake）首位字母
	HRBF500		
	HRBF400E		
	HRBF500E	由 HRBF＋屈服强度特征值＋E 构成	

表 8-10　热轧钢筋的力学性能特征值

牌　号	下屈服强度 R_{eL}/MPa	抗拉强度 R_m/MPa	断后伸长率 A/%	最大力总延伸率 A_{gt}/%	R_m^0/R_{eL}^0	R_{eL}^0/R_{eL}
	不小于				不大于	
HPB300	300	420	25	10.0	—	—
HRB400 HRBF400	400	540	16	7.5	—	—
HRB400E HRBF400E			—	9.0	1.25	1.30
HRB500 HRBF500	500	630	15	7.5	—	—
HRB500E HRBF500E			—	9.0	1.25	1.30
HRB600	600	730	14	7.5	—	—

表 8-11　钢筋弯曲试验

牌　号	公称直径/mm	弯曲压头直径/mm
HPB300	—	d
HRB400 HRBF400 HRB400E HRBF400E	6～25	4d
	28～40	5d
	40～50	6d
HRB500 HRBF500 HRB500E HRBF500E	6～25	6d
	28～40	7d
	40～50	8d
HRB600	6～25	6d
	28～40	7d
	40～50	8d

HPB300级钢筋是用Q300碳素钢轧制而成的光圆钢筋。它的强度较低,但具有塑性好、伸长率高、便于弯折成形、容易焊接等特点,可作为冷轧带肋钢筋的原材料。

HRB400级钢筋是用低合金镇静钢和半镇静钢轧制而成的,以硅、锰作为主要固溶强化元素。其强度较高,塑性和可焊接性能较好,广泛用作大、中型钢筋混凝土结构的主筋。冷拉后,也可用作预应力筋。

HRB500、HRB600级钢筋是用中碳低合金镇静钢轧制而成的,其中以硅、锰为主要合金元素,使之既可提高强度,同时保证塑性和韧性,是房屋建筑经常使用的预应力钢筋。

2)冷轧带肋钢筋

(1)冷轧带肋钢筋的分类及代号。根据《冷轧带肋钢筋》(GB 13788—2024)规定,冷轧带肋钢筋按延性高低分为两类:冷轧带肋钢筋CRB+抗拉强度特征值;高延性冷轧带肋钢筋CRB+抗拉强度特征值+H。其中,C、R、B、H分别为冷轧、带肋、钢筋、高延性四个词的英文首字母。

(2)牌号。钢筋分为CRB550、CRB650、CRB800、CRB600H、CRB680H和CRB800H六个牌号。CRB550、CRB600H为普通钢筋混凝土用钢筋,CRB650、CRB800、CRB800H为预应力混凝土用钢筋,CRB680H既可作为普通钢筋混凝土用钢筋,也可作为预应力混凝土用钢筋。

冷轧带肋钢筋的力学性能及工艺性能应符合规范规定。与冷拔低碳钢丝相比,冷轧带肋钢筋具有强度高、塑性好、与混凝土黏结牢固、节约钢材、质量稳定等优点。CRB550宜用于普通钢筋混凝土结构,其他牌号的钢筋宜用在预应力混凝土结构中。

3)预应力混凝土用钢丝和钢绞线

(1)预应力混凝土用钢丝。预应力混凝土用钢丝采用优质碳素结构钢制成,抗拉强度高。根据《预应力混凝土用钢绞线》(GB/T 5224—2014),按钢丝加工状态分为冷拉钢丝和消除应力钢丝两类。冷拉钢丝代号为WCD;低松弛钢丝代号为WLR;光圆钢丝代号为P;螺旋肋钢丝代号为H;刻痕钢丝代号为I。消除应力钢丝的塑性比冷拉钢丝好,刻痕钢丝和螺旋肋钢丝与混凝土的黏结力好。

(2)预应力混凝土用钢绞线。预应力混凝土用钢绞线是以数根优质碳素钢丝经绞捻和消除内应力的热处理后制成的。根据《预应力混凝土用钢绞线》(GB/T 5224—2014),钢绞线按原材料和制作方法不同,有标准型钢绞线、刻痕钢绞线和模拔型钢绞线三种。标准型钢绞线是由冷拉圆钢丝捻制成的钢绞线,刻痕钢绞线是由刻痕钢丝捻制成的钢绞线,模拔型钢绞线是捻制后再经冷拔而成的钢绞线。

预应力混凝土用钢丝和钢绞线具有强度高、柔韧性好、无接头、质量稳定、施工简便等优点,使用时可按要求的长度切割,主要用于大跨度、大荷载、曲线配筋的预应力混凝土结构,如桥梁、电杆、轨枕、屋架、大跨度吊车梁等。

8.1.4 钢材进场质量控制

1. 钢筋进场检查项目和方法

1)进场检查

钢筋进场时,应按照国家现行相关标准的规定抽取试件进行力学性能和质量偏差检验,检验结果必须符合有关标准的规定。

（1）钢筋进场时,应检查产品合格证和出厂检验报告,并按相关标准的规定进行抽样检验。若有关标准中只有对产品出厂检验的规定,则在进场检验时,批量应按下列情况确定。

① 对同一厂家、同一牌号、同一规格的钢筋,当一次进场的数量大于该产品的出厂检验批量时,应划分为若干出厂检验批量,按出厂检验的抽样方案执行。

② 对同一厂家、同一牌号、同一规格的钢筋,当一次进场的数量小于或等于该产品的出厂检验批量时,应作为一个检验批量,按出厂检验的抽样方案执行。

③ 对不同进场时间的同批钢筋,当确有可靠依据时,可按一次进场的钢筋处理。

对于每批钢筋的检验数量,应按照相关产品标准执行。规定每批抽取 5 个试件,先进行质量偏差检验,再取 2 个试件进行力学性能检验。钢筋实际质量与理论质量的允许偏差应符合表 8-12 的规定。

表 8-12　钢筋实际质量与理论质量的允许偏差

公称直径/mm	实际质量与理论质量的偏差/%
6～12	±7
14～20	±5
22～50	±4

测量钢筋质量偏差时,试样数量不少于 5 支,每支试样长度不小于 500mm。长度应逐支测量,应精确到 1mm。测量试样总质量时,应精确到不大于总质量的 1%。

钢筋实际质量与公称质量的偏差按下式计算:

$$质量偏差(\%) = \frac{试样实际质量 - (试样总长度理论质量)}{试样总长度 \times 理论质量} \times 100\% \tag{8-3}$$

涉及原材料进场检验数量和检验方法时,除有明确规定外,均应按上述内容执行。本检验方法中,产品合格证、出厂检验报告是对产品质量的证明资料,应列出产品的主要性能指标;当用户有特别要求时,还应列出某些专门检验数据。有时,产品合格证和出厂检验报告可以合并。进场复验报告是进场抽样检验的结果,并作为材料能否在工程中应用的判断依据。

（2）对有抗震设防要求的结构,其纵向受力钢筋的性能应满足设计要求;当设计无具体要求时,按一、二、三级抗震等级设计的框架和斜撑构件(含梯段)中的纵向受力钢筋,应采用 HRB400E、HRB500E、HRBF335E、HRBF400E 或 HRBF500E 钢筋,其强度和最大力下总伸长率的实测值应符合下列规定:

钢筋的抗拉强度实测值与屈服强度实测值的比值不应小于 1.25;

钢筋的屈服强度实测值与屈服强度标准值的比值不应大于 1.30;

钢筋的最大力下总伸长率不应小于 9%。

2）包装、标志和质量证明书

带肋钢筋的表面标志应符合下列规定。

带肋钢筋应在其表面轧上牌号标志,还可依次轧上经注册的厂名(或商标)和公称直径的毫米数字。

钢筋牌号用阿拉伯数字加英文字母表示,HRB335、HRB400、HRB500 分别用 3、4、5

表示；厂名或注册商标以汉语拼音字头表示；公称直径毫米数以阿拉伯数字表示。

对公称直径不大于 10mm 的钢筋，可不轧制标志，可采用挂标牌方法。

标志应清晰明了，标志的尺寸由供方按钢筋直径大小做适当规定，与标志相交的横肋可以取消。

除上述规定外，钢筋的包装、标志和质量证明书应符合《型钢验收、包装、标志及质量证明书的一般规定》(GB/T 2101—2017)的有关要求。

2. 钢筋的进场储存要求

钢筋运进施工现场后，必须严格按批分等级、牌号、直径、长度挂牌存放，并注明数量，不得混淆。钢筋应尽量堆入仓库或料棚内。条件不具备时，应选择地势较高、土质坚实、较为平坦的露天场地存放，在仓库或场地周围挖排水沟，以利于泄水。堆放时，钢筋下面要加垫木，离地不宜少于 200mm，以防钢筋锈蚀和污染。钢筋成品要分工程名称和构件名称，按号码顺序存放。同一项工程与同一构件的钢筋要存放在一起，按号挂牌排列，牌上注明构件名称、部位、钢筋型式、尺寸、钢号、直径、根数，不能将几项工程的钢筋混放在一起。同时，不要靠近产生有害气体的车间，以免污染和腐蚀钢筋。

任务 8.2　建筑钢材性能检测

8.2.1　钢筋的拉伸性能测定

拉伸性能是建筑钢材最重要的力学性能。如图 8-20～图 8-22 所示，用低碳钢(软钢)加工的标准试件，或不经过加工，直接在线材上切取的非标准试件，应进行拉伸试验。

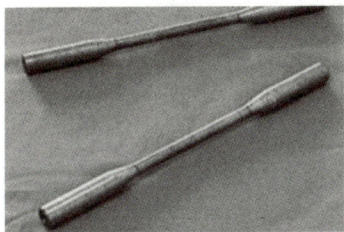
图 8-20　用低碳钢(软钢)加工的标准试件

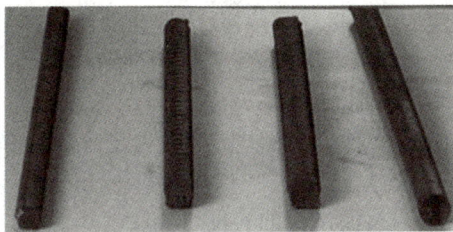
图 8-21　在低碳钢线材上切取的非标准试件

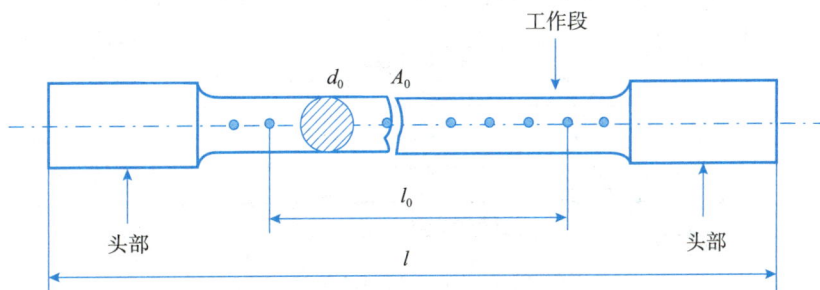
图 8-22　低碳钢标准试件的标距

1. 试验目的

测定低碳钢的屈服强度、抗拉强度和伸长率三个指标,作为评定钢筋强度等级的主要技术依据。因此,应掌握《金属材料 拉伸试验 第 1 部分:室温试验方法》(GB/T 228.1—2010)和钢筋强度等级的评定方法。

2. 试验仪器设备

万能试验机,其示值误差不大于 1‰,测力系统应按照《静力单轴试验机的检验》(GB/T 16825.1—2008)进行校准,准确度应为 1 级或优于 1 级。此外,还应有钢筋打点机或画线机、钢板尺、游标卡尺、千分尺等。

3. 试验步骤

1) 试件制备

(1) 应按照相关产品标准的要求制备试件。抗拉试验用钢筋试件一般不经过车削加工,可以用两个或一系列等分小冲点,或细画线标出原始标距(标记不应影响试样断裂)。

(2) 试件原始尺寸的测定。测量原标距长度 l_0,精确到 0.1mm;圆形试件横截面直径应在标距的两端及中间处两个相互垂直的方向上各测一次,取其算术平均值,选用三处测得的横截面面积中的最小值,横截面面积按式(8-4)计算:

$$A_0 = \frac{1}{4}\pi d_0^2 \tag{8-4}$$

式中:A_0——试件的横截面面积,mm^2;

d_0——圆形试件原始横断面直径,mm。

2) 屈服强度与抗拉强度的测定

(1) 调整试验机测力度盘的指针,使主指针与副指针重合并对准零点。

(2) 将试件固定在试验机夹头内,应尽力确保夹持的试件受轴向拉力作用,尽量减小弯曲。开动试验机进行拉伸,拉伸速度规定:屈服前,应力增加速度为 10MPa/s;屈服后,试验机活动夹头在荷载下的移动速度为每分钟不大于 $0.5L_c$(不经过车削试件 $L_c = l_0 + 2h$)。

其中,拉伸试件长度按式(8-5)计算:

$$L = l_0 + 2h + 2h_1 \tag{8-5}$$

式中:L——拉伸试件的长度,mm;

l_0——拉伸试件的标距,$l_0 = 5a$ 或 $l_0 = 10a$,a 为钢筋的公称直径,mm;

h、h_1——分别为夹具长度和预留长度,mm;$h_1 = (0.5 \sim 1)a$,见图 8-23。

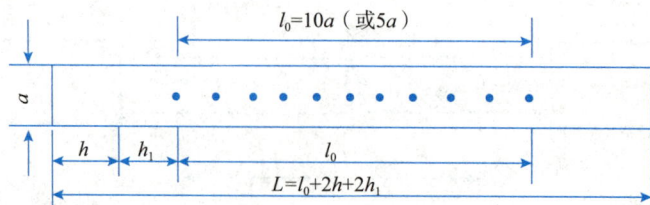

图 8-23 低碳钢拉伸试验试件

（3）拉伸中,测力度盘的指针停止转动时的恒定荷载,或不计初始瞬时效应时的最小荷载,即为屈服点荷载(σ_s)。

（4）向试件连续施加荷载直至拉断,由测力度盘读出最大荷载,即为抗拉极限荷载(σ_b)。

3）伸长率的测定

（1）将已拉断试件的两端在断裂处对齐,尽量使其轴线位于同一条直线上。如拉断处由于各种原因形成缝隙,则此缝隙应计入试件拉断后的标距部分长度内。

（2）如拉断处距离邻近标距端点大于$l_0/3$时,可用游标卡尺直接量出l_1;如拉断处距离邻近标距端点小于或等于$l_0/3$时,可按下述移位法确定l_1。若直接测量所求得的伸长率能达到技术条件要求的规定值,则可不采用移位法。

（3）如试件在标距端点上或标距处断裂,则试验结果无效,应重新试验。

4. 结果处理

（1）屈服强度按式(8-6)计算：

$$\sigma_s = \frac{F_s}{A_0} \tag{8-6}$$

式中：σ_s——屈服强度,MPa；

F_s——屈服时的荷载,N；

A_0——试件原横截面面积,mm^2。

（2）抗拉强度按式(8-7)计算：

$$\sigma_b = \frac{F_b}{A_0} \tag{8-7}$$

式中：σ_b——抗拉强度,MPa；

F_b——最大荷载,N；

A_0——试件原横截面面积,mm^2。

（3）伸长率按式(8-8)计算(精确至1%)：

$$\delta_{10}(\delta_5) = \frac{l_1 - l_0}{l_0} \times 100\% \tag{8-8}$$

式中：$\delta_{10}(\delta_5)$——$l_0=5a$ 或 $l_0=10a$(mm)时的伸长率；

l_0——试件原始标距长度,mm；

l_1——试件拉断后直接量出或按移位法确定的标距部分长度,mm。

当试验结果有一项不合格时,应另取双倍数量的试件重做试验,若仍有不合格项目,则该批钢材的拉伸性能判为不合格。

8.2.2 钢筋冷弯性能测定

1. 试验目的

通过检验钢筋的工艺性能评定钢筋的质量。掌握《金属材料 弯曲试验方法》(GB/T 232—2010)钢筋弯曲(冷弯)性能的测试方法和钢筋质量的评定方法,正确使用仪器设备。

2. 主要试验仪器设备

仪器设备包括全能试验机及具有一定弯心直径的一组冷弯压头。

3. 试验步骤

（1）试件长 $L=5a+150\text{mm}$，a 为试件直径。

（2）按图 8-24(a) 调整两支辊间的距离为 x，使 $x=(d+3a)\pm0.5a$。

（3）选择弯心直径 d，对 I 级热扎光圆钢筋 $d=a$，对 HRB400、HRB500 的热扎带肋钢筋，$a=6\sim25\text{mm}$ 时，d 分别为 $3a$、$4a$ 和 $6a$；$a=28\sim50\text{mm}$ 时，d 分别为 $4a$、$5a$ 和 $7a$。

（4）将试件按图 8-24(a) 装好后，平稳地加荷，在荷载作用下，钢筋绕着冷弯压头，弯曲到 $180°$，如图 8-24(b)。

4. 结果评定

弯曲试验后，试样弯曲外表面无肉眼可见裂纹的为合格。否则，应重新取双倍试样进行复检，若复检试样弯曲外表面均无肉眼可见裂纹，则将其评定为合格。若仍有不合格的，则应将其评定为不合格。

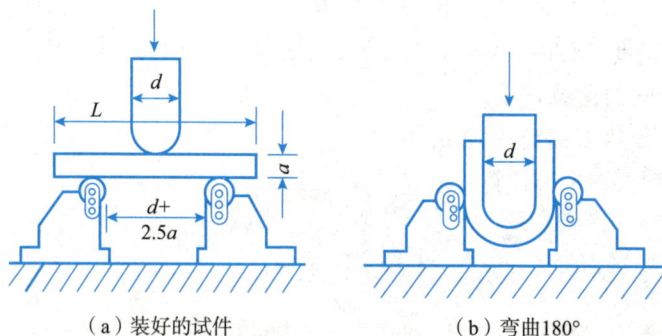

（a）装好的试件　　　　（b）弯曲180°

图 8-24　钢筋冷弯试验装置

自我测验

一、填空题

1. 钢的牌号 Q235-AF 中，A 表示_____，F 表示_____。

2. 按冶炼时脱氧程度分类，钢可以分成_____、_____和特殊镇静钢。

3. 钢材的力学性能主要包括_____、_____、_____和_____等。

4. 低碳钢受拉至断裂，经历了_____、_____、_____和_____四个阶段。

5. 钢筋混凝土结构用的钢筋和钢丝，主要由_____、_____钢轧制而成。

6. 钢按照化学成分可分为_____和_____两类。

7. 按规定的_____和_____进行弯曲后，试件弯曲处外面及侧面不发生断裂、裂缝或起层，即认为冷弯性能合格。

8. _____和_____是衡量钢材强度的两个重要指标。

二、名词解释

1. 屈服强度　　2. 抗拉强度　　3. 冲击韧性　　4. 疲劳强度　　5. 钢材的冷加工

6. 屈强比

三、判断题

1. 由于合金元素的加入，钢材强度提高，但塑性大幅下降。 （　　）

2. 伸长率越大，钢材的塑性越好。 （　　）

3. 随着含碳量的提高，建筑钢材的强度、硬度均提高，塑性和韧性降低。 （　　）

4. 钢筋混凝土结构主要利用了混凝土擅长受拉、钢筋擅长受压的特点。 （　　）

5. 钢材的屈强比越大，则其利用率越大，而安全性越小。 （　　）

6. 低合金钢比碳素结构钢更适用于高层及大跨度结构。 （　　）

7. 钢结构设计中，对直接承受动荷载的结构，应选用沸腾钢。 （　　）

8. 吊车梁和桥梁用钢，要注意选用韧性大且时效敏感性大的钢材。 （　　）

四、单选题

1. 钢材抵抗冲击荷载的能力称为（　　）。
   A. 塑性　　　　　　B. 冲击韧性　　　　C. 弹性　　　　　　D. 硬度

2. 伸长率是衡量钢材的（　　）指标。
   A. 弹性　　　　　　B. 塑性　　　　　　C. 脆性　　　　　　D. 耐磨性

3. 普通碳塑结构钢随钢号的增加，钢材的（　　）。
   A. 强度增加、塑性增加　　　　　　　　B. 强度降低、塑性增加
   C. 强度降低、塑性降低　　　　　　　　D. 强度增加、塑性降低

4. 在低碳钢的应力-应变图中，有线性关系的是（　　）阶段。
   A. 弹性阶段　　　　B. 屈服阶段　　　　C. 强化阶段　　　　D. 颈缩阶段

5. 下列钢材中，塑性及可焊性均最差的为（　　）。
   A. Q215　　　　　　B. Q235　　　　　　C. Q255　　　　　　D. Q275

6. 在一定范围内，钢材的屈强比小，表明钢材在超过屈服点工作时（　　）。
   A. 可靠性难以判断　　　　　　　　　　B. 可靠性低，结构不安全
   C. 可靠性较高，结构安全　　　　　　　D. 结构易破坏

7. 钢结构设计中，强度取值的依据是（　　）。
   A. 屈服强度　　　　B. 抗拉强度　　　　C. 弹性极限　　　　D. 屈强比

8. 热轧钢筋按其机械性能分级，级别增大，表示钢材（　　）。
   A. 强度增大，伸长率降低　　　　　　　B. 强度降低，伸长率增大
   C. 强度增大，伸长率增大　　　　　　　D. 强度降低，伸长率降低

9. 下列碳素结构钢中，含碳量最高的是（　　）。
   A. Q235　　　　　　B. Q215　　　　　　C. Q255　　　　　　D. Q275

10. 下列钢材中，综合性能最好的为（　　）。
   A. Q215　　　　　　B. Q235　　　　　　C. Q255　　　　　　D. Q275

五、问答题

1. 为什么说屈服点 σ_s、抗拉强度 σ_b 和伸长率 δ 是建筑用钢材的重要技术性能指标？

2. 钢材中主要有哪些有害化学元素？它们对钢材的性能有什么影响？

3. 热轧钢筋随着强度等级增加，钢材的强度、塑性如何变化？

4. 什么是钢的冷加工强化及时效处理？冷拉并经时效处理后的钢筋性能有什么变化？

5. 含碳量对热轧碳素钢性质有什么影响？

六、计算题

某钢材试件的直径为 25mm，原标距为 125mm，做拉伸试验，当屈服点荷载为 201.0kN，达到最大荷载为 250.3kN，拉断后测得标距长为 138mm，求该钢筋的屈服点、抗拉强度及拉断后的伸长率。

项目 9 防水材料的性能与检测

学习思维导图

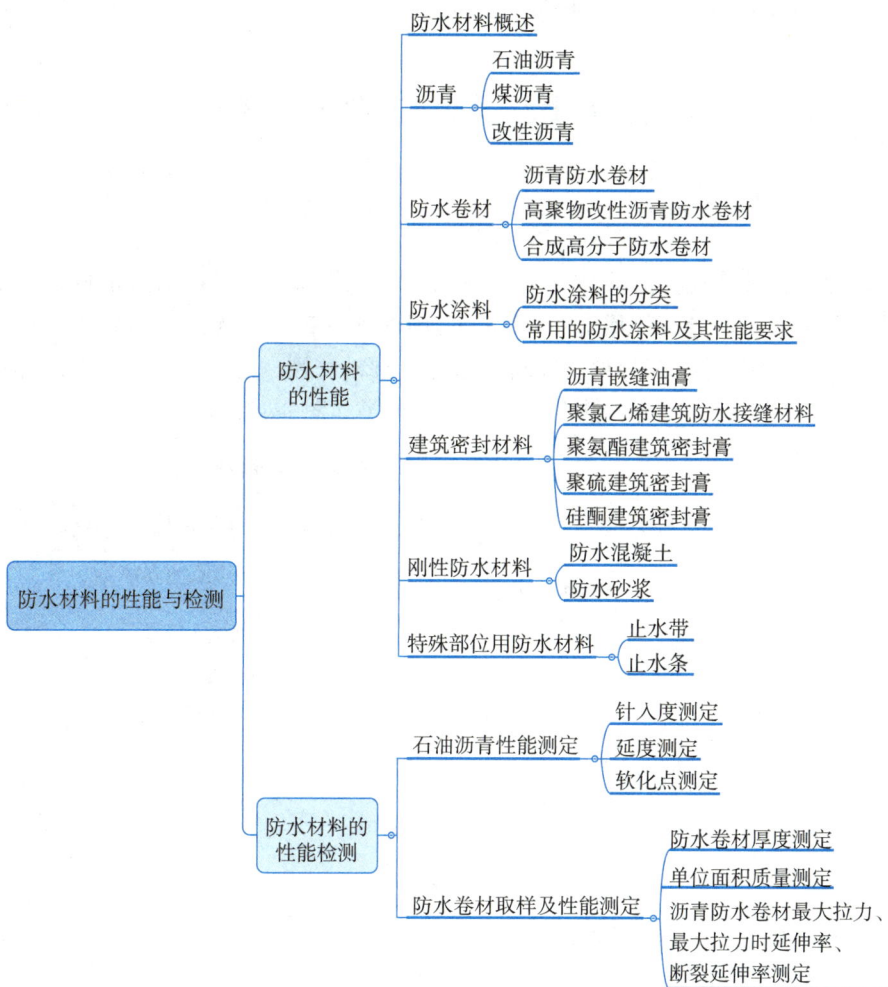

```
防水材料的性能与检测
├─ 防水材料的性能
│   ├─ 防水材料概述
│   ├─ 沥青
│   │   ├─ 石油沥青
│   │   ├─ 煤沥青
│   │   └─ 改性沥青
│   ├─ 防水卷材
│   │   ├─ 沥青防水卷材
│   │   ├─ 高聚物改性沥青防水卷材
│   │   └─ 合成高分子防水卷材
│   ├─ 防水涂料
│   │   ├─ 防水涂料的分类
│   │   └─ 常用的防水涂料及其性能要求
│   ├─ 建筑密封材料
│   │   ├─ 沥青嵌缝油膏
│   │   ├─ 聚氯乙烯建筑防水接缝材料
│   │   ├─ 聚氨酯建筑密封膏
│   │   ├─ 聚硫建筑密封膏
│   │   └─ 硅酮建筑密封膏
│   ├─ 刚性防水材料
│   │   ├─ 防水混凝土
│   │   └─ 防水砂浆
│   └─ 特殊部位用防水材料
│       ├─ 止水带
│       └─ 止水条
└─ 防水材料的性能检测
    ├─ 石油沥青性能测定
    │   ├─ 针入度测定
    │   ├─ 延度测定
    │   └─ 软化点测定
    └─ 防水卷材取样及性能测定
        ├─ 防水卷材厚度测定
        ├─ 单位面积质量测定
        └─ 沥青防水卷材最大拉力、最大拉力时延伸率、断裂延伸率测定
```

知识目标

1. 知道建筑防水材料的种类和应用；

2. 知道石油沥青的组分与结构，熟知石油沥青的主要技术性质及其检测方法，熟知石油沥青的技术标准及其选用；

3. 熟知防水卷材和防水涂料的性能、要求及其应用；

4. 掌握 SBS、APP 等改性沥青防水卷材的性能及应用；

5. 知道防水涂料的技术特性及工程应用;
6. 知道建筑密封材料的分类及其基本技术性能和工程应用;
7. 知道刚性防水材料的分类,熟知防水混凝土的特点及工程应用。

技能目标

1. 能根据工程特点选择防水材料;
2. 能够测定石油沥青的性能;
3. 能够测定防水卷材的性能;
4. 知道各种防水材料的性能指标。

任务 9.1 防水材料的性能

9.1.1 防水材料概述

防水材料是保证建筑物能够防止雨水、地下水等渗漏的主要材料;防水材料的质量直接影响建筑物的使用功能和使用寿命;多年来,国内外一直以沥青防水材料为主,近年来,出现了改性沥青材料,并向沥青橡胶和树脂基防水材料发展。建筑物防水处理的部位主要有屋面、墙面、地面和地下室等。建筑防水材料的分类如图 9-1 所示。

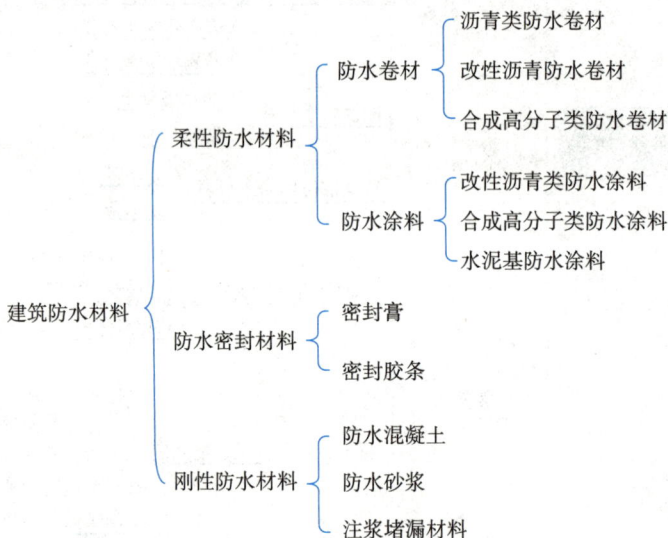

```
                                              ┌─ 沥青类防水卷材
                                  ┌─ 防水卷材 ─┼─ 改性沥青防水卷材
                                  │           └─ 合成高分子类防水卷材
                  ┌─ 柔性防水材料 ─┤
                  │               │           ┌─ 改性沥青类防水涂料
                  │               └─ 防水涂料 ─┼─ 合成高分子类防水涂料
                  │                           └─ 水泥基防水涂料
建筑防水材料 ─────┤
                  │                           ┌─ 密封膏
                  ├─ 防水密封材料 ─────────────┤
                  │                           └─ 密封胶条
                  │                           ┌─ 防水混凝土
                  └─ 刚性防水材料 ─────────────┼─ 防水砂浆
                                              └─ 注浆堵漏材料
```

图 9-1 建筑防水材料的分类

9.1.2 沥青

1. 石油沥青

石油沥青是指由石油原油分馏提炼出汽油、煤油、柴油等各种轻质油分及润滑油后的残渣,再经过加工炼制而得到的产品。因此,石油原油的成分和性能决定了石油沥青的成分和性能。

1) 石油沥青的组分

石油沥青的成分非常复杂,在研究石油沥青的组成时,将其中化学成分相近、物理性质相似并且具有类似特征的部分分为若干组,即组分。各组分的含量会直接影响石油沥青的性能。石油沥青一般分为油分、树脂和地沥青质三大组分。

(1) 油分是沥青中最轻的组分,呈淡黄至红褐色,密度为 $0.7\sim1.0\ g/cm^3$,能溶于丙酮、苯、三氯甲烷等大多数有机溶剂,但不溶于酒精,在石油沥青中的含量为 $40\%\sim60\%$,它使石油沥青具有流动性。

(2) 树脂为密度略大于 $1.0\ g/cm^3$ 的红褐色或黑褐色黏稠物质,能溶于汽油、三氯甲烷和苯等有机溶剂,在石油沥青中的含量为 $15\%\sim30\%$,它使石油沥青具有塑性与黏结性。

(3) 地沥青质为密度大于 $1.0\ g/cm^3$ 的黑褐色或黑色固体物质,能溶于二硫化碳和三氯甲烷,在石油沥青中的含量为 $10\%\sim30\%$。它决定了石油沥青的温度稳定性和黏性,含量越高,石油沥青的软化点越高,脆性越大。

此外,石油沥青中常含有一定量的固体石蜡,它会降低沥青的黏结性、塑性、温度稳定性和耐热性。由于存在于沥青油分中的蜡是有害成分,故常采用高温吹氧、溶剂脱蜡等方法进行处理,使多蜡石油沥青的性质得到改善。

2) 石油沥青的结构

石油沥青的油分和树脂可以互溶,树脂能浸润地沥青质,在地沥青质表面形成树脂薄膜。石油沥青的结构是以地沥青质为核心,周围吸附部分树脂和油分的互溶物,构成胶团,无数胶团分散在油分中形成胶体结构。根据沥青各组分的比例不同,胶体结构可分为溶胶型、凝胶型和溶胶-凝胶型三种类型,如图9-2所示。

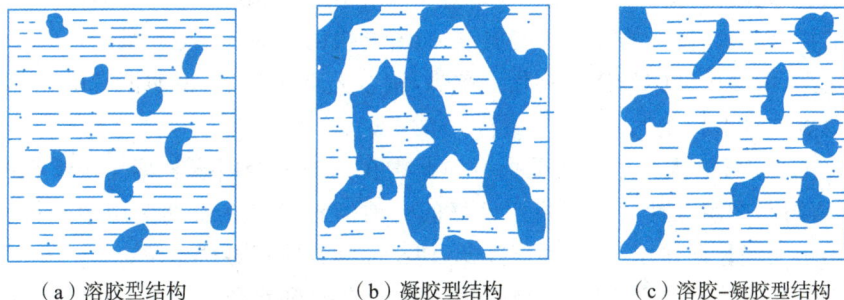

（a）溶胶型结构　　　　　（b）凝胶型结构　　　　　（c）溶胶-凝胶型结构

图 9-2　石油沥青的结构

(1) 溶胶结构:地沥青质含量相对较少,油分和树脂含量较高,具有溶胶结构的石油沥青黏性小、流动性大、温度稳定性较差。

(2) 凝胶结构:地沥青质含量较多,而油分和树脂较少,具有凝胶结构的石油沥青黏性较大、温度稳定性较好,但塑性较差。

(3) 溶胶-凝胶结构:地沥青质含量适当,有较多的树脂,溶胶-凝胶型石油沥青的性质介于溶胶型和凝胶型两者之间,又称为弹性溶胶,综合技术性能较好。

3）石油沥青的技术性质

（1）黏性（黏滞性）。石油沥青的黏性是反映沥青材料内部阻碍其相对流动的一种特性，用绝对黏度表示，是沥青性质的重要指标之一。

石油沥青的黏性大小与其组分及温度有关。地沥青质含量高，同时有适量的树脂，而油分含量较少时，则黏性较大。在一定温度范围内，当温度上升时，黏性随之降低；反之，则黏性随之增大。绝对黏度的测定方法因材而异，并且较为复杂，工程上常用相对黏度（条件黏度）表示。测定相对黏度的主要方法是用标准黏度计和针入度仪。黏稠石油沥青的相对黏度用针入度仪测定的针入度来表示。针入度值越小，表明石油沥青的黏度越大。黏稠石油沥青的针入度是在规定温度 25℃ 条件下，以规定质量 50g 的标准针，经历规定时间 5s 贯入试样中的深度，以 1/10mm 为单位表示，符号为 P(25℃、50g、5s)。

对于液体石油沥青或较稀的石油沥青，其相对黏度可用标准黏度计测定的标准黏度表示。标准黏度值越大，表明石油沥青的黏度越大。标准黏度是在规定温度（20℃、25℃、30℃或60℃）、规定直径（3mm、5mm 或 10mm）的孔口流出 50mL 沥青所需的时间（s）。

（2）塑性。塑性是指石油沥青在外力作用下产生变形而不破坏，除去外力后仍能保持变形后的形状不变的性质。塑性表示石油沥青开裂后的自愈能力及受机械应力作用后变形而不破坏的能力。石油沥青之所以能成为性能良好的柔性防水材料，很大程度上取决于它的这种性质。石油沥青的塑性用延伸度（亦称延度）或延伸率表示。按标准试验方法，制成"8"形标准试件，试件中间最狭小处断面面积为 1cm^2，在规定温度（一般为 25℃）和规定速度（5cm/min）的条件下，在延伸仪上进行拉伸，延伸度以试件拉细而断裂时的长度（cm）表示。石油沥青的延伸度越大，沥青的塑性越好。

（3）温度稳定性。温度稳定性是指石油沥青的黏滞性和塑性随温度升降而变化的性能。温度稳定性常用软化点来表示，软化点是沥青材料由固态转变为具有一定流动性膏体时的温度，软化点越高，则其在常温下越稳定。软化点是以规定质量的钢球放在规定尺寸金属环的试样盘上，以恒定的加热速度加热，当沥青软化下垂至规定距离（25.4mm）时的温度即其软化点，以摄氏度（℃）计。软化点越高，则常温下越稳定，说明沥青的耐热性能好，但沥青软化点高时不易加工。

（4）大气稳定性。大气稳定性是指石油沥青在大气综合因素长期作用下抵抗老化的性能，即沥青材料的耐久性。大气稳定性好的石油沥青可以在长期使用中保持其原有性质；反之，由于大气长期作用，某些性能降低，使石油沥青使用寿命缩短。

造成大气稳定性差的主要原因是在温度、阳光、氧气和水分等因素的长期作用下，石油沥青中低分子组分向高分子组分转化，即石油沥青中油分和树脂相对含量减少，地沥青质逐渐增多，从而使石油沥青的塑性降低，黏度提高，逐渐变得脆硬，直至脆裂，失去使用功能。这个过程称为老化。

石油沥青的大气稳定性以沥青试样在 160℃ 下加热蒸发 5h 后质量蒸发损失百分率和蒸发后的针入度比表示。蒸发损失百分率越小，蒸发后针入度比值越大，则表示沥青的大气稳定性越好，即老化越慢。

（5）施工安全性。黏稠沥青在使用时必须加热，当加热至一定温度时，沥青材料中挥发的油分蒸汽与周围空气组成混合气体，此混合气体遇火焰则易发生闪火。若继续加热，油分蒸汽的饱和度增加。由于此种蒸汽与空气组成的混合气体遇火焰极易燃烧而引发火灾,为此,必须测定沥青加热闪火和燃烧的温度,即闪点和燃点。

闪点是指加热沥青挥发出的可燃气体和空气的混合物在规定条件下与火焰接触,初次闪火(有蓝色闪光)时的沥青温度(℃)。

燃点是指加热沥青产生的气体和空气的混合物与火焰接触能持续燃烧5s以上时的沥青温度(℃)。燃点温度约比闪点温度高10℃。地沥青质的含量越多,闪点和燃点相差越大。液体沥青由于油分较多,闪点和燃点相差很小。

闪点和燃点的高低表明沥青引起火灾或爆炸的可能性大小,它关系到运输、储存和加热使用等方面的安全。

4)石油沥青的技术标准及选用

(1)石油沥青的技术标准。建筑石油沥青按针入度划分牌号,每一牌号的沥青还应保证相应的延度、软化点、溶解度、蒸发损失、蒸发后针入度比和闪点等。根据《建筑石油沥青》(GB/T 494—2010)和《道路石油沥青》(NB/SH/T 0522—2010)规定,各种石油沥青的技术标准如表9-1所示。

表 9-1　各种石油沥青的技术标准

项　目	建筑石油沥青			道路石油沥青				
	40 号	30 号	10 号	200 号	180 号	140 号	100 号	60 号
针入度(25℃,100g,5s),1/10mm	36~50	26~35	10~25	200~300	150~200	110~150	80~110	50~80
延度(25℃,cm)	≥3.5	≥2.5	≥1.5	≥20.0	≥100.0		≥90.0	≥70.0
软化点(环球法)/℃	≥60	≥75	≥95	30~48	35~48	38~48	42~55	45~58
溶解度(三氯乙烯,%)	≥99.0			≥99.0				
蒸发损失(163℃,5h)/%	≤1.0			≤1.3			≤1.2	≤1.0
蒸发后针入度比/%	≥65			≥60				
闪点(开口)/℃	≥260			≥180	≥200		≥230	

石油沥青的牌号主要根据其针入度、延度和软化点等技术指标划分,以针入度表示。建筑石油沥青分40号、30号和10号三个牌号,道路石油沥青分200号、180号、140号、100号和60号五个牌号。在同一品种石油沥青材料中,牌号越小,相应的针入度越大,沥青越软。随着牌号的增加,针入度增大,沥青的黏滞性越小,塑性提高,延度增大,而温度稳定性降低,软化点降低。

(2)石油沥青的选用。在选用沥青材料时,应根据工程类别(房屋、道路、防腐)及当地气候条件,所处工程部位(屋面、地下)来选择不同牌号的沥青(或选取两种不同牌号的沥青调配使用)。在满足使用要求的前提下,尽量选用较大牌号的沥青品种,以保证沥青在正常使用条件下具有较长的使用年限。

道路石油沥青主要用于道路路面和车间地面等工程，一般拌制沥青混凝土或沥青砂浆使用。此外，道路石油沥青还可以用作密封材料、胶结料以及沥青涂料等。

建筑石油沥青针入度较小，黏性较大，软化点较高，但延伸度较小，主要用作制造防水卷材、防水涂料和沥青嵌缝膏。它们绝大部分用于地下及屋面防水、沟槽防水、防腐蚀及管道防腐等工程。为避免夏季流淌，一般屋面用沥青材料的软化点应比本地区屋面最高温度高 20℃ 以上。但若过高，它在冬季低温时易硬脆，甚至开裂。

2. 煤沥青

煤沥青是炼焦或生产煤气的副产品。烟煤干馏时所挥发的物质冷凝为煤焦油，煤焦油经分馏加工，提取出各种油质后的产品即为煤沥青。石油沥青与煤沥青的主要区别见表 9-2。

表 9-2　石油沥青与煤沥青的主要区别

性　质	石　油　沥　青	煤　沥　青
密度/(g/cm³)	近于 1.0	1.25～1.28
燃烧	烟少、无色、有松香味、无毒	烟多、黄色、臭味大、有毒
锤击	韧性较好	韧性差，较脆
颜色	亮褐色	浓黑色
溶解	易溶于煤油与汽油中，呈棕黑色	难溶于煤油与汽油中，呈黄绿色
温度稳定性	较好	较差
大气稳定性	较高	较低
防水性	较好	较差（含酚，能溶于水）
抗腐蚀性	差	强

3. 改性沥青

通常，普通石油沥青的性能不一定能满足使用要求，为此，常采取措施对于沥青进行改性，性能得到不同程度改善后的新沥青称为改性沥青。改性沥青可分为橡胶改性沥青、合成树脂类改性沥青、橡胶树脂改性沥青和再生橡胶改性沥青等数种。

1）橡胶改性沥青

橡胶改性沥青是在沥青中掺入适量橡胶后使其改性的产品。沥青与橡胶的相溶性较好，混溶后的改性沥青高温变形很小，低温时具有一定塑性。所用的橡胶有天然橡胶、合成橡胶和再生橡胶。使用不同品种橡胶掺入的量与方法不同，形成的改性沥青性能也不同。常见的橡胶改性沥青有氯丁橡胶改性沥青、丁基橡胶改性沥青、再生橡胶改性沥青和 SBS 热塑性弹性体改性沥青。

SBS 热塑性弹性体改性沥青是以丁二烯、苯乙烯为单体，加溶剂、引发剂、活化剂，以阴离子聚合反应生成的共聚物。SBS 用于沥青的改性，可以明显改善沥青的高温和低温性能。SBS 改性沥青已是目前世界上应用最广泛的改性沥青材料。

2）合成树脂类改性沥青

合成树脂类改性沥青按成分不同有古马隆树脂改性沥青、聚乙烯树脂改性沥青、环氧树脂改性沥青和 APP 改性沥青。APP 为无规聚丙烯均聚物，很容易与沥青混溶，并且对改性沥青软化点的提高很明显，耐老化性也很好，具有较好的发展潜力。意大利 85％ 以上的柔性屋面防水均采用 APP 改性沥青油毡。

3）橡胶树脂改性沥青

橡胶和树脂同时用于改善石油沥青的性质,能使石油沥青同时具有橡胶和树脂的特性。且树脂比橡胶便宜,橡胶和树脂又有较好的混溶性,故效果较好。橡胶、树脂和沥青在加热熔融状态下,沥青与高分子聚合物之间发生相互侵入和扩散,沥青分子填充在聚合物大分子的间隙内,同时聚合物分子的某些链节扩散进入沥青分子中,形成凝聚的网状混合结构,故可以得到较优良的性能。配制时,随着所采用的原材料品种、配比、制作工艺不同,可以得到很多性能各异的产品,主要有卷材、片材、密封材料、防水材料等。

4）再生橡胶改性沥青

利用再生橡胶粉加入石油沥青中对沥青进行改性,可以制成卷材、片材、密封材料、胶黏剂和涂料等。再生橡胶掺入沥青中以后,可大大提高沥青的气密性、低温柔性、耐光(热)性和耐臭氧性。

9.1.3 防水卷材

防水卷材是一种可以卷曲的片状防水材料。根据其组成材料分为沥青防水卷材、高聚物改性沥青防水卷材和合成高分子防水卷材三大类。各类防水卷材应具有良好的耐水性、温度稳定性和抗老化性,并应具备必要的机械强度、延伸性、柔韧性和抗断裂能力。

1. 沥青防水卷材

凡用原纸或玻璃布、石棉布、棉麻织品等胎料浸渍石油沥青(或焦油沥青)制成的卷状材料,均称为浸渍卷材(有胎卷材)。将石棉、橡胶粉等掺入沥青材料中,经碾压制成的卷状材料称为辊压卷材(无胎卷材)。这两种卷材通称为沥青防水卷材。

1）石油沥青纸胎油毡

石油沥青纸胎油毡是采用低软化点石油沥青浸渍原纸,然后用高软化点石油沥青涂盖油纸两面,再涂或撒隔离材料所制成的一种纸胎防水卷材。《石油沥青纸胎油毡》(GB 326—2007)规定:石油沥青纸胎油毡按卷重和物理性能分为Ⅰ型、Ⅱ型、Ⅲ型。

纸胎油毡防水卷材存在一定的缺点,如抗拉强度及塑性较低,吸水率较大,不透水性较差,并且原纸由植物纤维制成,易腐烂、耐久性较差,此外原纸的原料获取也较困难,目前已经大量用玻璃纤维布及玻纤毡为胎基生产沥青卷材。

2）有胎沥青防水卷材

有胎沥青防水卷材主要有麻布油毡、石棉布油毡、玻璃纤维布油毡、合成纤维布油毡等。这些油毡的制法与纸胎油毡相同,但抗拉强度、耐久性等都比纸胎油毡好得多,适用于防水性、耐久性和防腐性要求较高的工程。

2. 高聚物改性沥青防水卷材

高聚物改性沥青防水卷材是以合成高分子聚合物改性沥青为涂盖层,纤维织物或纤维毡为胎体,粉状、粒状、片状或薄膜材料为覆盖材料制成的可卷曲片状防水材料。它克服了传统沥青卷材温度稳定性差、延伸率低的不足,具有高温不流淌、低温不脆裂、拉伸强度较高、延伸率较大等优异性能。

1）弹性体改性沥青防水卷材（SBS卷材）

弹性体改性沥青防水卷材（SBS卷材）（见图9-3）是采用玻纤毡、聚酯毡为胎体，苯乙烯-丁二烯-苯乙烯（SBS）热塑性弹性体作改性剂，涂盖在经沥青浸渍后的胎体两面，上表面撒布矿物质粒、片料或覆盖聚乙烯膜，下表面撒布细砂或覆盖聚乙烯膜所制成的新型中、高档防水卷材，是弹性体橡胶改性沥青防水卷材中的代表性品种。

图9-3　SBS改性沥青防水卷材

SBS改性沥青防水卷材最大的特点是低温柔韧性能好，同时具有较好的耐高温性、较高的弹性和延伸率（延伸率可达150%）以及较理想的耐疲劳性，广泛用于各类建筑防水、防潮工程，尤其适用于寒冷地区和结构变形频繁的建筑物防水。

2）塑性体改性沥青防水卷材（APP卷材）

塑性体改性沥青防水卷材（APP卷材）是用无规聚丙烯（APP）改性沥青浸渍胎基（玻纤或聚酯胎），以砂粒或聚乙烯薄膜为防粘隔离层的防水卷材，是塑性体沥青防水卷材中的一种。APP改性沥青卷材的性能与SBS改性沥青的性能接近，具有优良的综合性质，尤其是耐热性能好，130℃的高温下不流淌，且耐紫外线能力比其他改性沥青卷材均强，所以非常适用于高温地区或阳光辐射强烈地区，广泛用于各式屋面、地下室、游泳池、水桥梁等建筑工程的防水防潮。

3. 合成高分子防水卷材

合成高分子防水卷材是以合成橡胶、合成树脂或两者的共混体为基料，加入适量的化学助剂和填料，经混炼、压延或挤出等工序加工而成的可卷曲的片状防水材料。其抗拉强度、延伸性、耐高低温性、耐腐蚀、耐老化及防水性都很优良，是值得推广的高档防水卷材，多用于要求有良好防水性能的屋面、地下防水工程。

1）三元乙丙（EPDM）橡胶防水卷材

三元乙丙橡胶防水卷材是以三元乙丙橡胶为主体原料，掺入适量的丁基橡胶、硫化剂、软化剂、补强剂等，经密炼、拉片、过滤、压延或挤出成型、硫化等工序加工而成。

其耐老化性能优异,使用寿命一般长逾 40 年,弹性和拉伸性能极佳,拉伸强度可达 7MPa 以上,断裂伸长率可大于 450%,因此,对基层伸缩变形或开裂的适应性强。其耐高低温性能优良,−45℃左右不脆裂,耐热温度达 160℃,既能在低温条件下进行施工作业,又能在严寒或酷热的条件下长期使用。

2)聚氯乙烯(PVC)防水卷材

聚氯乙烯防水卷材是以聚氯乙烯树脂为主要原料,并加入一定量的改性剂、增塑剂等助剂和填充料,经混炼、造粒、挤出压延、冷却、分卷包装等工序制成的柔性防水卷材。

该材料具有抗渗性能好、抗撕裂强度较高、低温柔性较好的特点,与三元乙丙橡胶防水卷材相比,PVC 卷材的综合防水性能略差,但其原料丰富,价格较为便宜,适用于新建或修缮工程的屋面防水,也可用于水池、地下室、堤坝、水渠等防水抗渗工程。

3)氯化聚乙烯-橡胶共混防水卷材

氯化聚乙烯-橡胶共混防水卷材是以氯化聚乙烯树脂和合成橡胶共混物为主体,加入适量的硫化剂、促进剂、稳定剂、软化剂和填充料等,经过素炼、混炼、过滤、压延或挤出成型、硫化、分卷包装等工序制成的防水卷材。

该材料兼有塑料和橡胶的特点,具有优异的耐老化性、高弹性、高延伸性及耐低温性,对地基沉降、混凝土收缩的适应强,它的物理性能接近三元乙丙橡胶防水卷材,由于原料丰富,其价格低于三元乙丙橡胶防水卷材。

9.1.4　防水涂料

防水涂料是将在高温下呈黏稠液状态的物质涂布在基体表面,经溶剂或水分挥发,或各组分间的化学变化,形成具有一定弹性的连续薄膜,使基层表面与水隔绝,并能抵抗一定的水压力,从而起到防水和防潮作用。

1. 防水涂料的分类

防水涂料一般按涂料的类型或成膜物质的主要成分进行分类。按涂料的类型,防水涂料可分为溶剂型、水乳型和反应型三类;按成膜物质的主要成分,防水涂料分为四类,即合成树脂类、橡胶类、高聚物改性沥青类(主要是橡胶沥青类)和沥青类。

2. 常用的防水涂料及其性能要求

1)沥青类防水涂料

沥青类防水涂料,其成膜物质中的胶黏结材料是石油沥青。该类涂料有溶剂型和水乳型两种。将石油沥青溶于汽油等有机溶剂而配制的涂料,称为溶剂型沥青涂料。其实质是一种沥青溶液,将石油沥青分散于水中,形成稳定的水分散体构成的涂料,称为水乳型沥青类防水涂料。

溶化的沥青可以在石灰、石棉或黏土中与水分子发生分裂作用(分散作用),制得膏状沥青悬浮体,常见的有石灰乳化沥青、水性石棉沥青和黏土乳化沥青等。沥青膏体成膜较厚,其中石灰、石棉等对涂膜性能有一定改善作用,可作厚质防水涂料使用。

2)高聚物改性沥青防水涂料

橡胶沥青类防水涂料为高聚物改性沥青类的主要代表,其成膜物质中的胶黏结材料是沥青和橡胶(再生橡胶或合成橡胶等)。该类涂料有溶剂型和水乳型两种类型,都是以橡胶对沥青进行改性作为基础的。下面仅介绍水乳型橡胶沥青类防水涂料的两个主要品种。

(1)水乳型再生橡胶沥青防水涂料:由阴离子型再生胶乳液和沥青乳液混合构成,是再生橡胶和石油沥青的微粒借助于阴离子型表面活性剂的作用,稳定分散在水中而形成的一种乳状液。其适用于工业及民用建筑非保温屋面防水,楼层厕浴、厨房间防水,以沥青珍珠岩为保温层的保温屋面防水等。

(2)水乳型氯丁橡胶沥青防水涂料:又名氯丁胶乳沥青防水涂料,目前国内多采用阳离子水乳型产品。

它兼有橡胶和沥青的双重优点,与溶剂型同类涂料相比,两者的主要成膜物质均为氯丁橡胶和石油沥青,但阳离子水乳型氯丁橡胶沥青防水涂料以水代替了甲苯等有机溶剂,其成本较低,且具有无毒、无燃爆风险和施工时无环境污染等特点,可用于工业及民用建筑混凝土屋面防水,以及地下混凝土工程防潮抗渗、旧屋面防水工程的翻修等。

3)聚氨酯防水涂料

聚氨酯防水涂料又名聚氨酯涂膜防水材料,是一种化学反应型涂料,产品按组分可分为单组分(S)和多组分(M)两种,按拉伸性能分为Ⅰ、Ⅱ类。一般按产品名称、组分、类和标准号顺序标记。多组分目前有两种,一种是焦油系列双组分聚氨酯涂膜防水材料,一种是非焦油系列双组分聚氨酯涂膜防水材料。

4)硅橡胶防水涂料

硅橡胶防水涂料是以硅橡胶乳液及其他乳液的复合物为主要基料,掺入无机填料及各种助剂配制而成的乳液型防水涂料。该涂料兼有涂膜防水和浸透性防水材料两者的优良性能,具有良好的防水性、渗透性、成膜性、弹性、黏结性和耐高低温性。硅橡胶防水涂料是以水为分散介质的水乳型涂料,失水固化后形成网状结构的高聚物,适用于各种屋面防水工程、地下工程、输水和贮水构筑物、卫生间等的防水、防潮。

9.1.5 建筑密封材料

为提高建筑物整体的防水、抗渗性能,对于工程中出现的施工缝、构件连接缝、变形缝等各种接缝,必须填充具有一定的弹性、黏结性,能够使接缝保持水密、气密性能的材料,这就是建筑密封材料。

建筑密封材料分为具有一定形状和尺寸的定型密封材料(如止水条、止水带等),以及各种膏糊状的不定型密封材料(如泥子、胶泥、各类密封膏等)。

1. 沥青嵌缝油膏

建筑防水沥青嵌缝油膏(简称油膏)是以石油沥青为基料,加入改性材料及填充料混合制成的冷用膏状材料,适用于各种混凝土屋面板、墙板等建筑构件节点的防水密封,应注意在储存、操作时远离明火。

2. 聚氯乙烯建筑防水接缝材料

该材料是以聚氯乙烯树脂为基料,加以适量的改性材料及其他添加剂配制而成的(简称为 PVC 接缝材料)。按施工工艺可分为热塑型(通常指 PVC 胶泥)和热熔型(通常指塑料油膏)两类。

该材料具有良好的弹性、延伸性及耐老化性,与混凝土基面有较好的黏结性,能适应屋面振动、沉降、伸缩等引起的变形要求。

3. 聚氨酯建筑密封膏

聚氨酯建筑密封膏是以异氰酸基为基料和含有活性氢化物的固化剂组成的一种双组分反应型弹性密封材料。这种密封膏能够在常温下固化,并有优异的弹性性能、耐热耐寒性能和耐久性,与混凝土、木材、金属、塑料等多种材料有很好的黏结力。

4. 聚硫建筑密封膏

聚硫建筑密封膏是以液态聚硫橡胶为主剂和金属过氧化物等硫化剂反应,在常温下形成的弹性密封材料。这种密封材料能形成类似于橡胶的高弹性密封口,能承受持续和明显的循环位移,使用温度范围宽,与金属与非金属材质均具有良好的黏结力。

5. 硅酮建筑密封膏

硅酮建筑密封膏是以聚硅氧烷为主要成分的单组分和双组分室温固化型弹性建筑密封材料。硅酮建筑密封膏属高档密封膏,它具有优异的耐热、耐寒性和耐候性能,与各种材料有着较好的黏结性,耐伸缩疲劳性强,耐水性好。

9.1.6 刚性防水材料

1. 防水混凝土

防水混凝土又称为抗渗混凝土,是指满足抗渗等级等于或大于P6(最大液体不渗透压力为0.6MPa)要求,兼有防水和承重两种功能的不透水性混凝土。防水混凝土的防水作用是通过提高混凝土内部结构密实性、憎水性和抗渗性实现的。即通过选择合适级配的骨料、降低混凝土的水胶比、掺入适量外加剂等,破坏混凝土内部的毛细管通道或减少混凝土的孔隙率,提高混凝土的结构密实性,以期达到防水的目的。

1) 防水混凝土的分类及应用

防水混凝土一般分为普通防水混凝土、外加剂防水混凝土和补偿收缩防水混凝土三种。每种混凝土的特点及适用范围见表9-3。

表9-3 防水混凝土的特点及适用范围

种 类		防水原理、特点	适 用 范 围
普通防水混凝土		调整普通混凝土组分,提高自身密实度和抗渗性	一般工业与民用建筑的地下防水工程
外加剂防水混凝土	普通减水剂防水混凝土	减水剂能减少混凝土用水量,降低水胶比,使硬化混凝土的孔隙率降低,提高了混凝土的密实性,实现抗渗目的	钢筋密集或振捣困难的薄壁防水构筑物,有特殊要求的防水工程,如泵送混凝土等
	三乙醇胺防水混凝土	三乙醇胺不仅能促进水泥水化,而且水化产物体积膨胀,堵塞混凝土内部孔隙和切断毛细管路,增大混凝土密实性,提高混凝土早期强度和抗渗性	工期要求紧迫,必须用早强水泥及抗渗性要求较高的防水工程和一般防水工程

续表

种　类		防水原理、特点	适用范围
补偿收缩防水混凝土	膨胀水泥防水混凝土	依靠膨胀剂或膨胀水泥在水化硬化过程中形成膨胀水化物，产生适度膨胀，减小或消除混凝土干缩产生的裂缝；结晶物质填充、堵塞毛细管孔隙，起到提高混凝土结构密实性的作用，从而提高混凝土的抗渗能力	地下工程和地上防水构筑物等混凝土工程
	膨胀剂防水混凝土		一般地下防水工程及屋面防水混凝土工程

2）防水混凝土的特点

（1）防水混凝土具有以下优点。

兼具防水和承重两种功能，既节约了原材料，又可加快施工速度。

原材料来源广泛，成本低廉。

在结构形式复杂的情况下，施工简便，防水质量可靠，耐久性好。

出现渗漏水时易于检查，便于修补；施工作业环境较好。

（2）防水混凝土具有以下缺点。

混凝土结构自防水不适用于裂缝开展宽度大于 0.2mm 的结构、遭受剧烈振动或冲击的结构、环境温度高于 80℃ 的结构。

不适用于耐蚀系数小于 0.8 的侵蚀性介质中使用的地下工程。耐蚀系数是指在侵蚀性水中养护 6 个月的混凝土试块的抗折强度与在饮用水中养护 6 个月的混凝土试块的抗折强度之比。

2. 防水砂浆

1）对组成材料的技术要求

水泥：应按设计要求选用普通硅酸盐水泥或膨胀水泥，其强度等级不应低于 32.5 级，不得使用过期、受潮结块及掺入有害杂质的水泥。

骨料：宜采用中砂，粒径在 3mm 以下，含泥量不得大于 1%，硫化物和硫酸盐含量不得大于 1%。

水：不含有害物质的洁净水。

外加剂：技术性能应符合国家或行业标准一等品及以上的质量要求。

聚合物乳液：无颗粒、异物或凝固物。

2）分类、特点及应用

分类、特点及应用如表 9-4 所示。

表 9-4　防水砂浆的分类、特点及适用范围

分　类	特　点	适用范围
普通防水砂浆（刚性多层抹面防水）	具有较高的抗渗能力，抗渗压力达 2.5～3.0MPa，检修方便	适用于做地下防水层或用于屋面、地下工程补漏。因其变形能力差，不适于因振动、沉陷或温度、湿度变化易产生裂缝的结构上；不适用于有腐蚀剂、高温（大于 80℃）的工程防水

分　类	特　点	适　用　范　围
外加剂防水砂浆	配制简单,具有一定的抗渗能力,可承受 0.4MPa 的抗渗压力;当掺入 10% 的抗裂防水剂时,抗渗压力可达 3MPa 以上	适用于一般深度不大、干燥程度要求不高、不受振动的地下工程防水或墙体防潮层,用于简易屋面防水。不适用于因振动、沉陷或温度、湿度变化易产生裂缝的结构上;不适用于有腐蚀剂、高温(大于 80℃)的工程防水
聚合物防水砂浆	价格较高,聚合物掺量比例要求严格	可单独用于防水工程或做防渗漏工程的修补

9.1.7　特殊部位用防水材料

1. 止水带

止水带是处理建筑物或地下构筑物接缝用的一类防水密封材料。在防水工程中,止水带可以阻止大部分地下水沿沉降缝进入室内,尤其是当接缝两侧的建筑沉降不一致时,止水带可以通过自身的变形起到继续止水的作用。止水带的形式很多,常见的形式如图 9-4 所示。

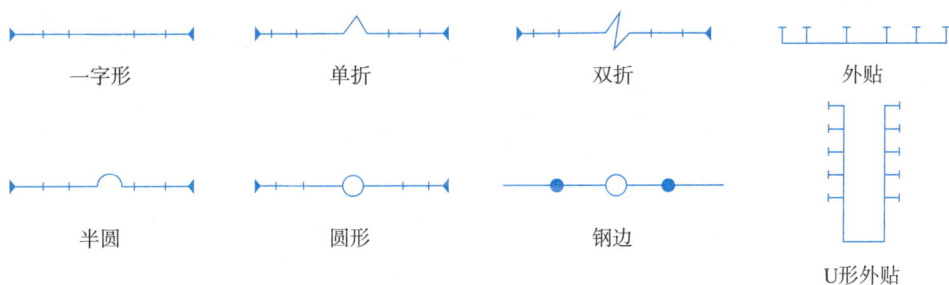

一字形　　　单折　　　双折　　　外贴

半圆　　　圆形　　　钢边

U形外贴

图 9-4　几种常见的止水带

常见的止水带有钢板泥子止水带、PVC 塑料止水带和遇水膨胀橡胶止水带。

遇水膨胀橡胶止水带是以改性橡胶为基料而制成的一种新型防水材料,如图 9-5 所示。

图 9-5　橡胶止水带

2. 止水条

止水条是由高分子、无机吸水膨胀材料与橡胶及助剂合成,具有自黏性能的一种新型建筑防水材料。止水条遇水后会逐渐膨胀,依靠其自身的黏性直接粘贴在混凝土施工缝、后浇缝的界面上,二次浇注混凝土后,可以挤密新、老混凝土之间的缝隙,堵塞混凝土的空隙和裂缝,使混凝土界面的接触更加紧密,从而产生较大的抗水压力,可自行封堵因沉降而出现的新的微小缝隙。对于已完工的工程,如缝隙渗漏水,可用该止水条重新堵漏。止水条广泛用于隧道、污水处理厂、水力发电站、大坝等工程中,用于对伸缩缝、施工缝和沉降缝等结构缝中的止水。

任务 9.2　防水材料的性能检测

9.2.1　石油沥青性能测定

本试验按《沥青软化点测定法　环球法》(GB/T 4507—2014)、《沥青延度测定法》(GB/T 4508—2010)和《沥青针入度测定法》(GB/T 4509—2010)标准,测定石油沥青的软化点、延度及针入度等技术性质,以评定其牌号与类别。

1. 针入度测定

针入度以标准针在一定的荷载、时间及温度条件下垂直穿入试样的深度表示,单位为1/10mm。

1) 主要仪器设备

(1) 针入度仪的构造如图 9-6 所示。

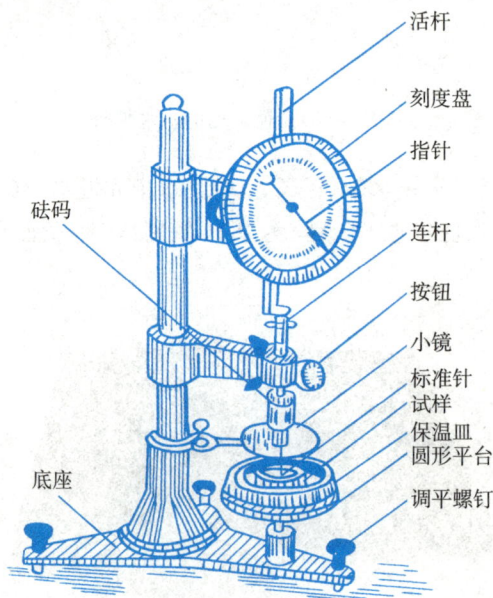

图 9-6　针入度仪

(2)标准针:由经硬化回火的不锈钢制成,洛氏硬度为54~60,针与箍的组件质量应为(2.5±0.05)g,连杆、针与砝码共重(100±0.05)g。

(3)恒温水浴(容量不少于10L,温度控制精确至0.1℃)、试样皿、温度计(0~50℃,精确至0.1℃)、秒表(精确至0.1s)等。

2)试验步骤

(1)试样制备。将石油沥青加热至120~180℃,且不超过软化点温度以上、90℃以下进行脱水,加热时间不超过30min,用筛过滤,注入盛样皿内,注入深度应比预计针入度大10mm,置于15~30℃的空气中冷却1~2h。然后将盛样皿移入规定温度的恒温水浴中,恒温1~2h,浴中水面应高出试样表面10mm以上。

(2)调节针入度仪,使之水平,检查指针、连杆和轨道,确认无水和其他杂物,无明显摩擦,装好标准针,放好砝码。

(3)从恒温水浴中取出试样皿,放入水温为(25±0.1)℃的平底保温皿中,试样表面以上的水层高度应不小于10mm。将平底保温皿置于针入度仪的平台上。

(4)慢慢放下针连杆,使针尖刚好与试样表面接触时固定。拉下活杆,使与针连杆顶端相接触,调节指针或刻度盘使指针指零。然后用手紧压按钮,同时启动秒表,使标准针自由下落穿入沥青试样,经5s后,松开按钮,使标准针停止下沉。

(5)再拉下活杆,使之与标准针连杆顶端接触。这时刻度盘指针所指的读数与初始值之差,即为试样的针入度,用1/10mm表示。

(6)同一试样重复测定至少3次,每次测定前,都应检查并调节保温皿内水温,使其保持在(25±0.1)℃,各测点之间及测点与试样皿内壁的距离不应小于10mm。每次测定后,都应将标准针取下,用浸有溶剂(甲苯或松节油等)的布或棉花擦净;当针入度超过200mm时,至少用3根针,每次试验用的针留在试样中,直到3根针扎完时,再将针从试样中取出。

3)结果评定

取3次针入度测定值的平均值作为该试样的针入度(1/10mm),结果取整数值,3次针入度测定值相差不应大于表9-5中的数值。

表9-5 石油沥青针入度测定值的最大允许差值

针入度	0~49	50~149	150~249	250~349	350~500
最大差值/(1/10mm)	2	4	6	8	20

2. 延度测定

延度一般指沥青试样在(25±0.5)℃温度下,以(5±0.25)cm/min速度拉伸至断裂时的长度,以cm计。

1)主要仪器设备

(1)延度仪:由长方形水槽和传动装置组成,由丝杆带动滑板以每分钟(50±5)mm的速度拉伸试样,滑板上的指针在标尺上显示移动距离(图9-7)。

(2)延度"8"字模:由两个端模和两个侧模组成(图9-8)。

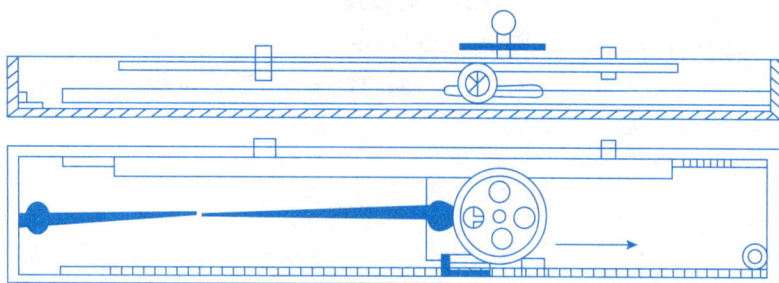

图 9-7　延度仪

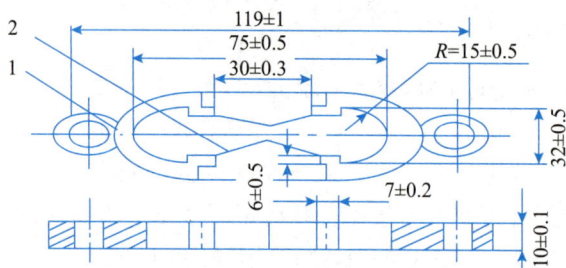

图 9-8　延度"8"字模

（3）其他仪器同针入度试验。

2）试验步骤

（1）制备试样。将隔离剂（甘油：滑石粉＝2：1）均匀地涂于金属（或玻璃）底板和两侧模的内侧面（端模勿涂），将模具组装在底板上。将加热熔化并脱水的沥青经过滤后，以细流状缓慢自试模一端至另一端注入，经往返几次而注满，并略高出试模。然后在 15～30℃环境中冷却 30～40min，放入（25±0.1）℃的水浴中，保持 30min 再取出，用热刀将高出模具的沥青刮去，试样表面应平整光滑，最后移入（25±0.1）℃水浴中恒温 85～95min。

（2）检查延度仪滑板移动速度是否符合要求，调节水槽中水位（水面高于试样表面不小于 25mm）及水温，温度为（25±0.5）℃。

（3）从恒温水浴中取出试件，去掉底板与侧模，将其两端模孔分别套在水槽内滑板及横端板的金属小柱上，再检查水温，并使其保持在（25±0.5）℃。

（4）将滑板指针对零，开动延度仪，观察沥青拉伸情况。测定时，若发现沥青细丝浮于水面或沉入槽底时，则应分别向水中加乙醇或食盐水，以调整水的密度，直到与试样密度相近为止，然后继续进行测定。

（5）当试件拉断时，立即读出指针所指标尺上的读数，即为试样的延度，以 cm 表示。

3）试验结果

取平行测定的 3 个试件延度的平均值作为该试样的延度值。若 3 个测定值与其平均值之差不都在其平均值的 5% 以内，但其中 2 个较高值在平均值的 5% 以内，则弃去最低值，取 2 个较高值的算术平均值作为测定结果，否则应重新测定。

3. 软化点测定

沥青的软化点是试样在规定条件下，因受热而下坠达 25mm 时的温度，以℃表示。

1）主要仪器设备

（1）软化点测定仪（环球法），包括 800mL 烧杯、测定架、试样环、套环、钢球、温度计（30～180℃，最小分度值为 0.5℃）等（图 9-9）。

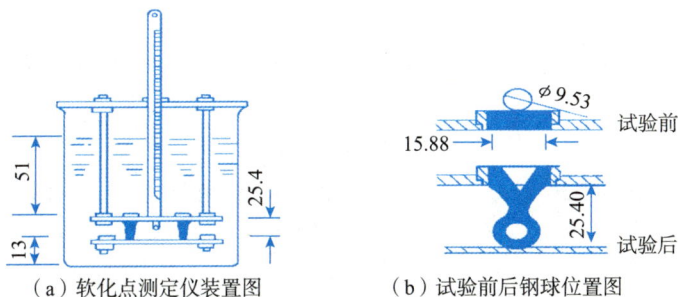

（a）软化点测定仪装置图　　　　（b）试验前后钢球位置图

图 9-9　软化点测定仪

（2）电炉或其他可调温的加热器、金属板或玻璃板、筛等。

2）试验步骤

（1）试样制备：将黄铜环置于涂有隔离剂的金属板或玻璃板上，将已加热熔化、脱水且过滤后的沥青试样注入黄铜环内至略高出环面为止。若估计软化点在 120℃ 以上时，应将黄铜环与金属板预热至 80～100℃。将试样在 10℃ 的空气中冷却 30min，用热刀刮去高出环面的沥青，使其与环面齐平。

（2）在烧杯内注入新煮沸并冷却至（5±1）℃的蒸馏水（估计软化点 30～80℃ 的试样），或注入预热至（30±1）℃的甘油（估计软化点 80～157℃ 的试样），使液面略低于连接杆上的深度标记。

（3）将装有试样的铜环置于环架上层板的圆孔中，放上套环，把整个环架放入烧杯内，调整液面至深度标记，环架上任何部分均不得有气泡。将温度计由上层板中心孔垂直插入，使水银球与铜环下面齐平，恒温 15min。使水温保持（5±1）℃，或使甘油温度保持（30±1）℃。

（4）将钢球放在试样上（应使环的平面在全部加热时间内完全处于水平状态），立即加热，使烧杯内水或甘油温度在 3min 后保持每分钟上升（5±0.5）℃，否则重做。

（5）观察试样受热软化情况，当其软化下坠至与环架下层板面接触（即 25.4mm）时，记下此时的温度，即为试样的软化点（精确至 0.5℃）。

3）试验结果

取平行测定的 2 个试样软化点的算术平均值作为测定结果。2 个软化点测定值相差超过 1℃，则应重新试验。

试验结果可从以下两方面评定。

（1）石油沥青按针入度来划分其牌号，而每个牌号还应保证相应的延度和软化点。若后者的某个指标不满足要求，应予以注明。

（2）石油沥青按其牌号可分为道路石油沥青、建筑石油沥青、防水防潮石油沥青和普通石油沥青。由上述试验结果，按照标准规定的各技术要求的指标可确定该石油沥青的牌号与类别。

9.2.2　防水卷材取样及性能测定

1. 防水卷材厚度测定

1) 原理

在卷材宽度方向平均测量 10 点,测得值的平均值记录为整卷卷材的厚度,单位为 mm。

2) 仪器设备

测量装置能测量厚度精确到 0.01mm,测量面平整,直径 10mm,施加在卷材表面的压力为 20kPa。

3) 抽样和试件制备

(1) 抽样:按《建筑防水卷材试验方法　第 1 部分:沥青和高分子防水卷材　抽样规则》(GB/T 328.1—2007)抽取未损伤的整卷卷材进行试验。

(2) 试件制备:从试样上沿卷材整个宽度方向裁取至少 100mm 宽的 1 条试件。

(3) 试验试件的条件:在常温下进行测量有争议时,试验在(23±2)℃条件下进行,并在该温度放置不少于 20h。

4) 步骤

保证卷材和测量装置的测量面没有污染,在开始测量前,检查测量装置的零点,在所有测量结束后再检查一次。在测量厚度时,应使测量装置慢慢落下,避免试件变形,在卷材宽度方向均匀分布 10 点测量,并记录厚度,最外侧的测量点应距卷材边缘 100mm。

5) 结果表示

(1) 计算:取步骤中测量的 10 点厚度的平均值,修约到 0.1mm 表示。

(2) 精确度:试验方法的精确度没有规定。推论厚度测量的精确度不应低于 0.1mm。

2. 单位面积质量测定

1) 原理

试件从试片上裁取并称重,计算得到单位面积质量平均值。

2) 仪器设备

称量装置,应能测量试件质量,并精确至 0.01g。

3) 抽样和试件制备

(1) 抽样:按《建筑防水卷材试验方法　第 1 部分:沥青和高分子防水卷材　抽样规则》(GB/T 328.1—2007)抽取未损伤的整卷卷材进行试验。

(2) 试件制备:从试样上裁取至少 0.4m 长、整个卷材宽度宽的试片,从试片上裁取 3 个正方形或圆形试件,每个面积(10000±100)mm²,一个从中心裁取,其余两个和第一个对称,沿试片相对两角的对角线,此时试件距卷材边缘大约 100mm。

(3) 试验条件:试件应该在(23±2)℃和相对湿度(50±5)%条件下至少放置 20h,试验在(23±2)℃进行。

4) 步骤

用称量装置称量每个试件,将记录质量精确到 0.1g。

5）结果表示

（1）计算：计算卷材单位面积质量 m，单位为千克每平方米（kg/m^3），取 3 个试样质量的平均值。

（2）精确度：试验方法的精确度没有规定，推论单位面积质量的精确度不低于 $10g/m^3$。

6）填写试验报告

完成以上 5 个步骤后，记录者需要填写试验报告。

3. 沥青防水卷材最大拉力、最大拉力时延伸率、断裂延伸率测定

1）仪器设备

电子拉力试验机 DL-5000 型。

2）试样制备

整个拉伸试验应制备两组试件，一组纵向 5 个试件，一组横向 5 个试件。试件在试样上距边缘 100mm 以上用裁刀任意裁取，矩形试件宽为（50±0.5）mm，长为（200mm＋2×加持长度），长度方向为试验方向。表面的非持久层应去除。试件在试验前在（23±2）℃和相对湿度（30～70）％的条件下至少放置 20h。

3）步骤

将试件紧紧地夹在试验机的夹具中，注意试件长度方向的中线与试验机夹具中心在一条线上。夹具间的距离为（200±2）mm，为防止试件从夹具中滑移，应做好标记。试验在（23±2）℃进行，夹具移动的恒定速度为（100±10）mm/min。连续记录拉力和对应夹具间的距离。

4）计算

通过记录得到的拉力和距离，或数据记录，最大的拉力和对应的夹具间的距离与起始距离的百分率计算延伸率。去除任何夹具在 10mm 以内出现断裂的情况或在试验机夹具中滑移超过极限值的试件的试验结果，用备用件重测。最大拉力单位为 N/50mm，对应的延伸率用百分率表示，作为试件同一方向的结果。分别记录每个方向 5 个试件的拉力值和延伸率，计算平均值。拉力的平均值修约到 5N，延伸率的平均值修约到 1％。同时对于复合增强的卷材在应力应变图上有 2 个或更多的峰值，拉力和延伸率应记录 2 个最大值。

自我测验

一、填空题

1. 石油沥青的组分主要包括＿＿＿＿＿、＿＿＿＿＿和＿＿＿＿＿三种。

2. 石油沥青的黏滞性，对于液态石油沥青用＿＿＿＿＿表示，单位为＿＿＿＿＿；半固体或固体石油沥青用＿＿＿＿＿表示，单位为＿＿＿＿＿。

3. 石油沥青的塑性用＿＿＿＿＿或＿＿＿＿＿表示；该值越大，则沥青的塑性越＿＿＿＿＿。

4. 同一品种石油沥青的牌号越高，则针入度越＿＿＿＿＿，黏性越＿＿＿＿＿，延伸度越＿＿＿＿＿，塑性越＿＿＿＿＿，软化点越＿＿＿＿＿，温度敏感性越＿＿＿＿＿。

5. 防水卷材根据其主要防水组成材料分为＿＿＿＿＿、＿＿＿＿＿和＿＿＿＿＿三大类。

二、名词解释

1. 石油沥青的黏滞性　　　　2. 石油沥青的针入度

3. SBS 改性沥青防水卷材　　4. APP 改性沥青防水卷材

三、单选题

1. 表示石油沥青温度敏感性的指标是（　　）。
　　A. 针入度　　　　　B. 黏滞度　　　　　C. 延伸度　　　　　D. 软化点

2. 石油沥青的塑性用（　　）指标来表示。
　　A. 延伸度　　　　　B. 针入度　　　　　C. 软化点　　　　　D. 黏滞度

3. 煤沥青与石油沥青相比，其（　　）较好。
　　A. 温度敏感性　　　B. 防腐性　　　　　C. 大气稳定性　　　D. 韧性

4. 赋予石油沥青以流动性的组分是（　　）。
　　A. 油分　　　　　　B. 树脂　　　　　　C. 沥青脂胶　　　　D. 地沥青质

5. 石油沥青的牌号主要根据其（　　）划分。
　　A. 针入度　　　　　B. 延伸度　　　　　C. 软化点　　　　　D. 黏滞度

四、问答题

1. 石油沥青主要有哪些技术性质？各用什么指标表示？

2. 石油沥青的牌号是如何划分的？牌号大小与性质有什么关系？

项目 10 其他常用建筑材料的性能与检测

学习思维导图

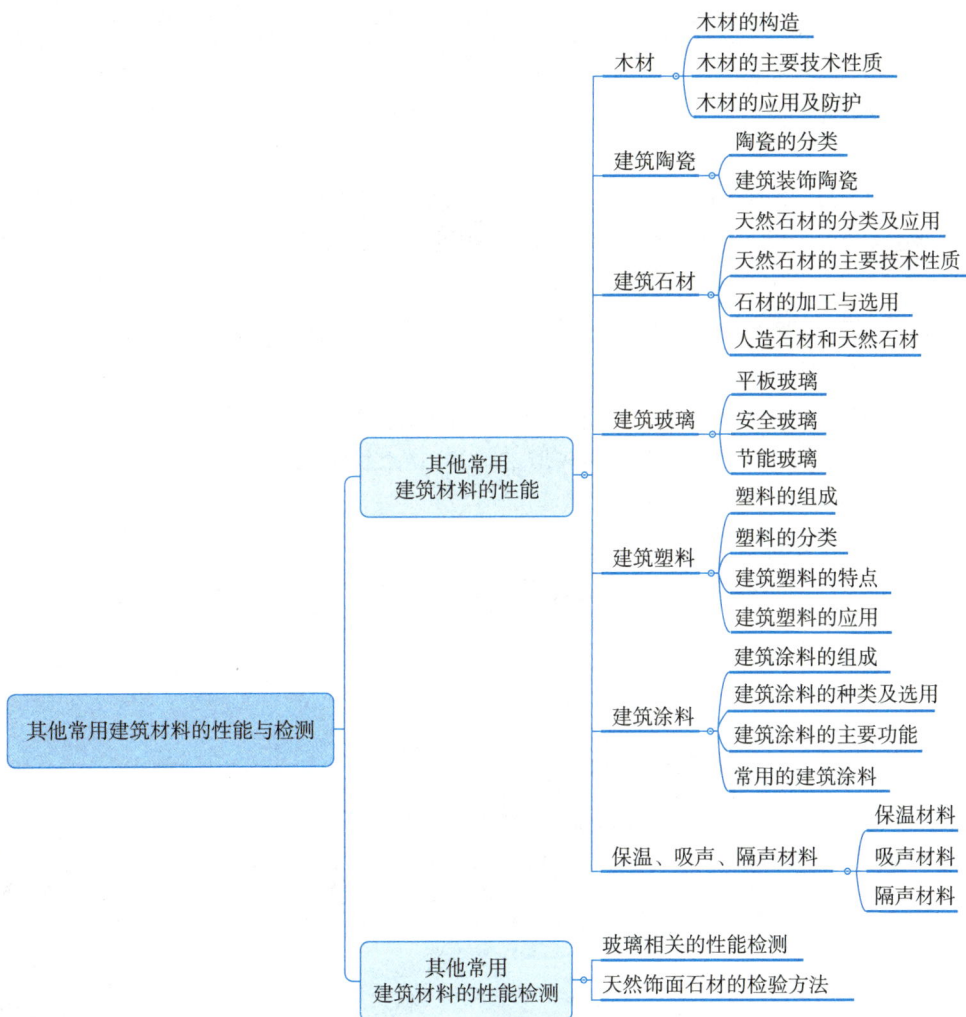

```
其他常用建筑材料的性能与检测 ─┬─ 其他常用
                              │   建筑材料的性能 ─┬─ 木材 ─┬─ 木材的构造
                              │                   │         ├─ 木材的主要技术性质
                              │                   │         └─ 木材的应用及防护
                              │                   ├─ 建筑陶瓷 ─┬─ 陶瓷的分类
                              │                   │             └─ 建筑装饰陶瓷
                              │                   ├─ 建筑石材 ─┬─ 天然石材的分类及应用
                              │                   │             ├─ 天然石材的主要技术性质
                              │                   │             ├─ 石材的加工与选用
                              │                   │             └─ 人造石材和天然石材
                              │                   ├─ 建筑玻璃 ─┬─ 平板玻璃
                              │                   │             ├─ 安全玻璃
                              │                   │             └─ 节能玻璃
                              │                   ├─ 建筑塑料 ─┬─ 塑料的组成
                              │                   │             ├─ 塑料的分类
                              │                   │             ├─ 建筑塑料的特点
                              │                   │             └─ 建筑塑料的应用
                              │                   ├─ 建筑涂料 ─┬─ 建筑涂料的组成
                              │                   │             ├─ 建筑涂料的种类及选用
                              │                   │             ├─ 建筑涂料的主要功能
                              │                   │             └─ 常用的建筑涂料
                              │                   └─ 保温、吸声、隔声材料 ─┬─ 保温材料
                              │                                           ├─ 吸声材料
                              │                                           └─ 隔声材料
                              └─ 其他常用
                                  建筑材料的性能检测 ─┬─ 玻璃相关的性能检测
                                                      └─ 天然饰面石材的检验方法
```

知识目标

1. 知道木材构造、技术性能及应用；

2. 知道建筑陶瓷的类别、技术性能及应用；

3. 知道建筑石材的类别、技术性能及应用；

4. 知道建筑玻璃的类别、技术性能及应用；

5. 知道建筑塑料的组成、技术性能及应用；

6. 知道建筑涂料的组成、技术性能及应用。

技能目标

1. 能根据工程特点选择木材、建筑陶瓷、石材、玻璃等；

2. 能够测定建筑玻璃的有关性能；

3. 能够测定天然饰面石材的性能。

任务 10.1　其他常用建筑材料的性能

10.1.1　木材

木材是人类最早使用的建筑材料之一，具有悠久的历史。木材具有很多优良的性能，如轻质高强、导电导热性低、弹性和韧性较好、能承受冲击和振动、易于加工等；但天然木材构造不均匀，具有各向异性，易吸湿变形，且易腐、易燃。树木生长周期长，成长不易，在应用木材作建筑材料时，对木材的节约使用和综合利用十分重要。

1. 木材的构造

树木由树根、树干、树冠(包括树枝和叶)三部分组成。木材主要取自树干。木材的性能取决于它的构造。由于树种和生长环境不同，各种木材在构造上有很大的差别。木材的构造可分为宏观和微观两个方面。

1) 木材的宏观构造

木材的宏观构造是用肉眼或放大镜所能看到的木材组织。沿横切面、径切面及弦切面将木材剖开，可看到木材的宏观构造如图 10-1 所示。

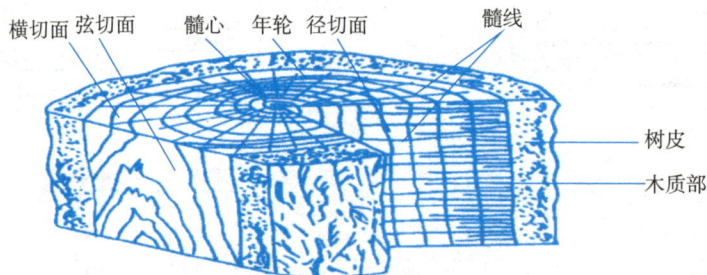

图 10-1　木材的宏观构造

(1) 年轮、早材和晚材。在一个生长周期内(一年)所生长的一层木材环轮称为年轮。春季细胞分裂速度快，细胞腔大壁薄，构成的木质较疏松，颜色较浅，称为早材。夏、秋两季树木的细胞分裂速度慢，细胞腔小壁厚，所以构成的木质较致密，颜色较深，称为晚材。径向单位长度的年轮内晚材含量(晚材率)越高，则木材的强度越大。

(2) 边材和芯材。颜色较浅且靠近树皮部分的木材称为边材。颜色较深且靠近髓心部分的木材称为芯材。边材的含水量较大，易翘曲变形，抗腐蚀性较差。芯材含水量较少，不易翘曲变形,抗腐蚀性较强。

2) 木材的微观构造

木材的微观构造是用显微镜所能看到的木材组织。微观上木材是由各种细胞紧密结合而成的。每个细胞都由细胞壁与细胞腔组成。木材的显微构造随树种而异,如图 10-2 和图 10-3 所示。细胞壁由若干细胞纤维组成,细胞壁越厚,则木材越密实,其表观密度和强度也越大,同时胀缩变形越大。

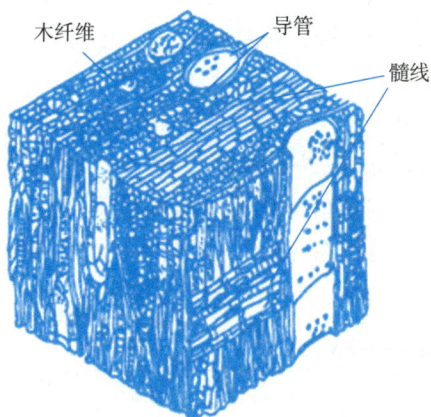

图 10-2 针叶树栎木微观构造

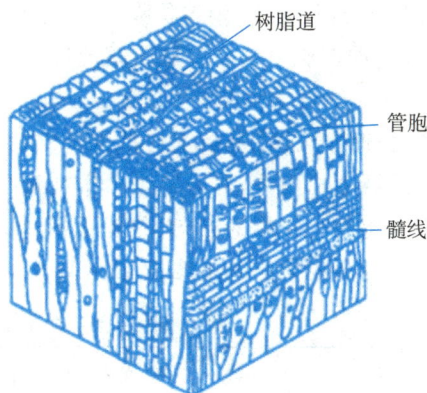

图 10-3 阔叶树栎木微观构造

2. 木材的主要技术性质

1) 木材的物理性能

(1) 密度和表观密度。木材密度是体现木材性质的一项重要指标,可以根据它估计木材的实际质量,推断木材的工艺性质和干缩、膨胀、硬度、强度等物理力学性质。干燥木材的密度相差不大,平均约为 1.55kg/m^3。各种木材的表观密度则因孔率、含水率等不同而有很大差异。木材的表观密度越大,其湿胀干缩变化也越大。通常以含水率为 15%(标准含水率)时的表观密度为准。木材的表观密度一般为 $400\sim500\text{kg/m}^3$。

(2) 含水率。木材的含水率是指木材中所含水的质量占干燥木材质量的百分比。木材内部所含的水分可以分为以下三种。

① 自由水:存在于细胞腔和细胞间隙中的水分。自由水会影响木材的表观密度、保存性、燃烧性、干燥性和渗透性。

② 吸附水:吸附在细胞壁内的水分。它是影响木材强度和胀缩的主要因素。

③ 化合水:木材化学成分中的结合水,对木材的性能无太大影响。

当木材中的细胞壁内被吸附水充满,而细胞腔与细胞间隙中没有自由水时,该木材的含水率称为纤维饱和点。纤维饱和点随树种而异,一般为 25%~35%,平均值约为 30%。纤维饱和点的重要意义在于它是木材物理力学性质发生改变的转折点,是木材含水率是否影响其强度和湿胀干缩的临界值。

干燥的木材能从周围的空气中吸收水分,潮湿的木材也会在干燥的空气中失去水分。当木材的含水率与周围空气的相对湿度达到平衡状态时,该含水率称为平衡含水率。平衡含水率随周围环境的温度和相对湿度而改变。新伐木材含水率常在35％以上，风干木材含水率为15％～25％，室内干燥的木材含水率常为8％～15％。

（3）湿胀与干缩变形。木材具有显著的湿胀干缩特征。当木材的含水率在纤维饱和点以上时，含水率的变化并不改变木材的体积和尺寸，因为只是自由水在发生变化。当木材的含水率在纤维饱和点以内时，含水率会由于吸附水而发生变化。

当吸附水增加时，细胞壁纤维间距离增大，细胞壁厚度增加，则木材体积膨胀，尺寸增加，直到含水率达到纤维饱和点时为止。此后，木材含水率继续提高，也不再膨胀。当吸附水蒸发时，细胞壁厚度减小，则体积收缩，尺寸减小。也就是说，只有吸附水发生变化，才能引起木材的变形，即湿胀干缩。湿胀干缩会影响木材的使用。

2）木材的力学性能

木材的力学性能是指木材抵抗外力的能力。木构件在外力作用下，在构件内部单位截面积上所产生的内力，称为应力。木材抵抗外力破坏时的应力称为木材的极限强度。根据外力在木构件上作用的方向、位置不同，木构件的工作状态分为受拉、受压、受弯、受剪等，木材各向各强度大小关系比较见表10-1。

表10-1　木材各向各强度大小关系比较

顺纹抗拉强度	横纹抗拉强度	顺纹抗压强度	横纹抗压强度	抗弯强度	顺纹抗剪强度	横纹抗剪强度
2.0～3.0	1/20～1/3	1.0	1/10～1/3	1.5～2.0	1/7～1/3	1/2～1

（1）木材的抗拉强度有顺纹抗拉强度和横纹抗拉强度两种。

顺纹抗拉强度即外力与木材纤维方向相平行的抗拉强度。由木材标准小试件测得的顺纹抗拉强度，是所有强度中最大的。但是，栉、斜纹、裂缝等木材缺陷对抗拉强度的影响很大。因此，在实际应用中，木材的顺纹抗拉强度反而比顺纹抗压强度低。木屋架中的下弦杆、竖杆均为顺纹受拉构件。工程中，对于受拉构件，应采用选材标准中的一等材。

横纹抗拉强度即外力与木材纤维方向相垂直的抗拉强度。木材的横纹抗拉强度远小于顺纹抗拉强度。一般木材的横纹抗拉强度为顺纹抗拉强度的1/10～1/3。所以，在承重结构中，不允许木材横纹承受拉力。

（2）木材的抗压强度有顺纹抗压强度和横纹抗压强度两种。

顺纹抗压强度即外力与木材纤维方向相平行的抗压强度。由木材标准小试件测得的顺纹抗压强度，为顺纹抗拉强度的33％～50％。由于木材的缺陷对顺纹抗压的影响很小，因此，木构件的受压工作要比受拉工作可靠得多。屋架中的斜腹杆、木柱等均为顺纹受压构件。

横纹抗压强度即外力与木材纤维方向相垂直的抗压强度。木材的横纹抗压强度远小于顺纹抗压强度。

3）影响木材力学性能的主要因素

木材强度除因树种、产地、生产条件与时间、部位的不同而变化外，还与含水率、负荷时间、温度及缺陷有很大的关系。

（1）含水率的影响。当木材含水率低于纤维饱和点时，含水率越高，则木材强度越低；

当木材含水率高于纤维饱和点时,含水率的增减,只是自由水变更,而细胞壁不受影响,因此木材强度不变。试验表明,含水率的变化对受弯强度、受压强度影响较大,受剪强度次之,而对受拉强度影响较小。

(2) 负荷时间的影响。木材对长期荷载与短期荷载的抵抗能力不同。木材在长期荷载作用下,不致引起破坏的最大应力称为持久强度。木材的持久强度比木材标准小试件测得的瞬时强度小得多,一般为瞬时强度的50%～60%。在实际结构中,荷载总是全部或部分长期作用在结构上。因此,在计算木结构的承载能力时,应以木材的长期强度为依据。

(3) 温度的影响。温度升高时,木材的强度将会降低。当温度由25℃升高到50℃时,针叶树的抗拉强度降低10%～15%,抗压强度降低20%～24%;当温度超过140℃时,木材颜色逐渐变黑,其强度显著降低。

(4) 木材缺陷的影响。缺陷对木材各种受力性能的影响不同。木节对木材的受拉强度影响较大,对受压强度影响较小,对受弯强度的影响则视木节位于受拉区还是受压区而不同,对受剪强度影响很小。斜裂纹将严重降低木材的顺纹抗拉强度,抗弯强度次之,对顺纹抗压强度影响较小。裂缝、腐朽、虫害会严重影响木材的力学性能,甚至使木材完全失去使用价值。

3. 木材的应用及防护

1) 木材的种类与规格

(1) 木材由树木加工而成,树木按树叶的不同分为针叶树和阔叶树两大类。

针叶树的树叶细长如针,树干通直高大,纹理顺直,材质均匀且较软,易于加工,又称为软材。因其强度较高,表观密度和干湿变形较小,耐腐蚀性较强,广泛应用于承重结构构件、门窗、地面及装饰工程等。

阔叶树的树叶宽大呈网状,多为落叶树,树干通直部分较短,表观密度大,材质较硬,较难加工,故又称为硬材。因其干湿变形大,易翘曲和干裂,建筑上常用作尺寸较小的构件,不宜制作承重构件。有些树种纹理美观,适合用于室内装修、制作家具和胶合板等。

(2) 木材按用途和加工程度的不同,可分为原条、原木和锯材等类型。

原条是指除去皮、根、梢,尚未加工成规定直径和长度的木料,主要用于脚手架工程和家具等。

原木是指除去皮、根、梢,加工成规定直径和长度的木料,主要用于屋架、檩条、椽等,也可用作木桩、电杆等。

锯材是指经加工锯解成材,宽度为厚度的3倍或3倍以上的称为板材,不足3倍的称为方材。板材中薄板用于门芯板、隔断等,中板用于屋面板、地板等,厚板用于门窗。

2) 木材的综合利用

(1) 人造板材。木材的综合利用是指将木材加工过程中大量边角、碎料、刨花木屑等,经过再加工处理,制成各种人造板材,可有效提高木材的利用率。

胶合板:将原木旋切成薄片,经干燥处理后,再用胶黏剂按奇数层数压制成型,以各层纤维互相垂直的方向黏合而成的人造板材。工程中常用的是三合板和五合板。其特点是材质均匀,强度高,无明显纤维饱和点存在,吸湿性小,不翘曲开裂,无疵病,幅面大,使用方便,装饰性好,因而广泛用于建筑室内隔墙板、天花板、门面板以及各种家具和装修。

细木工板：芯板由木板拼接而成，两面黏结一层或两层旋切木质单板。细木工板具有吸声、绝热、质坚、易加工等特点，主要适用于家具、车厢和建筑室内装修等。

纤维板：以植物纤维为主要原料，经破碎、浸泡、研磨成木浆，再加入一定的黏结料，经热压成型、干燥处理等工艺制成的一种人造板材。因成型时温度和压力不同，分为硬质、中密度和软质三种。纤维板使木材利用率超过 90%，材质均匀，弯曲强度大，不易胀缩和翘曲开裂，避免了木材的各种缺陷，用于室内门板、地板、家具和其他装修等。

刨花板：刨花板是将原料经过打碎、筛选、烘干等工序，拌以胶料（动植物胶、合成树脂胶或无机胶凝材料，如水泥、水玻璃等）压制成的人造板，包括木丝板、木屑板等。刨花板表观密度小，强度较低，主要用作绝热和吸声材料。经饰面处理后，还可用于吊顶板材、隔断板材等。

（2）木质地板。木质地板具有自重轻、弹性好、脚感舒适、导热性小、冬暖夏凉等特性，满足了人们回归自然、追求质朴的心理，备受消费者的青睐。

条木地板是室内使用最普遍的木质地面，空铺条木地板由龙骨、地板等部分构成。地板有单层和双层两种，单层条木板常选用松、杉等软质树材，双层的下层为毛板，面层为硬木条板，硬木条板多选用水曲柳、柞木、枫木等硬质树材。材质要求采用不易腐朽和不易变形开裂的优质板材。条木地板适用于办公室、会议室、宾馆客房、舞台、住宅等地面的装饰。

拼花木地板是用阔叶树种的硬木材，经干燥处理并加工成一定几何尺寸的木块，再拼成一定图案的地板材料。该地板坚硬而富有弹性、耐磨、耐腐蚀、质感和光泽好、纹理美观，一般均经过远红外线干燥，含水率恒定，因而外形稳定，易保持地面平整而不变形，适用于高级宾馆、饭店、别墅、会议室、展览室、体育馆、影剧院及住宅等的地面装饰。

复合木地板，也叫强化木地板、强化地板，一般是由四层材料复合组成，即耐磨层、装饰层、高密度基材层、平衡（防潮）层，是用一层或多层专用纸浸渍热固氨基树脂、铺装在刨花板、高密度板等人造板基材表面，背面加平衡层、正面加装饰层和耐磨层，经热压而成，复合木地板耐磨、抗菌、耐污、隔音降噪、脚感舒适，色彩、花样丰富，色泽均匀，可以仿真各种天然或人造花纹，装饰效果好。其基材采用速生林材制造，成本较实木地板低廉，同时可以规模化生产，相对而言性价比高。安装简便，其四边设有榫槽，安装时，只需将榫槽相互契合，形成精确咬接即可，可直接安装在地面或其他地板表面，可以从房间的任意处开始铺装，简单快捷。

3）木材的腐蚀与防蛀

（1）木材的腐蚀是真菌寄生引起的。真菌分为变色菌、霉菌和腐朽菌三种。变色菌、霉菌对木材质量的影响很小，但腐朽菌的影响较大。

腐朽菌在木材中生长和繁殖必须具有三个条件：适当的水分、足够的空气及适宜的温度。木材含水率在纤维饱和点到 35%～50% 范围内最适于腐朽菌繁殖，当含水率为 20%以下时，腐朽菌完全停止繁殖。木材中含有一定量的空气，腐朽菌才会繁殖，储于水中或深埋地下的木材不会腐朽。腐朽菌在温暖环境中最易繁殖，最适宜繁殖的温度为 25～30℃。木材腐蚀防护措施如下。

破坏真菌生存的条件：将木材干燥至含水率在 20%以下，保证木结构处在干燥状态，对木结构物采取通风、防潮、表面涂刷涂料等措施。

把木材变为有毒物质：将化学防腐剂施加于木材，使木材成为有毒物质，常用的方法有表面喷涂法、浸渍法、压力渗透法等，常用的防腐剂有水溶性的、油溶性的及浆膏类等。

（2）木材防止虫蛀的方法主要是采用化学药剂处理，通常是向木材注入防虫剂。

4）木材的防火

木材属于易燃材料，达到一定温度时，木材会着火燃烧。由于木材作为一种理想的装饰材料而广泛用于各种建筑之中，因此，木材的防火问题就显得尤为重要。木材的防火措施主要有两种，分别是表面涂敷法和溶液浸注法。

表面涂敷法是在木材表面涂刷一层防火涂料，使之成为难燃材料，达到遇小火能自熄，遇大火能延缓或阻止燃烧而赢得灭火时间的目的。它不仅可以起到防火的作用，还可以起到防腐和装饰的作用。

溶液浸注法是通过将阻燃剂浸注到木材内部来达到阻燃效果。浸注分为常压浸注和加压浸注，加压浸注使阻燃剂浸入量及深度均大于常压浸注。因此，在对木材防火要求较高的情况下，应采用加压浸注。浸注之前，应尽量使木材达到充分干燥，并初步加工成型。否则，在防火处理后再进行锯、刨等加工，会使木材中浸有的阻燃剂部分流失。

10.1.2　建筑陶瓷

1. 陶瓷的分类

陶瓷是用黏土及其他天然矿物原料，经配料、制坯、干燥、焙烧制成的，按所用原料及坯体的致密程度可分为以下几类。

1）陶器

陶器的生产原料含杂质较多，烧结程度低，孔隙率较大（吸水率＞10％），断面粗糙无光，不透明，敲击时声音粗哑。陶器又分为粗陶和精陶。

粗陶是最原始、最低级的陶瓷器，一般以一种易熔黏土制造。在某些情况下，也可以在黏土中加入熟料或砂与之混合，以减少收缩。粗陶的主要制品有日用缸器、砖、瓦。

精陶按坯体组成的不同，可分为黏土质、石灰质、长石质、熟料质等四种，主要制品有日用器皿、彩陶、卫生陶瓷及装饰釉面砖。

2）瓷器

瓷器由较纯的瓷土烧结而成，是陶瓷器发展的更高阶段。它的特征是坯体已完全烧结，完全玻化，因此很致密，基本不吸水（吸水率≤0.5％），对液体和气体都无渗透性，胎薄且呈半透明，断面呈贝壳状，且有一定的半透明性，敲击时声音清脆，主要用于生产日用餐茶具及美术用品。

3）炻器

炻器是介于陶和瓷之间的制品，炻器在我国古籍上称"石胎瓷"，其孔隙率比陶小（吸水率＜10％），但烧结程度和密实度不及瓷，坯体大多带有灰、黄或红等颜色，断面不透明，但其热稳定性好，成本较瓷低，主要制品有建筑外墙砖、锦砖、地砖、瓷质砖、化工及电器工业制器。

2. 建筑装饰陶瓷

建筑装饰陶瓷通常是指用于建筑物内外墙面、地面及卫生洁具的陶瓷材料和制品,另外有在园林或仿古建筑中使用的琉璃制品。它具有强度高、耐久性好、耐腐蚀、耐磨、防水、防火、易清洗以及花色品种多、装饰性好等优点。

建筑装饰陶瓷产品主要分为陶瓷墙地砖、卫生陶瓷、陶瓷壁画、装饰琉璃制品等。其中,用量最大的陶瓷墙地砖是釉面内墙砖、外墙面砖与地砖的总称。

1) 陶瓷墙地砖

(1) 釉面内墙砖。釉面内墙砖是用于建筑物内墙装饰的薄板状精陶制品,有时也称为壳片,表面施釉,制品经烧成后表面光滑、光亮,颜色丰富多彩,是一种高级内墙装饰材料。釉面砖的结构由两部分组成,即坯体和表面釉彩层。釉面砖按正面形状分为正方形砖、长方形砖和异型砖三种,按表面釉的颜色为单色(含白色)砖、花色砖和图案砖三种,按釉面光泽分为亮光釉面砖和亚光釉面砖。

因为釉面内墙砖为多孔坯体,吸水率较大,会产生湿胀现象,而其表面釉层的湿胀性又很小,再加上冻胀现象的影响,会在坯体和釉层之间产生应力。当坯体内应力超过釉层本身的抗拉强度时,就会导致釉层开裂或脱落。另外,此内墙砖不能用在室外。铺贴釉面内墙砖前,要浸水处理,保有一定的水分,才不会影响黏结层水泥的正常水化和凝结硬化。

釉面内墙砖耐污性好,便于清洗,防潮、耐腐蚀,外形美观,耐久性好,而且外表细腻、色彩和图案丰富、风格典雅,具有很好的装饰性,因此常被用在对卫生要求较高的室内环境中,如厨房、卫生间、浴室、实验室、精密仪器车间及医院等场所的室内墙的饰面材料。

(2) 外墙面砖。外墙面砖是镶嵌于建筑物外墙面上的片状陶瓷制品,是采用品质均匀且耐火度较高的黏土经压制成型后焙烧而成的。根据面砖表面的装饰情况可分为表面不施釉的单色砖;表面施釉的彩釉砖;表面既有彩釉又有凸起的花纹图案的立体彩釉砖;表面施釉,并做成花岗岩花纹的面砖,称为仿花岗岩釉面砖等。为了与基层墙面好黏结,面砖的背面均有肋纹。外墙面砖具有强度高、耐磨、抗冻、防水、不易污染和装饰效果好等特点,主要用于建筑物的外墙面和柱面。外墙贴面砖适用于装饰等级要求较高的工程,可防止建筑物表面被大气侵蚀,同时增加建筑物的立面装饰效果。但外墙饰面的不足之处是造价偏高、工效低、自重大。

(3) 地砖。地砖又称为防潮砖或缸砖,地砖中包括锦砖(马赛克)、梯沿砖、铺路砖和大地砖等。地砖是用可塑性较大的难熔黏土经精细加工、焙烧而成的。地砖的规格多样,有正方形、矩形、六角形等。按表面做法可分为单色、彩色光面和压花等。地砖质地坚硬,耐磨,抗折强度高,吸水率小,主要用于建筑物地面、台阶等,也可用于厨房、卫生间、走廊等的地面。

2) 卫生陶瓷

卫生陶瓷是以磨细的石英粉、长石粉和黏土为主要原料,注浆成型后一次烧制,然后表面施乳浊釉的卫生洁具。它具有结构致密、强度大、吸水率小、冲刷性能好、用水量少、热稳定性好等特点,可分为洗面器、大便器、小便器、浴缸等。产品有白色和彩色两种,可用于厨房、卫生间、实验室等。

3) 玻璃类装饰砖

玻璃砖又称为特厚玻璃,有实心玻璃砖和空心玻璃砖两种。实心玻璃砖是用机械压制方法制成的,空心玻璃砖是将两种模压成凹形的玻璃原体熔接或胶结成整体,其空腔内充以干燥空气的玻璃制品,玻璃砖被誉为"透光墙壁"。它具有强度高、绝热、隔声、透明度高、耐水和耐火等优越特性。玻璃砖用来砌筑透光的墙壁、建筑物的非承重内外隔墙、淋浴隔断、门厅、通道等,特别适用于体育馆、图书馆,以及有控制透光、眩光和太阳光需求的场合。

10.1.3 建筑石材

凡是由天然岩石开采而得到的毛石,经加工而制成的料石、板材和颗粒状材料,统称为石材。石材具有很高的抗压强度,良好的耐久性与耐磨性,产源分布广泛,容易就地取材,价格低廉,粗略加工后即可使用等许多优点。例如,质重而坚密的块体石料常用于砌筑基础、台座、桥涵、挡土墙、护坡、堤岸、沟渠等,这类岩石的散粒石料广泛用作道路材料与混凝土的骨料;而坚固耐久、色泽美观、易于磨光的石料,则常用作结构物的饰面或防护材料。

石材具有不燃、耐水、耐压、耐久和美观等特点,古代的桥梁、城楼、水利工程上大量使用了石材,目前工业和民用建筑上仍使用石材做基础、墙体、梁、柱等。但石材本身存在质量大、抗拉和抗弯强度小的特点,故主要用作装饰材料和混凝土骨料。

建筑石材分为天然石材和人造石材两类。天然石材是指由天然岩石开采,经过或不经过加工而制得的材料。人造石材是指用无机或有机胶结料、矿物质原料以及各种外加剂配制而成,如人造大理石、人造花岗石等。

1. 天然石材的分类及应用

岩石是由各种不同地质作用所形成的天然固态矿物集合体。根据岩石的形成原因,按地质分类法,天然岩石可分为岩浆岩、沉积岩和变质岩。

1) 岩浆岩

岩浆岩是地壳内的熔融岩浆在地下或喷出地面后冷凝而成的岩石。根据形成条件不同,岩浆岩又可分为深成岩、喷出岩和火山岩。

深成岩是岩浆在地壳深处受上部覆盖层的压力作用,缓慢且较均匀地冷却而成。其特点是矿物结晶充分且晶粒粗大,结构致密,表观密度大,抗压强度高,吸水率小,抗冻性高,耐磨性好,主要用于砌筑基础、勒脚、踏步等。经磨光的花岗石板材装饰效果好,可用于外墙面、柱面和地面,也可用于基础、闸坝、桥墩等。

喷出岩是岩浆喷出地表时,由于岩浆压力急剧降低且较快冷却而形成的。其特点是岩浆只能部分结晶,从而形成隐晶质或玻璃体结构。玄武岩和辉绿岩脆性大,硬度大,抗压强度大,可用作高压混凝土骨料,用于铺筑道路面等。

火山岩是由火山爆发时喷到空中的岩浆急速冷却而形成的。其特点是呈玻璃体结构且多孔构造,表观密度较小,活性较高。火山灰、火山渣可用于生产水泥的混合材料,浮石用于配制轻骨料混凝土,凝灰岩由于容易分割,可用于砌筑墙体。

2) 沉积岩

沉积岩是由地表的各种岩石,经自然界的风化、搬运、沉积并经压实、胶结、重结晶等而形成的。其特点是呈层状结构，表观密度小，孔隙率大，吸水率大，耐久性差，来源广。石灰岩是生产石灰、水泥的主要原料，可用作建筑中的基础、墙身等。砂岩可作墙身、人行道等。

3）变质岩

变质岩是地壳中原有的各种岩石，在地层的压力和温度的作用下，原岩石在固体状态下发生再结晶的作用，而使其矿物成分、结构构造，以至化学成分部分或全部改变而形成的新岩石，如大理岩、石英岩、片麻岩等。

大理岩经人工加工后称为大理石。大理岩由石灰岩、白云石等经变质而成，具有结构致密、表观密度大、硬度较小等特点。纯净大理石为白色，又称为汉白玉，磨光后更加美观，是高级的装饰材料。

石英岩由硅质砂岩变质而成，呈晶体结构，均匀致密，强度大，耐久性好，但硬度大，加工困难，在建筑工程中常用作饰面材料、耐酸衬板或用于地面、踏步等部位。

片麻岩由花岗岩变质而成的，呈片麻状或带状构造。垂直于片理方向抗压强度较高，沿片理方向易于开采和加工，但在冻结融化交替作用下易分层剥落。片麻岩吸水性高，耐久性差，常加工成毛石或碎石，主要用于次要工程。

2. 天然石材的主要技术性质

天然石材的技术性质可分为物理性质、力学性质和工艺性质等。

1）物理性质

（1）表观密度。石材的表观密度由岩石的矿物成分和致密程度决定。根据表观密度，天然石材可分为轻质石材（表观密度小于 1800kg/m³）和重质石材（表观密度不小于 1800kg/m³）。同种石材的表观密度越大，其抗压强度越高，吸水率越小，耐久性越好，耐热性越差。重质石材主要用作建筑物的基础、地面、路面、桥梁、挡土墙及水工建筑物等，轻质石材主要用作墙体材料。

（2）吸水性。吸水率低于 1.5% 的岩石称为低吸水性岩石，吸水率介于 1.5%～3.0% 的岩石称为中吸水性岩石，吸水率高于 3.0% 的岩石称为高吸水性岩石。深成岩以及许多变质岩，它们的孔隙率都很小，故而吸水率也很小，例如花岗岩的吸水率通常小于 0.5%。沉积岩由于形成条件，密实程度与胶结情况有所不同，因而孔隙率与孔隙特征的变动很大，这导致石材吸水率的波动也很大，例如致密的石灰岩，它的吸水率可小于 1%，而多孔的贝壳石灰岩吸水率可高达 15%。

（3）耐水性。当岩石中含有较多的黏土或易溶于水的物质时，在饱和水作用下，岩石的强度会明显下降。石材的耐水性用软化系数（K_p）表示，软化系数越大，耐水性越好，软化系数小于 0.80 的石材，不允许用于重要建筑。

（4）抗冻性。抗冻性是石材抵抗冻融破坏作用的能力，用石材在饱和水作用下所能经受的最大冻融循环次数来表示。在规定的最大冻融循环次数范围内，无贯穿裂纹，质量损失不超过 5%，强度降低不超过 25%，则判定抗冻性合格。一般室外工程饰面石材的最大冻融循环次数应大于 25 次。根据能经受的冻融循环次数，可将石材分为：5、10、15、25、50、100 及 200 等标号。石材抗冻性与吸水性有密切的关系，吸水率大的石材其抗冻性也差。根据经验，吸水率小于 0.5% 的石材，被认为是抗冻的。

（5）耐热性。石材的耐热性与其化学成分及矿物组成有关。石材经高温后，由于热胀冷缩、体积变化而产生内应力,或因组成矿物发生分解和变异等导致结构破坏。如含有石膏的石材,在 100℃ 以上时就开始破坏;含有石英和其他矿物的结晶石材,如花岗岩等,当温度超过 573℃ 时,由于石英受热发生膨胀,强度会迅速下降。

(6)抗风化性。岩石由于化学水、冰等因素综合作用造成岩石开裂或者剥落的过程称为风化。通常对石材表面加强保护以防止其风化。

2)力学性质

(1)抗压强度。石材的强度取决于造岩矿物的组成。《砌体结构设计规范》(GB 50003—2011)规定,石材的抗压强度是以 3 个边长为 70mm 的立方体试块的抗压破坏强度的平均值表示。根据抗压强度的大小,天然石材的强度等级可分为 MU100、MU80、MU60、MU50、MU40、MU30、MU20 七个等级。也可采用其他尺寸的立方体试件,但应对其试验结果进行相应的尺寸换算,换算系数见表 10-2 所示。如 MU60 表示石材的抗压强度为 60MPa。抗压强度为 3 个试件的破坏强度的平均值。天然石材抗压强度取决于岩石的矿物成分、结晶粗细、胶结物质的种类和均匀性以及荷载和解理方向等因素。

表 10-2 石材强度等级的换算系数

试件立方体边长/mm	200	150	100	70	50
换算系数	1.43	1.28	1.14	1.00	0.86

(2)硬度。岩石的硬度以莫氏硬度表示,它取决于石材的矿物组成的硬度与构造。凡由致密、坚硬矿物组成的石材,其硬度就高。岩石的硬度与抗压强度有很好的相关性,一般抗压强度高的,硬度也大。岩石的硬度越大,其耐磨性和抗刻划性能越好,但表面加工越困难。

(3)耐磨性。耐磨性是指石材在使用条件下抵抗摩擦、边缘剪切以及冲击等复杂作用的能力。石材的耐磨性与岩石组成矿物的硬度及岩石的结构和构造有一定关系,一般而言,岩石强度高,构造致密,则耐磨性也较好。用于可能遭受磨损、磨耗作用的场所,如台阶、人行道、地面、楼梯踏步、道路路面的碎石等,应采用具有高耐磨性的石材。

3)工艺性质

(1)加工性。石材的加工性主要是指对岩石开采、锯解、切割、凿琢、磨光和抛光等加工工艺的难易程度。凡强度、硬度、韧性较高的石材,不易加工。质脆而粗糙,有颗粒交错结构,含有层状或片状构造,以及已风化的岩石,都难以满足加工要求。

(2)磨光性。磨光性指石材能否磨成平整光滑表面的性质。致密、均匀、细粒的岩石,一般都有良好的磨光性,可以磨成光滑亮洁的表面。疏松多孔、有鳞片状构造的岩石,磨光性不好。

(3)抗钻性。抗钻性指石材钻孔时的难易程度的性质。影响抗钻性的因素很复杂,一般石材的强度越高、硬度越大,越不易钻孔。

3. 石材的加工与选用

建筑工程中使用的石材,按加工后的外形分为块状石材、板状石材、散粒石材和各种石材制品。

1）块状石材

块状石材多用于砌筑工程，分毛石和料石两类。

毛石又称为片石或块石，是由山体爆破直接得到的石块，依其外形又分为乱毛石和平毛石。乱毛石不规则，略经加工后为平毛石，如图 10-4 和图 10-5 所示。

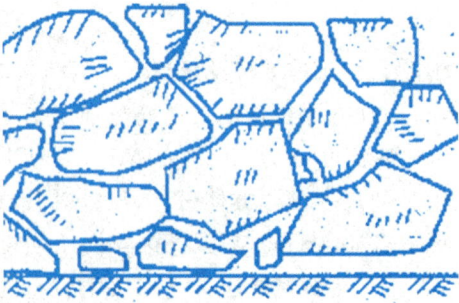

图 10-4　乱毛石

图 10-5　平毛石

料石又称为条石，是经人工或机械开采出的较规则的六面体石块，略加凿制成形，至少要求有一面的边角整齐，以便互相合缝。料石根据表面加工的平整程度，可分为毛料石、粗料石、半细料石和细料石。料石主要用于墙身、地坪、窗台板、踏步等。

2）板状石材

板状石材多用于饰面板，如花岗石板材和大理石板材。

3）散粒石材

散粒石材主要有碎石、卵石和石渣。碎石、卵石可用作混凝土骨料，卵石还可作为园林、庭院等地面的铺砌材料。石渣由天然大理石或花岗石的残碎料加工而成，可作人造大理石、水磨石、水刷石的骨料。

4. 人造石材和天然石材

1）人造石材

人造石材以大理石、花岗石碎料、石英砂、石渣等为骨料，树脂或水泥为胶结料，经拌合、成型、聚合或养护后，研磨抛光、切割而成。

人造石材具有质地轻、抗压耐磨高、放射性低、耐腐蚀、光洁度高、颜色均匀丰富、可加工性好等优点，是现代建筑的理想装饰材料。

根据所用胶凝材料不同，人造石材可分为树脂型、水泥型、复合型和烧结型四类。

（1）树脂型人造石材。树脂型人造石材以有机树脂为胶结剂，与天然碎石、石粉及颜料等按一定比例配合，经混合加工而成。树脂型人造石材是目前国内外使用较多的一种人造石材，其特点主要有色彩花纹仿真性强，质量轻、强度高、不易破碎，抗腐蚀性强、耐污染，可加工性好，但长期使用易老化，主要用于室内装饰工程，如厨房、厕所等。

（2）水泥型人造石材。水泥型人造石材以水泥为胶结材料，大理石碎石和砂为粗细骨料，经配制加工而成。水泥型人造石材的生产方便，价格低廉，但装饰性较差，常用于制作水磨石。

（3）复合型人造石材。复合型人造石材由无机胶凝材料和有机胶凝材料组合加工而成。复合型人造石材制品的制作工艺如下：先用水泥、石粉等制成水泥砂浆的坯体，再将坯体浸于有机单体中，使其在一定条件下聚合。

（4）烧结型人造石材。烧结型人造石材的生产工艺是将斜长石、石英、方解石石粉及赤铁矿粉和高岭土等混合，用黏土和矿粉制成泥浆后，再制坯、成型、艺术加工和高温焙烧。

2）天然石材

由开采天然岩石而获得的毛料，或经加工制成的块状、板状石料，统称天然石材。利用天然石材的色泽、质地、纹理做出的装饰材料，具有不可取代的自然美，也体现出加工的难度和技术。各种天然石材都有不同程度的装饰效果，其中最突出的是大理石和花岗岩。

（1）大理石。大理石是由石灰岩或白云岩变质而成的岩石，由于盛产于我国云南大理而得名。大理石的主要矿物为方解石或白云石。大理石不仅色调的范围宽广，花纹丰富多彩，而且抗压强度高、硬度不大、易加工，这些都是其作为装饰材料的优越条件。大理石主要被加工成装饰面板和各种花饰雕刻，大理石碎屑，是制作水磨石、水刷石等的主要原料。大理石装饰板材在运输中应防湿，严禁滚摔、碰撞。板材应在室内储存，室外储存时应加遮盖。板材应按品种、规格、等级或工程部位分别存放。板材直立码放时，应光面相对，倾斜度不大于15°，层间加垫，垛高不得超过1.5m。板材应平放，光面相对，地面必须平整，垛高不得超过1.2m。包装箱码放高度不得超过2m。

（2）花岗岩。花岗岩是含硅量较多的一种酸性深成岩。花岗岩的主要造岩矿物是石英和长石，还含有少量的云母或角闪石、辉石等，花岗岩的色调由所含长石及有色矿物的颜色而定，有灰色、深灰色、淡红色、粉红色等。花岗岩为全品质，按其品粒大小分为五级。花岗岩结构密实、质地坚硬、耐久性好、强度高、外观美丽，主要用来加工成装饰板材。

10.1.4　建筑玻璃

玻璃是一种主要的建筑装饰材料，它除了透光、透视、隔声、绝热，还具有艺术装饰作用。

从化学成分分析，建筑玻璃大多是以石英砂（SiO_2）、纯碱（Na_2CO_3）、石灰石（$CaCO_3$）、长石（铝酸盐）等为主要原料，与其他辅助性材料混合，经熔融、成型、冷却、退火而制成的一种无定形硅酸盐固体材料。建筑玻璃的化学组成复杂，主要成分是SiO_2、Na_2O、CaO，还含有少量的Al_2O_3、MgO、K_2O等，这些化学成分对玻璃的性能影响较大，改变玻璃的化学成分、相对含量和制作工艺，可获得性能和应用范围截然不同的建筑玻璃制品。

玻璃是典型的脆性材料；玻璃的绝热、隔声性能较好，而热稳定性较差，遇沸水易破碎；玻璃还有较好的化学稳定性及耐酸性。特种玻璃还具有吸热、保温、防辐射、防爆等特殊功能。

玻璃的种类很多，建筑工程中常用的有平板玻璃、安全玻璃和特种玻璃。

1. 平板玻璃

1）普通平板玻璃

普通平板玻璃是未经加工的钠钙玻璃，透光率为85%～90%，建筑工程中主要用于门窗，起透光、保温、隔音、挡风雨的作用。

根据《平板玻璃》（GB 11614—2022）规定，平板玻璃按颜色属性分为无色透明平板玻璃和本体着色平板玻璃;按外观质量分为合格品、一等品和优等品;按公称厚度分为 2mm、3mm、4mm、5mm、6mm、8mm、10mm、12mm、15mm、19mm、22mm 和 25mm 共十二种。2mm 和 3mm 厚的平板玻璃广泛用作窗玻璃,需用量最大。2mm 厚的平板玻璃,以 10m² 作为一标准箱。一标准箱的质量为 50kg。其他厚度的玻璃则需进行标准箱和质量箱的换算。

2)压花玻璃

压花玻璃(滚花玻璃)由熔融的玻璃液在冷却中通过带图案花纹的辊轴滚压而成,透光而不透视,多用于办公室和会议室,使用时,应将花纹朝向室内;而用于卫生间、浴室时,应将花纹朝向室外。

3)磨砂玻璃

磨砂玻璃(毛玻璃)是将平板玻璃用手工研磨或机械喷砂等方法处理后得到的表面粗糙的玻璃。多用于要求透光而不透视的卫生间、浴室等,也可用于教学黑板或灯罩。

4)彩色玻璃

由于不同的加工制作工艺,彩色玻璃有透明、半透明和不透明三种。彩色玻璃可以拼成各种花纹、图案,有色彩丰富、耐腐蚀、易清洁等特点,主要用于建筑物的内外墙面、门窗装饰以及对色彩有特殊要求的建筑部位。

2. 安全玻璃

1)钢化玻璃

钢化玻璃(强化玻璃)是将平板玻璃经物理钢化或化学钢化处理的玻璃,强度、抗冲击性、热稳定性大幅度提高。这种玻璃破碎时形成无尖锐棱角的小碎块,不易伤人,常用于高层建筑的门窗、汽车风窗等。

2)夹丝玻璃

夹丝玻璃(钢丝玻璃)是将预热钢丝或预热钢丝网压入已软化的红热玻璃中制成的玻璃。夹丝玻璃的抗折强度、抗冲击能力和耐温度剧变性能都比普通玻璃好,破碎时,其碎片附着在钢丝网上而不会飞出伤人,用于公共建筑走廊、楼梯间、防火门、厂房天窗及采光屋顶等。

3)夹层玻璃

夹层玻璃是由两片或多片平板玻璃之间夹透明树脂薄衬片,经加热、加压、黏结而成的平面或曲面的复合玻璃制品,有耐热、耐寒、耐穿透等性能,多用于高层建筑门窗、工业厂房天窗,夹层玻璃的层数最多可达 9 层,可制成防弹玻璃。

3. 节能玻璃

1)热反射玻璃

热反射玻璃是具有较高热反射性能且保持良好透光性能的平板玻璃,可减少太阳辐射热向室内的传递。镀金属膜的热反射玻璃有单向透视作用,白天能在玻璃幕墙的室内看到室外的景物,从室外却不能看清室内的景物。热反射玻璃常用于有绝热要求的建筑物门窗、玻璃幕墙、汽车和轮船门窗等。但是,大面积使用热反射玻璃会出现光污染。

2)吸热玻璃

吸热玻璃是一种可以吸收大量红外线热辐射能,又能保持良好透光率的平板玻璃。吸热玻璃的制作工艺如下:在普通玻璃的原料中加入有吸热性能的着色剂,如氧化铁、氧化钴等;或者在平板玻璃表面镀一层或多层金属或金属氧化物薄膜。吸热玻璃有隔热、采光、防眩晕和装饰作用,常用于建筑物门窗、汽车挡风玻璃、建筑物外墙等。

3)光致变色玻璃

光致变色玻璃是在加入卤化银,或在有机夹层中加入钼和钨的感光化合物的玻璃。受到太阳光或其他光线照射时,此玻璃的颜色随光线的增强而逐渐变暗,停止照射后,玻璃又恢复到原有的颜色。因此,光致变色玻璃可自动调节室内光线的强弱,但因生产费用过高,只限用于有特殊要求的建筑物门窗、玻璃幕墙等。

4)泡沫玻璃

泡沫玻璃是多孔轻质玻璃,是以碎玻璃、发泡剂,经粉磨、混合、装模后烧制而成的。泡沫玻璃不透水性、抗冻性好;热导率低,保温隔热性能好;隔声性能好,表观密度小,可加工性好,是良好的绝热材料,常用于音乐厅、播音室,或用于墙壁、屋面保温,冷藏库隔热等。

5)中空玻璃

中空玻璃是由两片或多片平板玻璃镶于边框中,并用密封胶密封,使玻璃层间形成空气夹层。根据不同的使用要求,可采用平板玻璃、夹层玻璃、钢化玻璃、吸热玻璃、热反射玻璃等作为中空玻璃的原片。因此,中空玻璃具备绝热、保温、隔声、安全等多种性能,广泛用于高级宾馆、办公楼、学校、医院、商店等,也可用于汽车、火车、轮船的门窗等。

10.1.5　建筑塑料

塑料制品是以合成树脂为主要组成材料,在一定温度和压力作用下制成各种形状,且在常温常压下能保持其形状不变的有机高分子材料。建筑塑料是用于建筑工程中的各种塑料及其制品。建筑塑料在保护环境、改善居住条件、节约能源等方面独具特色,是一种理想的新型材料。

1. 塑料的组成

塑料是由合成树脂和添加剂组成的。

1)合成树脂

合成树脂是人工合成的高分子聚合物。合成树脂按受热时性能表现不同,分为热塑性树脂和热固性树脂。热塑性树脂的性能是受热软化、冷却硬化,软化和硬化可反复进行,如聚乙烯、聚氯乙烯等。热固性树脂的性能是在加工时受热软化,一经硬化成型,再次受热时,不软化也不改变形状,如酚醛树脂、环氧树脂等。合成树脂是塑料的基本组成成分,主要起胶结作用,是决定塑料性能的主要因素。

2)添加剂

添加剂分为填充料、增塑剂、稳定剂和固化剂。

填充料是塑料中不可缺少的成分,占 50% 左右,其作用是调节塑料的性能,加入玻璃纤维可以提高塑料的机械强度,加入云母粉可以改善塑料的电绝缘性等,常用的填充料有滑石粉、硅藻土、云母、石灰石粉、木屑和玻璃纤维等。

增塑剂可提高塑料的可塑性、流动性,改善塑料的低温脆性。不同品种的塑料需要不同的增塑剂,前提是不影响其性能,并且要求互溶。常用的增塑剂有二苯甲酮、樟脑等。

塑料在成型加工或使用过程中,由于热、光或氧气的老化作用,导致性能降低。稳定剂可改善塑料的抗老化性能,提高其耐久性。常用的稳定剂有硬酯酸盐等。

固化剂可在塑料受热时提高其热稳定性。根据塑料品种及加工条件的不同,应选择不同的固化剂。

2. 塑料的分类

塑料的分类方法很多,通常可做如下分类。

1)按使用特性分类

塑料按使用特性可分为通用塑料、工程塑料。

(1)通用塑料。通用塑料是指产量大、用途广、成型性好、价格便宜的塑料。通用塑料有五大品种,即聚乙烯(PE)、聚丙烯(PP)、聚氯乙烯(PVC)、聚苯乙烯(PS)及丙烯腈-丁二烯-苯乙烯共聚合物(ABS)等。

(2)工程塑料。工程塑料能承受一定外力作用,具有良好的机械性能和耐高、低温性能,尺寸稳定性较好,可以用作工程结构的塑料。工程塑料主要有聚酰胺、聚甲醛、聚碳酸酯、改性聚苯醚、聚苯硫醚、聚砜、聚酰亚胺、聚醚醚酮等。

2)按理化特性分类

塑料按物理化学特性可分为热塑性塑料和热固性塑料两种类型。

(1)热塑性塑料。热塑性塑料是指加热后会熔化、可流动,至模具冷却后成型,再加热后又会熔化的塑料,只要树脂不发生降解、交联或解聚等变化,这一过程可以反复进行。热塑性塑料受热时变软,冷却时变硬,能反复软化和硬化并保持一定的形状,可溶于一定的溶剂,加热可熔融,具有优良的电绝缘性,易于成型加工,但耐热性较低,易于蠕变。

(2)热固性塑料。热固性塑料是指在受热或其他条件下能固化或具有不溶(熔)特性的塑料。热固性塑料热加工成型后,形成具有不熔的固化物,质地坚硬,再加强热则会分解破坏,它们具有耐热性高、受热不易变形等优点,但不能反复加工。

3. 建筑塑料的特点

1)优点

(1)比强度高。质量轻、比强度高,塑料的密度为 $0.9\sim2.2\text{g/cm}^3$,是钢材的 $1/5$,混凝土的 $1/3$,铝的 $1/2$,与木材相近。塑料的比强度(强度与表观密度的比值)较高,已接近或超过钢材,为混凝土的 $5\sim15$ 倍,是一种优良的轻质高强材料。因此,塑料及其制品不仅应用于建筑装饰工程中,而且广泛应用于航空、航天等领域。

(2)可加工性好。塑料可以加工成各种类型和形状的产品,如薄板、薄膜、管材、异形材料等,并可采用机械化的大规模生产。

(3)装饰性好。塑料制品不仅可以着色,而且色泽鲜艳持久,图案清晰。可通过照相制版印刷,模仿天然材料的纹理,达到以假乱真的效果。还可通过电镀、热压、烫金制成各种图案和花型,使其表面具有立体感和金属的质感。

(4)绝热性好,吸声、隔音性好。塑料制品的热导率小,其导热能力约为金属的 $1/600\sim1/500$,混凝土的 $1/40$,砖的 $1/20$,泡沫塑料的热导率与空气相当,是理想的绝热材料。塑料(特别是泡沫塑料)可减小振动,降低噪声,是良好的吸声材料。

(5)化学稳定性能好。一般塑料均具有一定的抗酸、碱、盐等化学腐蚀的能力。有些塑料还能抗潮湿空气、蒸汽的腐蚀作用,它们在这方面大大地超过了金属。

(6) 经济性好。塑料制品是消耗能源低、使用价值高的材料,生产塑料的能耗低于传统材料的生产能耗。塑料制品在安装使用过程中,施工和维修保养费用低,有些塑料产品还具有节能效果。如塑料窗保温隔热性好,可节省空调费用。塑料管内壁光滑,输水能力比铁管高30%,节省的能源十分可观。

2) 缺点

(1) 耐热性差。塑料一般受热后都会产生变形,甚至分解。一般的热塑性塑料的热变形温度仅为 80~120℃,热固性塑料的耐热性较好,但一般也不超过 150℃。

(2) 易燃烧。塑料遇火时很容易燃烧,而且燃烧迅速,放热量大,产生大量的浓烟和毒气。因此,工程中应选用有阻燃性能的塑料,或采取必要的消防和防范措施。

(3) 刚度小、易变形。塑料的弹性模量低,只有钢材的 1/20~1/10,且在荷载的长期作用下易产生蠕变,因此,应慎重将塑料用作承重材料。

(4) 易老化。塑料制品在阳光、大气、热及周围环境中的酸、碱、盐等的作用下,各种性能将发生劣化,甚至发生脆断、破坏等现象。

4. 建筑塑料的应用

1) 热塑性塑料

热塑性塑料具有易于加工、机械性能好等优点,但耐热性差且易变形。

(1) 聚氯乙烯(PVC)塑料。聚氯乙烯树脂由氯乙烯单体聚合而成,其化学稳定性高、抗老化性好,但耐热性差,通常的使用温度在 60~80℃。根据增塑剂的掺量,可制成软、硬两种聚氯乙烯塑料。软质聚氯乙烯塑料很柔软,有一定弹性,可用于地面和装饰工程,如薄膜、壁纸等;可制成止水带,用于房屋变形缝处。硬质聚氯乙烯塑料具有较好的机械性能、耐腐蚀性、耐油性和抗老化性,可进行黏结加工,主要用于给排水管道、门窗、建筑零配件。

(2) 聚乙烯(PE)塑料。聚乙烯塑料质地坚韧、化学稳定性好、电绝缘性好,但易燃烧,主要用于给排水管道、防水材料和绝缘材料。

(3) 聚丙烯(PP)塑料。聚丙烯塑料耐热性好,强度和刚度高,但低温脆性大,主要用于热水管、卫生洁具和耐腐蚀衬板等。

(4) 聚苯乙烯(PS)塑料。聚苯乙烯塑料高透明性、刚度高、电绝缘性好,但脆性大、耐热性差,主要用于制作聚苯乙烯泡沫塑料即聚苯板(目前应用较广的良好节能材料)。

2) 热固性塑料

热固性塑料有良好的耐热性和尺寸稳定性。

(1) 酚醛树脂(PF)。酚醛树脂可生产泡沫塑料建筑涂料、胶黏剂以及各种层压板、玻璃钢等。

(2) 聚氨酯(PU)塑料。聚氨酯塑料主要用于生产泡沫塑料、涂料和聚酯装饰板。

(3) 环氧树脂(EP)塑料。环氧树脂的黏结力强,又称万能胶,电绝缘性好,主要用于生产玻璃纤维增强塑料和胶黏剂。

(4) 玻璃纤维增强塑料(GRP)。玻璃纤维增强塑料,又称为玻璃钢,具有比强度高、耐侵蚀性好、透光性好、制作工艺简单等优点,主要用于防水材料、采光材料和卫生器具等。

10.1.6 建筑涂料

涂料是一种可涂刷基层表面,并形成完整且坚韧保护膜的材料,主要用于装饰工程,对建筑物有保护和装饰作用。

1. 建筑涂料的组成

涂料的组成成分有主要成膜物质、次要成膜物质、辅助成膜物质和溶剂。

1）主要成膜物质

主要成膜物质又称基料、固着剂或黏结剂,可以黏结次要成膜物质(颜料和填料),使涂料固化成膜。主要成膜物质决定涂膜的坚韧性、耐磨性和耐腐蚀性。

2）次要成膜物质

次要成膜物质是涂料中的颜料和填料。颜料主要有红丹、锌铬黄、甲苯胺红等。填料主要有滑石粉、碳酸钙、硫酸钡等。

3）辅助成膜物质

辅助成膜物质是涂料中的助剂,主要有催干剂、固化剂、阻燃剂、防霉剂等。

4）溶剂

溶剂主要有水、乙醇、二甲苯、苯等。

2. 建筑涂料的种类及选用

外墙涂料的主要作用是装饰和保护建筑物的外墙面。外墙涂料应具有丰富的色彩和质感,有耐水性、耐污染性。外墙涂料主要有乳液型外墙涂料(如乳胶漆)、彩色砂壁状外墙涂料、复层外墙涂料等。

内墙涂料的主要作用是美化和保护内墙墙面,应具有装饰色彩丰富、透气性好、耐水性、耐粉化性、耐侵蚀性,且易于涂刷。内墙涂料主要有乳胶漆、多彩内墙涂料、幻彩涂料等。

地面涂料的主要作用是装饰与保护室内地面,使地面清洁美观。地面涂料应具有黏结力强、耐水性好、耐磨性好、抗冲击力强等特点。常用的地面涂料有聚氨酯地面涂料、水泥树脂地面涂料等。

3. 建筑涂料的主要功能

1）保护作用

建筑涂料通过刷涂、滚涂或喷涂等施工方法涂敷在建筑物表面,形成连续的薄膜,厚度适中,有一定的硬度和韧性,并具有耐磨、耐候、耐化学侵蚀以及抗污染等功能,可以提高建筑物的使用寿命。

2）装饰作用

建筑涂料所形成的涂层能装饰或美化建筑物。若在涂料中掺加粗、细骨料,再采用拉毛、喷涂和滚花等方法进行施工,可以获得各种纹理、图案及质感的涂层,使建筑物产生不同凡响的艺术效果,以达到美化环境、装饰建筑的目的。

3）改善建筑的使用功能

建筑涂料能提高室内的亮度,起到吸声和隔热的作用;一些特殊用途的涂料还能使建筑具有防火、防水、防霉、防静电等功能。在工业建筑、道路设施等构筑物上,涂料还可起标志作用和色彩调节作用,既美化了环境,又提高了人们的安全意识,改善了心理状况,减少了不必要的损失。

4. 常用的建筑涂料

1) 合成树脂乳液砂壁状建筑涂料

合成树脂乳液砂壁状建筑涂料是以合成树脂乳液为主要黏结料,以彩色砂粒和石粉为骨料,采用喷涂方法施涂于建筑物外墙,形成粗面涂层的厚质涂料。这种涂料质感丰富,色彩鲜艳,且不易褪色变色,而且耐水性、耐候性优良。所用合成树脂乳液主要为苯乙烯丙烯酸酯共聚乳液。这种涂料是一种性能优异的建筑外墙用中高档涂料。

2) 复层涂料

复层涂料是由底漆、电层漆和面漆组成的具有多种装饰效果的质感涂料。底漆以合成高分子材料为主要成分,用于封闭基层、加固底材及增强主涂层与底层的附着能力。电层漆以水泥系、硅酸盐系和合成树脂系等黏结料和骨料为主要原料,用于形成主体或平面装饰效果。面漆用于增加装饰效果,提高涂膜性能。

3) 合成树脂乳液内墙涂料

合成树脂乳液内墙涂料是以合成树脂乳液为黏结料,加入颜料、填料及各种助剂,经研磨而成的薄型内墙涂料,分为底漆和面漆。这类涂料是目前主要的内墙涂料。由于所用的合成树脂乳液不同,不同品种涂料的性能、档次也就有差异。

4) 合成树脂乳液外墙涂料

合成树脂乳液外墙涂料是以合成树脂乳液为基料,与颜料、填料及各种助剂配制而成,施涂后能形成表面平整的薄质涂层的水乳型外墙涂料,分为底漆、中涂漆和面漆三类。

合成树脂乳液外墙涂料是以水为分散介质制成的,涂料耐候性、耐水性、透气性、耐久性好;施工方便,可以刷涂、滚涂、喷涂;涂料中无易燃的有机溶剂,因而不会污染周围环境,不易发生火灾,对人体毒性小。但是,乳液型外墙涂料在太低的温度下不能形成优良的涂膜,通常必须在8℃以上施工才能保证质量,因而冬季不宜应用该涂料。

5) 溶剂型外墙建筑涂料

溶剂型外墙建筑涂料是以合成树脂为基料,加入颜料、填料、有机溶剂等经研磨配制而成的外墙涂料。它的应用没有合成树脂乳液外墙涂料广泛,但这种涂料的涂层硬度、光泽、耐水性、耐沾污性、耐蚀性都很好,有很好的自洁性能,雨水冲刷即能清洁如新,使用年限多在10年以上,所以也是一种颇为实用的涂料。溶剂型外墙涂料不能在潮湿基层上施涂,且有机溶剂易燃,有的还有毒,施工时应注意采取适当的保护措施。

6) 无机建筑涂料

无机建筑涂料是以碱金属硅酸盐或硅溶胶为主要黏结料,加入颜料、填料及助剂配制而成,在建筑物上形成薄质涂层的涂料。这种涂料性能优异,生产工艺简单,原料丰富,成本较低,多用于外墙装饰,主要是喷涂施工,也可用刷涂或辊涂。这种涂料为中档及中低档的涂料。

7) 内墙仿瓷涂料

内墙仿瓷涂料又称为瓷釉涂料,是一种装饰效果酷似瓷釉饰面的建筑涂料。它分为溶剂型涂料和水溶性涂料两类。前者的主要成膜物质是溶剂型树脂,加以颜料、溶剂、助剂配制成多种颜色且带有瓷釉光泽的涂料,其漆膜光亮、坚硬、丰满,酷似瓷釉,具有优异的耐水性、耐碱性、耐磨性、耐老化性,并且附着力极强。后者的主要成膜物质为水溶性聚乙烯醇,加入助剂配置而成,其饰面外观类似瓷釉,用手触摸有平滑感,多以白色涂料为主,涂膜坚硬致密,一般情况下不会起鼓、起泡,但它不耐水,性能较差,施工较麻烦,色彩单一,装饰性一般。内墙仿瓷涂料应用面广泛,可用于公共建筑内墙、住宅的内墙、厨房、卫生间、浴室衔接处,还可用于电器、机械及家具外表装饰的防腐。

10.1.7 保温、吸声、隔声材料

1. 保温材料

保温材料有很多品种,按材质可分为无机保温材料、有机保温材料和金属保温材料三大类;按形态可分为纤维状、多孔状、层状等数种。目前,在我国建筑工程中应用比较广泛的纤维状保温材料有岩矿棉、玻璃棉、硅酸铝棉及其制品,以木纤维、各种植物秸秆、废纸等有机纤维为原料制成的纤维板材;多孔状保温材料有膨胀珍珠岩、膨胀蛭石、微孔硅酸钙、泡沫石棉、泡沫玻璃以及加气混凝土,泡沫塑料类如聚苯乙烯、聚氨酯、聚氯乙烯、聚乙烯以及酚醛、脲醛泡沫塑料等;层状绝热材料有铝箔、各种类型的金属或非金属镀膜玻璃,以各种织物等为基材制成的镀膜制品。

1) 无机散粒保温材料

常用的无机散粒保温材料有膨胀珍珠岩和膨胀蛭石等。

(1) 膨胀珍珠岩及其制品。膨胀珍珠岩由天然珍珠岩煅烧而成,为蜂窝泡沫状的白色或灰白色颗粒,是一种高效能的绝热材料。最高使用温度可达 800℃,最低使用温度为—200℃,具有吸湿小、无毒、不燃、抗菌、耐腐和施工方便等特点;建筑上广泛用于围护结构、低温及超低温保冷设备、热工设备等处的隔热保温材料,也可用于制作吸声制品。

(2) 膨胀蛭石及其制品。蛭石是一种天然矿物,在 850~1000℃ 的温度下煅烧时,体积急剧膨胀,单个颗粒体积能膨胀约 20 倍。膨胀蛭石的主要特点:可在 1000~1100℃ 温度下使用,不蛀、不腐,但吸水性较大。膨胀蛭石可以呈松散状铺设于墙壁、楼板、屋面等夹层中,起绝热的作用。使用时,应注意防潮,以免吸水后影响绝热效果。膨胀蛭石也可与水泥、水玻璃等胶凝材料配合,浇制成板,用于墙、楼板和屋面板等构件的绝热。

2) 无机纤维状保温材料

常用的无机纤维有玻璃棉、矿棉等,可制成板或筒状制品。由于其不燃、吸声、耐久、价格便宜、施工简便,而广泛用于住宅建筑和热工设备的表面。

(1) 玻璃棉及其制品。玻璃棉是用玻璃原料或碎玻璃经熔融后制成的一种纤维状材料。它一般的堆积密度为 $40\sim150kg/m^3$,导热系数小,价格与矿棉制品相近,可制成沥青玻璃棉毡、板及酚醛玻璃棉毡和板,使用方便,是广泛用在温度较低的热力设备和房屋建筑中的保温隔热材料,也是优质的吸声材料。

(2) 矿棉和矿棉制品。矿棉一般包括矿渣棉和岩石棉。矿渣棉所用原料有高炉硬矿渣、铜矿渣等,另加一些调整原料(含氧化钙、氧化硅的原料)。岩石棉的主要原料是天然岩

石,经熔融后吹制而成的纤维状(棉状)产品。矿棉具有轻质、不燃等优点,可用于建筑物的墙壁、屋顶、顶棚等处的保温隔热和吸声。

3)无机多孔类温控材料

多孔类材料是指内含大量均匀分布的气孔(开口气孔、封闭气孔或二者皆有)的材料,主要有泡沫类和加气类产品。

(1)泡沫混凝土是由水泥、水、松香泡沫剂混合后经搅拌、成型、养护而成的一种多孔、轻质、保温、隔热、吸声的材料,也可用粉煤灰、石灰、石膏和泡沫剂制成粉煤灰泡沫混凝土。

(2)加气混凝土是由水泥、石灰、粉煤灰和发气剂(铝粉)配制而成的一种保温隔热性能良好的轻质材料。加气混凝土的表观密度小,导热系数值比黏土砖小,因此240mm厚的加气混凝土墙体的保温隔热效果优于370mm厚的砖墙。另外,加气混凝土的耐火性能良好。

(3)硅藻土由水生硅藻类生物的残骸堆积而成。其孔隙率为50%~80%,导热系数约为0.060W/(m·K),因此具有很好的绝热性能,最高使用温度可达900℃,可用作填充料或制成制品。

4)有机保温材料

(1)泡沫塑料。泡沫塑料是以各种树脂为基料,加入一定剂量的发泡剂、催化剂和稳定剂等辅助材料,经加热发泡而制成的一种具有轻质、耐热、吸声和防震性能的材料。该类绝热材料可用作复合墙板及屋面板的夹芯层,以及有冷藏和包装等绝热需要的情况。

(2)窗用保温薄膜。其用于建筑物窗户的绝热,可以遮蔽阳光,防止室内陈设物褪色,降低冬季热量损失,节约能源,增加美感。使用时,将特制的防热片(薄膜)贴在玻璃上,其功能是将透过玻璃的阳光反射出去,反射率高达80%,防热片能够减少紫外线的透过率,减轻紫外线对室内家具和织物的有害作用,减弱室内温度变化程度。

(3)植物纤维类温控板。其可用稻草、木质纤维、麦、甘蔗渣等原料加工而成,可用于墙体、地板、顶棚等,也可以用于冷藏库、包装箱等。该材料有绝热和电绝缘等性能,且原料来源丰富,成本较低,可制成矿棉板、矿棉防水毡及管套。

2. 吸声材料

1)多孔吸声材料

多孔吸声材料的主要构造特征是材料从表面到内部均有相互连通的微孔。其吸声机理是当声波入射到多孔材料的表面时激发起微孔内部的空气振动,空气与固体部分产生相对运动,由于空气的黏滞性,在微孔内产生相应的黏滞阻力,使振动空气的动能不断转化为热能,使得声能衰减。另外,在空气绝热压缩时,空气与孔壁之间不断发生热交换,也会使声能转化为热能,从而衰减。常用的多孔吸声材料包括有机纤维材料、麻棉毛毡、无机纤维材料、玻璃棉、岩棉、矿棉、脲醛泡沫塑料、氨基甲酸酯泡沫塑料等。

2)穿孔板共振吸声材料

在薄板上穿孔,板后留一定厚度的空气层,就形成穿孔板共振吸声结构。金属板制品,胶合板、硬质纤维板、石膏板和石棉水泥板等,在其表面开一定数量的孔,其后具有一定厚度的封闭空气层就组成了穿孔板吸声结构。

3）薄膜吸声材料

利用皮革、人造革、塑料薄膜等材料,具有不透气、柔软、受张拉时有弹性等特性,吸收共振频率附近的入射声能,共振频率通常在 200～1000Hz 范围,最大吸声系数为 0.3～0.4,一般把它作为中频范围的吸声材料。如果在薄膜的背后空腔内填放多孔材料,这时的吸声特性取决于膜和多孔材料的种类以及薄膜的装置方法。

4）薄板吸声材料

把胶合板、硬质纤维板、石膏板、石棉水泥板等薄板材周边固定在框架上,连同板后的封闭空气层,构成振动系统,其共振频率为 80～300Hz,其吸声系数为 0.2～0.5,可以作为低频吸声结构。

3. 隔声材料

能减弱或隔断声波传递的材料称为隔声材料。人们要隔绝的声音按其传播途径可分为空气声(源于空气的振动)和固体声(源于固体撞击或振动)两种。对空气声的隔绝,主要依据声学中的"质量定律",即材料的表观密度越大,越不易受声波作用而产生振动,其声波通过材料传递的速度迅速减弱,隔声效果越好。因此,应选用表观密度大的材料(如混凝土、实心砖、钢板等)作为隔绝空气声的材料。必须指出的是,吸声性能好的材料,不能简单地把它们用作隔声材料。

吸声材料对入射声能的反射很小,声能容易进入和透过这种材料,而这种材料是多孔、疏松和透气的,这就是典型的多孔吸声材料,在工艺上通常用纤维状、颗粒状或发泡材料以形成多孔性结构。其结构特征是材料中具有大量互相贯通且从表到里的微孔,也即具有一定的透气性。当声波触达多孔材料表面时,引起微孔中的空气振动,由于摩擦阻力和空气的黏滞阻力以及热传导作用,将相当一部分声能转化为热能,从而起吸声作用。

对于隔声材料需减弱透射声能。阻挡声音的传播,就不能如同吸声材料那样多孔、疏松、透气,相反它的材质应该重而密实,如钢板、铅板、砖墙等一类材料。隔声材料材质的要求是密实无孔隙或缝隙,且有较大的质量。由于这类隔声材料密实,难于吸收和透过声能而反射声能强,所以它的吸声性能差。

由此可知,材料的隔声原理与材料的吸声(吸收或消耗转化声能)原理不同,吸声效果好的多孔材料(有开口连通而不穿透或穿透孔型),其隔声效果不一定好。

常用隔声材料及隔声构件有以下几种。

1）混凝土墙

200mm 以上厚度的现浇实心钢筋混凝土墙的隔声量与 240mm 黏土砖墙的隔声量接近,150～180mm 厚混凝土墙的隔声量为 47～48dB,但面密度 200kg/m² 的钢筋混凝土多孔板,隔声量在 45dB 以下。

2）砌块墙

砌块墙的隔声量随着墙体的质量、厚度等的不同而不同。面密度与黏土砖墙相近的承重砌块墙,其隔声性能与黏土砖墙也大体相接近。水泥砂浆抹灰轻质砌块填充隔墙的隔声性能,在很大程度上取决于墙体表面抹灰层的厚度,两面各抹 15～20mm 厚水泥砂浆后的隔声量为 43～48dB,面密度小于 80kg/m² 的轻质砌块墙的隔声量通常在 40 dB 以下。

3）条板墙

砌筑隔墙的条板通常厚度为 60～120mm，面密度一般小于 80kg/m²，具备轻质、施工方便等优点。条板墙可再细划为两个分类：一类是用无机胶凝材料与骨料制成的实心或多孔条板，如（增强）轻骨料混凝土条板、蒸压加气混凝土条板、钢丝网陶粒混凝土条板、石膏条板等，这类单层轻质条板墙的隔声量通常在 32～40dB 之间；另一类是由密实面层材料与轻质芯材在生产厂预复合成的预制夹芯条板，如混凝土岩棉或聚苯夹芯条板、纤维水泥板轻质夹芯板等，预制夹芯条板墙的隔声量通常在 35～44 dB 之间。

4）薄板复合墙

它是在施工现场将薄板固定在龙骨的两侧而构成的轻质墙体。薄板的厚度一般为 6～12mm，薄板用作墙体面层板，墙与龙骨之间填充岩棉或玻璃棉。薄板品种有纸面石膏板、纤维石膏板、纤维水泥板、硅钙板、钙镁板等。

5）现场喷水泥砂浆面层的芯材板墙

该类隔墙是在施工现场安装成品芯材板后，再在芯材板两面喷覆水泥砂浆面层。常用的芯材板有钢丝网架聚苯板、钢丝网架岩棉板、塑料中空内模板等。

6）中空玻璃

中空玻璃由两层或多层平板玻璃构成，四周用高强度气密性好的复合黏剂将两片或多片玻璃与铝合金框或橡皮条黏合，密封玻璃之间留出空间，充入惰性气体，以获取优良的隔热、隔声性能。由于玻璃间内封存的空气或气体传热性能差，因而产生优越的隔声效果。

7）夹层玻璃

夹层玻璃是指在两片或多片玻璃之间夹上 PVB 中间膜，PVB 中间膜能减少穿透玻璃的噪声数量，降低噪声分贝，达到隔音效果。

任务 10.2　其他常用建筑材料的性能检测

10.2.1　玻璃相关的性能检测

1. 试验目的

使试验操作人员能够正确进行钢化玻璃外观质量、尺寸及其偏差、厚度及其允许偏差、弯曲度、抗冲击性、碎片状态等检验，保证检测工作的质量。

2. 试验依据

《建筑用安全玻璃》(GB 15763.2—2005)中第 2 部分：钢化玻璃，《平板玻璃》(GB 11614—2022)。

3. 试验项目

1）尺寸检验

尺寸用最小刻度为 1mm 的钢直尺或钢卷尺测量。

2）厚度检验

使用外径千分尺或与此同等精度的器具，在距玻璃板边 15mm 内的四边中点测量。测量结果的算术平均值即为厚度值，并以毫米(mm)为单位修约到小数点后 2 位。

3）外观检验

（1）试验设备包括读数显微镜，精度 0.01mm；钢直尺，精度 1mm；黑色无光泽屏幕，数只 40W、间距 300mm 的荧光灯以及亮度均匀、带有黑白色斜条纹的屏幕。

（2）具体内容如下。

点状缺陷：仔细观察玻璃试样，用读数显微镜测量其上点状缺陷的最大尺寸，并记录。

点状缺陷密集度：仔细观察玻璃试样，用钢板尺测量两点状缺陷的最小间距，统计直径为 100mm 圆内规定尺寸的点状缺陷数量并记录。

线道、划伤和裂痕：拉上试验室窗帘，使其试验不受外界光线影响，将试样垂直放置在距黑色无光泽屏幕 600mm 处，打开荧光灯，在距试样 600mm 处目视观察，视线应垂直于表面，用钢直尺读数显微镜测量划伤的长度和宽度。

光学变形：将试样按拉引方向垂直放置在距黑白色屏幕 4.5m 处，在距试样 4.5m 处透过试样观察屏幕上的条纹，首先是条纹明显变形，然后慢慢转动试样直至变形消失，记录此时的入射角度。

断面缺陷：用钢板尺直接测量。对于凹凸，测量边部凹进或凸出最大处与板边的距离；对于爆边，测量边部沿板面凹进最大处与板边的距离；对于缺角，测量原角等分线的长度；对于斜边，测量端口突出，并记录。

4）弯曲度测量

将试样在室温下放置 4h 以上，测量时把试样垂直立放，并在其长边下方的 1/4 处垫上 2 块垫块。用一直尺或金属线水平紧贴制品的两边或对角线方向，用塞尺测量直线边与玻璃之间的间隙，并以弧的高度与弦的长度之比的百分率来表示弓形时的弯曲度。进行局部波形测量时，用一直尺或金属线沿平行玻璃边缘 25mm 方向进行测量，测量长度 300mm。用塞尺测得波谷或波峰的高，并除以 300mm 后的百分率表示波形的弯曲度。

5）抗冲击性试验

试样为与制品同厚度、同种类的，且与制品在同一工艺条件下制造的尺寸为 610mm（0mm，+5mm）×610mm（0mm，+5mm）的平面钢化玻璃。

试验装置应符合《建筑用安全玻璃　第 3 部分：夹层玻璃》(GB 15763.3—2009)的规定，使冲击面保持水平。试验曲面钢化玻璃时，需要使用相应的辅助框架支承。

使用直径为 63.5mm（质量约 1040g）表面光滑的钢球放在距离试样表面 1000mm 的高度，使其自由落下。冲击点应在距试样中心 25mm 的范围内。对每块试样的冲击仅限 1 次，以观察其是否破坏。试验应在常温下进行。

6）碎片状态试验

（1）以制品为试样。

（2）试验设备为可保留碎片图案的任何装置。

（3）试验步骤如下。

将钢化玻璃试样自由平放在试验台上，并用透明胶带纸或其他方式约束玻璃周边，以防止玻璃碎片溅开。

在试样的最长边中心线上距离周边 20mm 左右的位置，用尖端曲率半径为（0.2±0.05)mm 的小锤或冲头进行冲击，使试样破碎。

保留碎片图案的措施应在冲击后 10s 后开始,并且在冲击后 3min 内结束。

碎片计数时,应除去距离冲击点半径 80mm 以及距玻璃边缘或钻孔边缘 25mm 范围内的部分。从图案中选择碎片最大的部分,在这部分中用 50mm×50mm 的计数框计算框内的碎片数,每个碎片内不能有贯穿的裂纹存在,横跨计数框边缘的碎片按 1/2 个碎片计算。

10.2.2 天然饰面石材的检验方法

1. 试验依据

《天然饰面石材试验方法 第 3 部分:吸水率、体积密度、真密度、真气孔率试验》(GB/T 9966.3—2020)。

2. 仪器设备

(1)鼓风干燥箱:温度可控制在(65±5)℃范围内。

(2)天平:最大称量 1000g,精度 10mg;最大称量 200g,精度 1mg。

(3)水箱:底面平整,且带有玻璃棒作为试样支架。

(4)金属网篮:可满足各种规格试样要求,具足够的刚性。

(5)比重瓶:容积为 25～30 mL。

(6)标准筛:63μm。

(7)干燥器。

3. 试样

1)吸水率和体积密度

(1)试样为边长 50mm 的正方体或直径、高度均为 50mm 的圆柱体,尺寸偏差±0.5mm,每组 5 块。有特殊要求时,可选用其他规则形状的试样,外形几何体积应不小于 60cm^3,其表面积与体积之比应在 0.20mm^{-1}～0.08mm^{-1} 范围内。

(2)试样应从具有代表性部位截取,不应带有裂纹等缺陷。

(3)试样表面应平滑,粗糙面应打磨平整。

2)真密度和真气孔率

取洁净样品约 1000g,将其破碎成粒径小于 5mm 的颗粒;以四分法缩分,取一份研磨至可通过 63μm 标准筛的粉状样品,取 150g 作为试样。

4. 试验步骤

1)吸水率和体积密度

(1)将试样置于(65±5)℃的鼓风干燥箱内干燥 48h 至恒重,即在干燥 46h、47h、48h 时分别称量试样的质量,质量保持恒定时,表明达到恒重,否则继续干燥,直至出现 3 次恒定的质量。将试样放入干燥器中冷却至室温,然后称其质量(m_0),精确至 0.01g。

(2)将试样置于水箱中的玻璃棒支架上,试样间隔应不小于 15mm。加入(20±2)℃去离子水或蒸馏水到试样高度的一半,静置 1h;然后继续加水到试样高度的四分之三,再静置 1h;继续加满水,水面应超过试样高度(25±5)mm。试样在水中浸泡(48±2)h 后同时取出,包裹于湿毛巾内,用拧干的湿毛巾擦去试样表面水分,立即称其质量(m_1),精确至 0.01g。

（3）立即将水饱和的试样置于金属网篮中并将网篮与试样一起浸入(20±2)℃的去离子水或蒸馏水中,小心除去附着在网篮和试样上的气泡,称量试样和网篮在水中的总质量,精确至 0.01g。单独称量网篮在相同深度的水中的质量,精确至 0.01g。当天平允许时,可直接测量出这两次测量的差值(m_2),结果精确至 0.01g。称量装置见图 10-6 或图 10-7。

注意:称量采用电子天平时,如图 10-7 所示,在网篮处于相同深度的水中时将天平置零,可直接测量试样在水中的质量(m_2)。

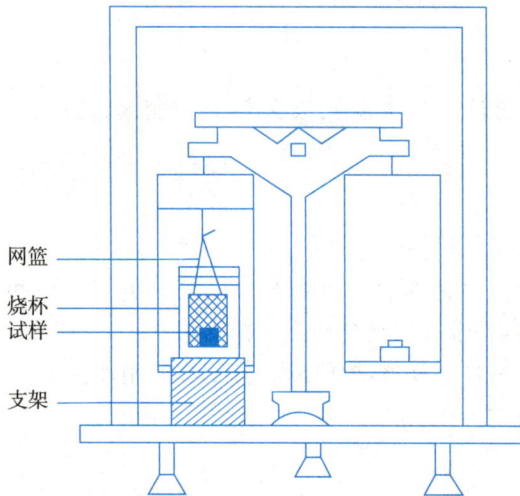

图 10-6　天平称量示意图

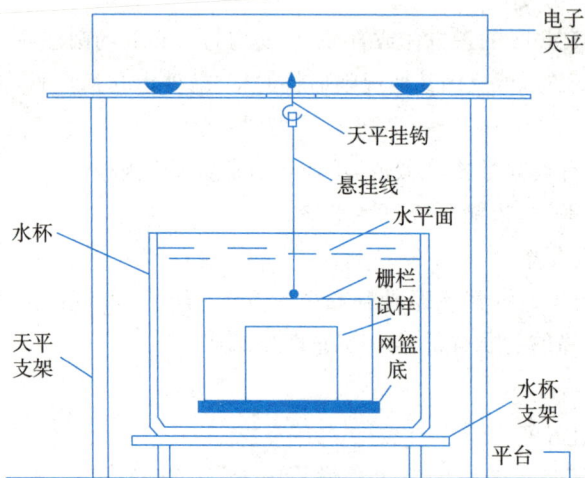

10-7　电子天平称量示意图

2) 真密度、真气孔率

（1）将 150g 粉状试样装入称量瓶中,放入(65±5)℃的鼓风干燥箱内干燥 48h 至恒重,即在干燥 46h、47h、48h 时分别称量试样的质量,质量保持恒定时,表明达到恒重,否则继续干燥,直至出现 3 次恒定的质量。取出试样放入干燥器中冷却至室温。

（2）称取干燥粉状试样 3 份（m_0'），每份约 10g，精确至 0.001g。每份粉状试样分别装入洁净的比重瓶中。

（3）向比重瓶内注入蒸馏水或去离子水，其体积不超过比重瓶容积的一半。将比重瓶放入水浴中煮沸 10～15min，或将比重瓶放入真空干燥器内 30min。

（4）擦干比重瓶并使其冷却至室温后，向其中再次注入蒸馏水或去离子水至比重瓶口下 2～3mm，在液面处做标记。称其质量（m_1'），精确至 0.001g。

（5）清空比重瓶并将其冲洗干净，重新用蒸馏水或去离子水装满至标记处，并称其质量（m_2'），精确至 0.001g。

5. 试验结果

（1）吸水率按式（10-1）计算：

$$W_a = \frac{m_1 - m_0}{m_0} \times 100 \tag{10-1}$$

式中：W_a——吸水率，以％表示；

m_1——水饱和试样在空气中的质量，g；

m_0——干燥试样在空气中的质量，g。

（2）体积密度按式（10-2）计算：

$$\rho_b = \frac{m_0}{m_1 - m_2} \times \rho_w \tag{10-2}$$

式中：ρ_b——体积密度，g/cm^3；

m_2——水饱和试样在水中的质量，g；

ρ_w——室温下去离子水或蒸馏水的密度，g/cm^3。

（3）真密度按式（10-3）计算：

$$\rho_t = \frac{m_0'}{m_2' + m_0' - m_1'} \times \rho_w \tag{10-3}$$

式中：ρ_t——真密度，g/cm^3；

m_0'——干燥粉状试样在空气中的质量，g；

m_2'——盛有相同体积的蒸馏水或去离子水的比重瓶在空气中的质量，g；

m_1'——盛有粉状试样和蒸馏水或去离子水的比重瓶在空气中的质量，g。

（4）真气孔率按式（10-4）计算：

$$P = \left(1 - \frac{\rho_b}{\rho_t}\right) \times 100 \tag{10-4}$$

式中：P——真气孔率，以％表示。

（5）结果。计算每组试样的吸水率、体积密度、真密度、真气孔率的算术平均值，作为试验结果。体积密度、真密度取三位有效数字；真气孔率、吸水率取两位有效数字。

📖 自我测验

一、填空题

1. 木材内部所含水分可以分为＿＿＿＿、＿＿＿＿和＿＿＿＿三种。

2. 木材抗外力破坏时的应力,称为木材的＿＿＿＿,根据外力在木构件上作用的方向、位置不同,木构件的工作状态分为＿＿＿＿、＿＿＿＿、＿＿＿＿、＿＿＿＿等。

3. 树木由＿＿＿＿、＿＿＿＿、＿＿＿＿三部分组成。

4. 当吸附水增加时,细胞壁纤维间距、细胞壁厚度增加,则木材体积、尺寸＿＿＿＿,直到含水率达到纤维饱和点时为止。

5. 建筑陶瓷具有强度高、＿＿＿＿、＿＿＿＿、＿＿＿＿、＿＿＿＿、＿＿＿＿、装饰色彩丰富等优点。

6. 建筑石材分为＿＿＿＿和＿＿＿＿两类。

7. 建筑工程中使用的石材,按加工后的外形分为＿＿＿＿、＿＿＿＿和各种石材制品。

8. 常用的安全玻璃的品种有＿＿＿＿、＿＿＿＿、＿＿＿＿。

9. 涂料的组成成分有＿＿＿＿、＿＿＿＿、＿＿＿＿和溶剂。

二、名词解释

1. 纤维饱和点   2. 安全玻璃   3. 陶瓷锦砖   4. 人造板

三、问答题

1. 木材的含水率对其性能有什么影响?

2. 木材的干缩变形有什么特点?

3. 中空玻璃和钢化玻璃各有什么特性?

4. 热塑性塑料热固性塑料各有什么特点?

5. 建筑塑料主要有哪些组成成分?

6. 内外墙面砖、地砖、陶瓷锦砖各适用于什么地方?

7. 木材有哪些防腐措施?请举例说明。

参考文献

[1] 曹世晖,王四清,彭培勇,等.建筑与装饰材料[M].2版.长沙:中南大学出版社,2019.

[2] 张健.建筑材料与检测(附检测报告)[M].2版.北京:化学工业出版社,2011.

[3] 谭平,张瑞红,孙青霭.建筑材料[M].北京:北京理工大学出版社,2019.

[4] 周明月.建筑材料与检测[M].2版.北京:化学工业出版社,2016.

[5] 陈玉萍.建筑材料与检测(含试验报告)[M].北京:北京大学出版社,2017.

[6] 王欣,陈梅梅.建筑材料[M].3版.北京:北京理工大学出版社,2019.

[7] 周本能,武新杰,李姿.建筑材料与检测[M].成都:电子科技大学出版社,2016.

[8] 严峻.建筑材料[M].2版.北京:机械工业出版社,2020.

[9] 刘晓敏,岳文志,田海燕,等.建筑材料与检测[M].2版.重庆:重庆大学出版社.2022.